湛庐 CHEERS

与最聪明的人共同进化

HERE COMES EVERYBODY

CHEERS
湛庐

看板方法 2.0

Discovering Kanban

[美] 大卫·安德森 著
David J. Anderson

张棚粟 王海浪 雷晶晶 译

天津出版传媒集团
天津科学技术出版社

上架指导：企业管理

Discovering Kanban: A Better Approach to Enterprise by David J. Anderson
Copyright © 2023 by Mauvius Group Europe S.L
All rights reserved.

本书中文简体字版经授权在中华人民共和国境内独家出版发行。未经出版者书面许可，不得以任何方式抄袭、复制或节录本书中的任何部分。

天津市版权登记号：图字 02-2025-072 号

图书在版编目（CIP）数据

看板方法 2.0 /（美）大卫·安德森（David J. Anderson）著；张棚粟，王海浪，雷晶晶译. 天津：天津科学技术出版社，2025. 6. — ISBN 978-7-5742-2964-8

Ⅰ. F276.44

中国国家版本馆 CIP 数据核字第 20250QJ385 号

看板方法 2.0
KANBAN FANGFA 2.0
责任编辑：曹　阳
责任印制：赵宇伦

出　　版：	天津出版传媒集团 天津科学技术出版社
地　　址：	天津市西康路 35 号
邮　　编：	300051
电　　话：	（022）23332377（编辑部）
网　　址：	www.tjkjcbs.com.cn
发　　行：	新华书店经销
印　　刷：	天津中印联印务有限公司

开本 710×965　1/16　印张 19.75　字数 312 000
2025 年 6 月第 1 版第 1 次印刷
定价：119.90 元

版权所有，侵权必究
本书法律顾问　北京市盈科律师事务所　崔爽律师

你了解持续优化工作流程的看板方法吗?

扫码加入书架
领取阅读激励

- 看板方法适用于:（单选题）
  A. 集中办公的小型团队
  B. 分散办公的大型团队
  C. 灵活多变的中型团队
  D. 广泛的工作环境

扫码获取全部
测试题及答案,
一起了解企业如何低成本
高成效地实现规模化敏捷

- 看板方法中"延迟承诺"策略的主要好处是什么?（单选题）
  A. 增加任务的灵活性
  B. 减少任务的灵活性
  C. 提高任务的优先级
  D. 降低任务的优先级

- 看板方法 2.0 的核心理念是什么?（单选题）
  A. 提高工作效率
  B. 增加团队成员数量
  C. 减少会议时间
  D. 通过可视化和限制在制品（WIP）来优化流程

扫描左侧二维码查看本书更多测试题

提问:
换一个灯泡需要多少个心理学家？

回答:
只需要一个，但前提是这只灯泡真心希望被更换！

推荐序一

系统性与渐进性兼具的管理理念

廖为民
招商银行总行信息技术部工程效能团队负责人
招商银行看板推广负责人

当翻开《看板方法 2.0》样书时,我的第一反应是:10 年了。是的,从开始接触看板方法,到发展成为全球最大的看板应用科技组织,我们已经经历了 10 年时间。

回溯 2015 年,为了解决基层科技组织的管理问题,我们首次引入看板方法,并邀请看板方法创始人大卫·安德森先生亲临指导,与科技团队进行了深入交流,开始了物理看板的试点。科技团队对研发工作可视化这件事投入了很大的热情,开发、测试、运维及综合管理部门都纷纷主动要求使用看板方法,从一张可以随意擦写的大白板加上便利贴开始,会议室和过道墙壁上随处可见团队自己设计的各种泳道、卡片、团队约定规则和彩色小磁贴,过段时间就有人想着把自己的看板展示板重新设计一遍,我称之为看板的"自生长性",这实际上是小团队自我驱动改进的一种表现。每天早上的固定时间，所有看板组都召开站会，围绕在看板展示板旁边，每个人都向团队成员介绍昨天做了什么、今天要做什么以及有什么困难和问题。以前抽象的知识工作者的工程管理，变成了具体可见的一张张卡片和人和人之间的见面交流。

物理看板试点的成功，让我们深刻认识到看板方法在渐进式变革中的独特优势，也更加坚定了进一步推广看板方法的决心。2015 年底，我们举办了第一届年度优秀看板评选活动，大卫·安德森先生作为颁奖嘉宾为优秀看板获奖者颁奖。2016 年，我们建立了国内第一个看板应用成熟度模型及一系列关键实践。2018 年，我们自主研发了电子看板系统，在总行及分行科技队伍全面推广，以小于 12 人的小组为应用单元，支持跨地域高效协同，成为大规模科技队伍基层管理的重要抓手。截至目前，实现了总行、分行、信用卡中心及子公司科技队伍的电子看板应用全覆盖，看板管理规模达 2 000 块。大卫·安德森先生对招商银行的看板应用给予了高度评价："招商银行取得了世界一流水平的看板实践成果，其实施规模和速度令人叹服，正在成为金融行业看板实施的领导者。"招商银行申报的《建立及应用看板能力成熟度模型以提升基层管理能力的研究》课题，荣获了 2016 年度银行业信息科技风险管理二等奖。

时至今日，招商银行的看板方法和电子看板工具仍在不断地改变、进步，更加自动化、智能化，并与招商银行精益研发过程管理体系、BizDevOps 工具链平台、研发效能管理以及数字产品体系等一系列管理方法和工具平台很好地结合在一起，相互支撑，共同发挥作用。作为一名长期从事组织级项目管理和研发效能改进的软件工程人员，我深刻体会到，**看板方法不仅是一种工具，更是一种兼顾系统性与渐进性的管理理念。它通过可视化、流动、WIP 限制、拉动机制等方式，使组织更清晰地识别瓶颈、聚焦价值流，从而实现真正的流程优化和持续改进**。在我们的实践过程中，看板方法帮助团队逐步建立起对流程的认知，形成透明高效的协作机制，显著提升了交付质量和响应能力。《看板方法：科技企业渐进变革成功之道》（"小蓝书"）自问世以来，凭借其循序渐进、低成本、适应性强的特点，为管理变革提供了实用而系统的思路。《看板方法2.0》的推出，则在原有基础上进行了全面升级，为看板方法的学习与应用提供了更丰富的理论框架和实操路径，其中有三个值得关注的亮点：首先，详细介绍了看板方法提出的背景和出发点，对方法本身进行了更完整生动的诠释，让读者可以清晰地把握好这一方法的主旨；其次，在应用场景上，打破了"看板仅限于软件开发"的传统印象，展示了其在多个行业、不同类型组织中的落地实践经验，为读者提供了更具参考价值的范式；最后，通过看板成熟度模型，构建了从初级到高级的七级成长路径，结合具体文化特征、实践建议与业务指标，为不同阶段的组织提供了清晰的行动指南。这种模型化的设计，为管理者提供了具有操作性的评估工具和进化策略。

可以说，《看板方法2.0》不仅延续了"小蓝书"的实战精髓，更在系统性与战略性上迈出了一大步。它既适合初学者循序渐进地掌握看板方法，也能为有经验的从业者提供理论提升与路径指引。对于任何关注组织效能提升与数字化转型的管理者而言，这都是一本值得细读和长期借鉴的好书。

推荐序二

以渐进式变革实现规模化敏捷

吴 穹
Agilean 首席咨询顾问
AKT&KCP 认证看板讲师与看板教练

  在 2011 年，我所在的公司爱捷软件（Agilean）帮助平安科技开启了敏捷转型之旅。最初，我们在平安产险、车险网销项目组中引入了敏捷工作方式，主要采用了 Scrum 和 XP 等方法，组建业产研融合团队，用固定的双周时间盒来快速迭代开发，这个试点项目取得了显著成效，需求交付速度显著提升，团队协作更加高效，业务反馈积极。但是，在推广过程中，我们发现 Scrum 的严格规则对于一些团队来说过于僵化，难以适应他们团队物理分布的工作模式，也难以应对零散到来的需求，这使得他们无法按照固定的两周迭代周期来规划工作。正是在这一背景下，我们注意到了大卫·安德森提出的看板方法，它能够灵活适应这些团队的特点并同时增强这些团队的敏捷性。因此，看板方法很快在平安科技得到了广泛应用，所有团队都开始使用物理看板和站会来管理日常工作，而只有部分团队继续采用 Scrum 实践。

2014 年，《看板方法：科技企业渐进变革成功之道》（业内常称之为"小蓝书"）的中文版在国内出版，进一步加速了看板方法在平安科技的普及。同年，我们公司成为安德森在中国的独家合作伙伴，并邀请他来中国，与他合作帮助华为引入看板方法，并参与了华为 DevCloud 工具链中的看板组件的设计工作。后来，看板方法成为了华为研发管理的核心管理方法论之一。

2015 年，我们公司与安德森合作，开始帮助招商银行引入看板方法，所有室组都要细分为不超过 12 个人的看板小组，全面使用物理看板来管理，并全部要求早站会。后来经过多年的努力，招商银行率先将所有看板实现全面电子化。看板方法已经成为招商银行精益研发体系的重要支柱，为招商银行实现全面数字化管理打下了坚实的基础。

此后，我们公司先后将看板方法引入到长沙银行、上海银行等多个数千人规模的研发组织，并通过我们自主研发的知微电子看板，助力这些组织提升了敏捷性、实现了研发管理的数字化转型。在 2023 年看板领导力欧洲进修活动上，我分享了上海银行的实践案例，反响热烈，得到了安德森本人的高度认可。

看板方法之所以能够在本土企业迅速普及，我认为其中一个非常重要的原因是它的精神内核与东方文化高度契合。安德森的太太是日裔，他也非常喜欢和认同东方哲学。

在本书的第一章，他就将看板方法的顿悟归因于皇居东御苑的一次旅行。安德森本人也是李小龙的粉丝，看板方法中的流动、渐进变革等思想也受到了李小龙哲学思想的启发。在我的理解中，看板方法本质上是研究如何更好地结合人和事，以促进事务的顺畅流动，这背后的关键是对组织系统的优化，这与东方文化中强调的整体优化理念高度契合。在本书的第十一章，他对看板方法背后的哲学进行了详细解读，内容非常具有启发性。

安德森作为一位资深软件工程师，他对软件研发过程和团队有着深刻的理解，同时他对管理也具有非凡的天赋，这使他成为软件研发管理领域的杰出大师。软件研发组织是一个由众多人员组成的复杂系统，而看板方法在安德森的精巧设计下，能够为这些复杂的组织提供了一面镜子，一种反馈机制，促进这些组织进行自我进化。相应思想安德森在本书第五章做了详细的阐述，给渐进式变革的有效性提供了非常生动的佐证。

在本书的多个章节和案例中，安德森正面探讨了 Scrum、SAFe 等方法在组织级研发管理领域面临的挑战，比如依赖管理、时间盒挑战等，这和我们多年前在国内规模化推广 Scrum 等敏捷方法时遇到的问题高度一致。安德森也在书中详细介绍了看板方法如何用不同的思路来应对这些难题，非常值得阅读。

在当前的经济社会环境下，持续的变革不可避免，企业对敏捷性的诉求持续提升。与此同时，企业对获得敏捷性的成本投入也提出了更高的要求。在变革中，最高的成本不是变革的实施成本，而是变革之后的退化成本。看板方法以渐进式方式推动变革，使组织成员更容易接受和适应变化，以更低的成本促使企业的敏捷化转变。这在当下的时代背景中，给亟待进行管理升级的企业，提供了另一种选择和思考方向。

随着 AI 时代的到来，我们可以预见，结合看板方法，每个组织都能成为一个智能体。过去是人找事，现在是组织推动事务更智能地找到人，实现组织和人的智能协同，双轮驱动发展。随着 AI 时代的到来，安德森的"小蓝书"也进行了全新升级。在过去的十年中，安德森不断深化对看板方法的思考，将视野扩展到组织层面，关注组织敏捷性的提升，大大丰富了看板方法的内涵。在"小蓝书"中，安德森分享了他对于底层管理思想的初步思考，部分内容略显深奥。现在安德森结合近十年的新实践、新思考，将这本书分为四卷，本书是其中的第一卷。在这本书中，安德森不仅讲述了看板方法的演进历程，还用更加丰富的案例，深入浅出又清晰完整地总结了背后的思想精髓，更便于企业管理者，尤其是企业中非科技背景的管理者阅读。

最简单的方法，最大的收益

唐·莱纳特森（Don Reinertsen）
畅销书《产品开发流的原则》作者

我一直密切关注着大卫·安德森①的工作。我与他初识于2003年10月，当时他送了我一本自己的著作——《软件工程的敏捷管理》(Agile Management for Software Engineering: Applying The Theory of Constraints for Business Results)。这本书深受艾利·高德拉特（Eli Goldratt）的 TOC 制约法（Theory of Constraints）影响。2005年3月，我拜访了当时在微软工作的安德森，当时的他应用累积流图（Cumulative Flow Diagram）取得了令人印象深刻的工作成果。之后在2007年4月，我有幸于视觉内容版权服务供应商 Corbis 公司考察了他推行的具有突破意义的看板系统（Kanban System）。

---

① 安德森曾出版过著作《看板方法：科技企业渐进变革之道》(Kanban: Successful Evolutionary Change for Your Technology Business)，其英文版出版于2010年，也被称为"小蓝书"。——编者注

之所以如此详细地回顾这一历程，是希望能让读者感受到安德森在管理思维上的持续演进。他不会墨守成规，试图让外界来适应他的理论。相反地，他会深入思考当下所面临的问题，对各种可能的解决方案保持开放态度，将方案付诸实践并关注反馈，进而分析其有效的原因。在这本书中，您将看到他应用这种方法所获得的成效。

显而易见，只要我们朝着正确的方向前进，速度就是一项重要的助力。我坚信安德森就在正确的道路上前行着。他最近在看板系统上的实践令我特别振奋。我一直觉得精益生产的理念比 TOC 制约法更适用于产品研发。早在 2003 年 10 月，我就在与安德森的通信中写道："TOC 制约法的一大缺陷就是它低估了批量大小（batch size）[①] 的重要性。如果把识别并减少制约作为第一要务，极有可能是在缘木求鱼。"今天我依然坚持这一观点。

在 2005 年的某次会议交流中，我再次建议安德森突破 TOC 制约法的瓶颈点。我给出的理由是，丰田生产系统的巨大成功与识别并消除瓶颈无关。丰田的绩效提升源自降低批量大小和变异性，从而降低在制品（work-in-process，WIP）库存。正是由于库存的减少，才提高了经济效益。也正是看板系统这样的 WIP 约束系统，使一切成为可能。

2007 年拜访 Corbis 时，我看到了一个令人印象深刻的看板系统实例。我认为安德森的实践已经远超丰田使用的看板方法。为什么这么说？丰田生产系统不断优化以完美应对重复和可预测的任务：这些任务都有均一的工期和延迟成本。在这样的前提下，采用先进先出（first-in-first-out，FIFO）优先级管理方式是正确的。达到 WIP 上限时，阻止更多新工作进入也是对的。然而，我们在软件开发中必须面对的情况却并非如此。**我们必须处理不重复、不可预测的任务，且它们有不同的延迟成本以及不同的工期。丰田的优先级管理方法**

[①] 指在训练神经网络时，一次提供给模型的样本数据数量，它会影响模型的优化程度和速度。——编者注

不再是最佳选择，我们需要更先进的系统，本书正是第一本详细描述相关先进系统与具体实践细节的著作。

我想给读者几点提示。

首先，如果您认为自己已经了解看板系统的运作方式，那很可能您了解的是精益生产中采用的看板系统。而本书中的理念远远超越了静态 WIP 限制、先进先出调度、单一服务类别的简单系统。请重点留意这些差异。

其次，不要简单将此方法视为一种可视化的控制系统。看板展示板对于 WIP 的可视化效果的确至关重要，但这只是看板方法的一小部分。如果仔细阅读本书，你会发现更为深刻的内容。真正有价值的见解蕴藏于到达与离开流程的设计、不可替代资源的管理以及服务类别的使用等。不要只见眼前"可视化"的"树木"而忽略了管理思想的"森林"。

最后，不要因为看板方法看似易于应用就对其抱有轻视之心。安德森深刻思考了如何以最小的努力获得最大回报，这才有了看板方法的易用性。他对实践者的诉求有敏锐的感知，同时还仔细研究了哪些方法真正有效。简单的方法造成的扰动最小，却几乎总能持续产生最大的收益。

这是一部令人兴奋且重要的著作，值得细致阅读。研读越深入，获益越大。对于这些先进理念的阐释，无人能出其右。我希望您能同我一样，充分享受阅读本书的乐趣。

推荐序四

看板方法的全新呈现

切特·理查兹（Chet Richards）
畅销书《必胜》作者

自1988年约翰·克拉夫西克（John Krafcik）首次提出"精益生产"这个词以来，许多人尝试着将其应用到其他领域中。其中，看板方法是唯一一种获得了人们广泛认可的方法。为什么呢？正如莱纳特森所说，精益生产"不断优化以完美应对重复和可预测的任务"，而知识工作完全不同。**看板方法之所以能成功，是因为它并未试图将制造业的做法强行应用到其他不合适的领域。**不仅如此，看板方法还体现了丰田生产系统的底层逻辑和基本原则的演变。这与东方哲学、武术、现代机动战中的许多思想不谋而合。

我们在第1章中就能读到关于看板方法的基本原理的暗示。安德森描述了他的顿悟，他在看到一名工作人员收集塑料小卡片的那一瞬间获得了启示。不过像"顿悟"这样的事件，在禅宗中很常见，在现代管理理论中却并不常见。

我自己的顿悟体验就平凡多了。那是 1987 年，按照惯例，我在圣诞节前后会休息整整 3 周。在此期间我在亚特兰大郊区的社区图书馆闲逛，一本有着鲜红封面的《追求卓越·实践版》（Thriving on Chaos）跃入眼帘。正是在那一刻，我突然有了豁然开朗的感觉：汤姆·彼得斯（Tom Peters）大胆摒弃了他在《追求卓越》（In Search of Excellence）中的理念，开始宣扬新的领导力理念，且这些新理念仍在军事领导人和战略家中引发热议。

我之所以对这些理念有所了解，要追溯到多年前。那时的我还是美国五角大楼国防部长办公室的初级职员，是我们办公室的联络人，负责与 F15 战斗机以及一个被称为"轻型战斗机原型"的技术演示计划对接。这个演示计划最终催生了 F16 和 F18 战斗机。推动这些项目发展的背后理念的，是一位名叫约翰·博伊德（John Boyd）的空军上校，他当时也在五角大楼工作。早在 20 世纪 60 年代后期，博伊德就开发了一个用于比较喷气式战斗机战斗能力的数学模型，该方法至今仍在被使用，也影响了前面提到的 3 种战斗机的设计。

几年后，博伊德退居二线，开始将关注点转向广义的冲突。简单来说，就是战争。他对战争中以少胜多、以弱胜强的现象颇有兴趣。博伊德花了 10 年时间研究其成因，从两千多年前的《孙子兵法》一直追溯到当下。他将研究成果汇总在一份 185 页的 PPT 报告中，并向美国国会成员、高级军事将领和国防官员以及行业领袖详细阐述了数百次。

究竟是什么促成了以少胜多、以弱胜强？

博伊德总结说，弱势的一方会采用各种手段来误导和迷惑对手，在对手弄清楚情况前充分利用他们混乱的心理状态。这样就能出其不意，让对手措手不及，落入自己的陷阱和伏击，以致对手军心动摇。换句话说，让强势的一方无法从其占优势地位的数量和火力中获益。

什么类型的组织可以做到这一点？这样的组织应该具有这样一种组织氛围：组织里的团队能够创造和识别机遇，并充分利用机遇。创造机会在乱中取胜，这和纳西姆·尼古拉斯·塔勒布（Nassim Nicholas Taleb）的"反脆弱"概念十分相似。博伊德将这种组织氛围描述为：

- 成员互信并具有凝聚力，尤其是成员有相似的目标；
- 保持比对手更精确的目标定位；
- 基于经验做出大部分决策，并以隐式沟通①方式传达决策；
- 高层实行"使命指挥"，明确需要完成的任务，也就是明确给出总体意图，但将大部分执行细节交由下属进行决策。

在《孙子兵法》、《追求卓越·实践版》、丰田生产和研发体系，以及我所了解的看板方法中，都不难找到相同的原则。美国海军陆战队的机动战理论借鉴了博伊德的研究，这些原则成为这一理论核心，并在彼得斯的书出版后不久便被发表。鉴于反脆弱是这些原则的共同线索，因此，博伊德的理论能贯穿其中也就不足为奇了。

在本书中，你会发现这些看似老旧的理念又有了全新的呈现。由于看板方法的应用更为广泛，安德森将比这些先驱更深刻地改变世界。

---

① 更强调面对面沟通、直接对话沟通，用语气、姿势等隐式要素传递更丰富的信息。——译者注

中文版序

中国企业的规模化应用已走在世界前列

大约 2010 年，看板方法在中国的软件开发项目中开始落地生根。最初主要是一些外资企业在应用，比如诺基亚①和汤森路透。王明兰作为看板方法在中国的早期倡导者之一，她在诺基亚推动的部门级看板实践中取得了显著成效，显著提升了开发速度和交付的可预测性。

几年后，深圳和上海的一些初创公司开始独立探索看板方法的应用。这些尝试大多在小团队层面展开，成熟度相对较低，但它们标志着中国本土企业开始主动拥抱看板方法，这是一个重要的转折点。2015 年之后，随着总部位于深圳的咨询公司爱捷软件及其创始人吴穹的加入，看板方法在中国的采用和推广迎来了重大突破。爱捷软件开始与规模更大的中国本土企业合作，如华为、

---

① 微软于 2013 年收购诺基亚的设备与服务部门，即微软收购了诺基亚旗下的大部分手机业务。——译者注

平安科技、招商银行等。这些企业实施的看板项目涉及数千人，也达到了更高的成熟度。招商银行的 IT 部门在引入看板方法时成熟度已达到较高水平——CMMI 评估达到 4 级。为了在企业级规模上实施敏捷软件开发，他们开展了一个大规模的试点项目，对比了 Scrum 和看板方法。结果令人惊叹：他们发现，如果采用 Scrum，每 12 人就需要配备 1 名 Scrum 教练，这将使人员成本增加 8%，而且这些教练必须长期在场，否则难以真正落地。相比之下，他们仅从吴穹及其同事那里获得了总共 240 天的辅导和培训，就成功地将看板方法推广覆盖了 3 500 人。他们最终得出结论，看板方法不仅比 Scrum 更有效，而且落地和维持的成本仅为 Scrum 的 1/150。在 2015—2018 年期间，华为也推动了多个试点项目，逐渐将看板方法推广到更多的产品和业务条线。到 2017 年，华为已有 1.5 万人使用看板方法来组织、计划、安排和管理工作，当年其目标是让 10 万人采用看板方法，实现全公司的看板化转型。

中国企业已经在规模化看板方法落地方面走在了世界前列，在数千人的规模上达到了 3 级和 4 级这样的高成熟度。吴穹凭借其卓越的专业能力，已成为全球最杰出的看板教练和顾问之一，已帮助超过 6 家企业在企业级规模上成功落地看板方法。

华为的高层领导者曾非常欣赏 20 世纪日本企业（如丰田）在制造业和有形商品行业的卓越成就，这些企业通过持续改进流程，成为了全球其他企业的标杆。这些高层领导者们认为，采用看板方法可以支持现代中国本土企业建立最先进流程和持续改进的文化，从而打造世界范围内最受钦佩的业务与产品，支持其企业成为 21 世纪全球高科技企业的新标杆，获得全球其他企业的钦佩。

目 录

推荐序一　系统性与渐进性兼具的管理理念

廖为民
招商银行总行信息技术部工程效能团队负责人
招商银行看板推广负责人

推荐序二　以渐进式变革实现规模化敏捷

吴穹
Agilean 首席咨询顾问
AKT&KCP 认证看板讲师与看板教练

推荐序三　最简单的方法，最大的收益

唐·莱纳特森（Don Reinertsen）
畅销书《产品开发流的原则》作者

推荐序四　看板方法的全新呈现

切特·理查兹（Chet Richards）
畅销书《必胜》作者

中文版序　中国企业的规模化应用已走在世界前列

第一部分
当看板方法用于技术研发　　　　　　　　　001

第 1 章	我们为什么要采用可视化看板系统	003
第 2 章	微软，利用看板方法从最差做到最好	015
第 3 章	停止估算，不做计划	033

第 4 章	Corbis，利用看板方法实现持续改进	057
第 5 章	运营检视，看板方法的基石	075
第 6 章	Posit Science，始于 Scrum 框架	093
第 7 章	原型看板	107
第 8 章	定性风险分析方法，企业成功采用看板的关键	119
第 9 章	流动系统，看板系统设计与看板方法实施	131

第二部分
看板方法的持续进化   147

第 10 章	服务交付经理，看板方法的关键角色	149
第 11 章	无法之法，看板方法背后的哲学	165
第 12 章	看板方法的认知升级	173
第 13 章	看板成熟度模型	195
第 14 章	提高组织成熟度的领导力路线图	213
第 15 章	流动系统对企业级业务敏捷的重要性	225
第 16 章	看板方法的规模化落地	235
第 17 章	看板方法中的领导力与赋能	251

| 附 录 一 | 初始的看板方法价值观 | 267 |
| 附 录 二 | 戴明的管理14条：21世纪的解构与解读 | 277 |

DISCOVERING KANBAN

第一部分

当看板方法用于技术研发

第 1 章

我们为什么要采用可视化看板系统

2005 年 4 月初，正值樱花绽放的季节，我有幸和妻子还有年幼的孩子一起在日本东京度假。为了欣赏这壮丽景观，我第二次拜访东京市市中心的皇居东御苑。在那里我获得了一个启示：看板系统不仅仅适用于制造业！

皇居东御苑的看板系统

2005 年 4 月 9 日，那是个周六，我们在竹桥地铁站附近过桥到护城河对面，从北门进入公园。我的妻子和她的姐姐都是东京本地人，她们轮流推着我们坐在婴儿车里的大女儿，而我们只有 3 个月大的小女儿则被我背在胸前。

皇居东御苑位于历史悠久的江户城古城墙内，历来是日本军阀，也就是幕府将军的居所。1868 年明治维新后，德川幕府因幕府将军德川庆喜投降而垮台，日本天皇随后将住所从京都迁往东京。自此，这里就被称为皇居。花园的所在地曾是江户城的庭院内部，毗邻皇室成员的住处和工作场所。在明治维新后，这些庭院本质上是中世纪建筑，在 19 世纪末它们被拆除，变成了花园。如今，这些花园对公众开放，并且是东京地区最独特和美丽的公园之一。

在樱花飘落时节于樱树下野餐，这样的行为被当地人称为"花见"，是日本的一项古老传统。那天早晨，许多东京人趁着周六的明媚阳光，享受公园的宁静和樱花的秀美，这一传统让人感叹生命的美丽、脆弱与短暂。樱花的短暂生命成了我们生命的隐喻，是我们短暂、美丽、脆弱的生命存在于浩瀚宇宙间的象征。

樱花在东京市中心灰色的建筑、熙熙攘攘的街道、忙碌的人群和嘈杂的交通的映衬下显得格外美丽。这个花园是混凝土丛林中心的一片绿洲。当我和家人从桥上经过时，一位肩背书包的日本老先生向我们走来。他将手伸进包里，拿出一把塑料卡片，给我们每人发了一张，然后稍做停顿，似乎在思考我胸前的 3 个月大的小女儿是否也需要一张。最后，他决定递给我两张卡片。他什么也没说，由于我的日语能力有限，便也没有与他交谈。接着我们走进花园，打算找块地方来享受我们的家庭野餐。

我们在阳光下度过了一个愉快的早晨，两小时后收拾好野餐的物品，向位于大手町的东出口走去。快到出口时，我们跟随人群在一个小售票亭前排队。当队伍向前移动时，我观察到人们在此归还了他们的塑料卡片。我在口袋里摸来摸去，取出自己的卡片。走近售票亭，我看见里面有一位穿着整齐制服的日本女士。我们之间隔着一块玻璃屏障，在柜台的高度位置上有一个半圆形的洞，很像电影院或游乐园的售票处。我把塑料卡片从柜台上的玻璃孔里递了过去。那位女士用戴着白手套的手拿起它们，把我的卡片和其他卡片一起放在一个架子上。她微微低下头，微笑着向我道谢。她没有收费，也没有解释为什么我两小时前进入公园时要带着两张白色塑料卡片。

这些塑料卡片是怎么回事？如果不收费，为什么还要发放塑料卡片当作门票呢？我最初倾向于认为这是一个安全系统。当下午花园关闭时，只要统计所有归还的卡片，管理员就可以确保没有走失的游客滞留在园区内。稍加思考后，我意识到这是一个非常糟糕的安全系统。谁能判断发放给我的卡片是两张还是一张？我3个月大的孩子算是行李还是游客呢？这个系统中似乎存在太多的变量，有太多出错的可能！如果这是一个安全系统，那么肯定每天都会出现问题、产生误报。（其实，这样的系统反而并不容易产生漏报，因为它需要制造额外的门票。这是物理看板系统一个有用的共同特点。）与此同时，管理员每天晚上都要在花园中四处搜寻迷路的游客。不，它一定有别的用处。我突然意识到，皇居东御苑正在使用看板系统！用有限的门票供应（类似看板信号卡）确保公园不会过于拥挤，一旦门票用完，就不再允许新游客进入公园，直到有人离开并归还门票。

这个极具启发性的顿悟使我明白，可以在制造业之外应用看板系统。看来看板信号卡在各种管理情境中都非常有用。之后，据我了解，看板系统适用于任何专业服务、无形商品或知识型工作者所处的行业。在销售业、市场营销、金融业、人力资源和招聘领域、网页设计领域、广告代理业、土木工程和建筑业、法律服务行业、电视电影后期制作和剪辑业，以及在石油生产和分销业、制药业等拥有各种共享服务的商业领域中，我都发现有该系统的身影。

摩托罗拉开发经理的两个管理挑战

2002年，我是摩托罗拉移动电话PCS部门的一个开发经理，驻扎在一个偏远的分支机构，严阵以待。摩托罗拉总部位于芝加哥，几个月前收购了我们位于西雅图的初创公司4thpass。4thpass主要开发用于无线数据服务的网络服务器软件，例如空中数据下载、空中设备管理等。这些网络服务器软件和手机上的客户端应用程序紧密协同工作，是整个集成化系统的一部分；另外，需要一起协同工作的，还有电信运营商的网络以及后台基础设施中的其他组成部分，如计费系统等。公司管理人员无视工程的复杂性、风险和项目规模，为这一项目的完成时间敲定了最后期限。这是不是听起来很熟悉？我们的代码源自公司初创时的产品，为了快速上市，该产品的许多细节都被忽略了。一位资深开发人员坚称我们的平台为"一个原型"，以难以维护和升级而臭名昭著。为满足日益增长的业务需求，提高生产力和产品质量对于我们而言，迫在眉睫。

那时，我在日常工作和写作《软件工程的敏捷管理》时，一直在思考自己面临的两个主要挑战。第一，如何实现敏捷社区所称的可持续步调，并保护我的 30 人团队免受业务部门无穷无尽的需求的困扰？第二，如何将敏捷软件开发方法成功推广到约 250 人规模的业务单元，并克服其中不可避免的变革阻力？我需要同时做到这两件事情。那么，我需要的是一个高效、高产的部门，而不是被持续超负荷和截止日期压垮的团队，我也需要通过敏捷软件开发来实现生产力的提升。

迭代研发需要马拉松般的稳定步调

《敏捷宣言》(*Agile Manifesto*)背后的原则告诉我们："敏捷过程倡导可持续开发。责任人、开发人员和用户要能够共同维持其步调稳定延续。"对于一个带领 6 名项目经理和 24 名开发人员的部门经理来说，这是一个非常有吸引力的信息。再早两年，我在 Sprint 公司 PCS 部门的团队就已普遍认同了我的观点："大型软件开发的过程是一场马拉松，不是短跑冲刺。"[①] 这个双关语是有意为之的帮助记忆的符号。我们的迭代研发过程不是"短跑冲刺"，而是跑马拉松般的稳定步调。如果要求项目成员在持续 18 个月之久的长期项目中保持步调，那么绝不能让他们在头一两个月就精疲力竭。必须为项目制订计划、预算成本、进行调度和估算，以确保团队成员合理的日工作时长，避免他们过度疲劳。作为部门经理的我，所面临的挑战是，在实现这一目标的同时，还要确保

---

① sprint 的中文原意为冲刺。它也是敏捷软件开发过程中的一个重要概念，指的是一段固定的时间。在这段时间内，团队致力于完成一个明确的、可交付的小项目。——译者注

满足所有的业务需求。

1991年，我在一家成立5年的创业公司里首次负责管理工作，该公司主要制造面向个人计算机与其他小型计算机的视频采集卡。我从CEO那里获得的反馈信息是，高层认为我"非常消极"。因为在我们的开发能力已经达到极限时，高层却仍然要求增加更多的产品或特性，而我总以"不行"断然拒绝他们。到2002年，经过10多年的时间，我意识到这其实已成为一种模式：一直以来，我都在与不断变化的业务利益相关方的要求抗衡，坚决说"不行"。

总体而言，在我看来，软件团队和IT部门似乎总会遭遇被其他团队任意摆布的悲惨命运。即使计划已经做得无懈可击、公正客观，这些团队仍然会对他们极尽软磨硬泡、恐吓威逼之能事。即使是基于深入分析并有多年历史数据支持的计划，也会轻易就遭到不合理的修改。更糟的是，大多数项目团队，既没有透彻的分析方法，也没有任何历史数据支持，在那些想要迫使他们承诺完全不合理的交付期限的权术手腕下，他们往往势单力薄。

我认为软件开发行业普遍认同了疯狂的进度安排和荒谬的工作承诺，并把这视为一种常态，好像软件工程师根本不该拥有社交活动和家庭生活。管理指南也都在探讨如何激励员工留在工作岗位上，将他们的全部生活都奉献给最新的项目。这种靠不住的领导力源自硅谷，他们的做法包括请五星级酒店的厨师在工作场所烹饪美食、提供洗衣甚至水疗服务等，这一切都是为了让员工留在办公室，将工作时长不断拉长。这种粗暴的技术管理手段只能促使员工更努力地工作更长时间，而不是更聪明地工作。针对更多功能和特性的无止境需求，我们唯一的应对方法似乎就是增加工作强度。

我认识太多因过度投入工作而实实在在损害了社交生活和心理健康的人。他们常与子女和其他家庭成员关系破裂，许多关系最终无法挽回。我认识的一位微软项目经理甚至以"每个软件版本的离婚率"作为一个衡量指标，以此戏谑地描述事情变得多疯狂。据称，SQL Server 2005的一个部门的离婚率达

30%。喜剧的内核是悲剧。

然而，对于普通大众来说，要对那些典型的软件开发极客共情很难。我在美国华盛顿州生活了近 20 年，这里的软件工程师年平均收入仅次于牙医。我们可以将他们与 100 年前的福特装配线工人进行类比，其收入是美国平均工资的 5 倍。由于他们获得的报酬丰厚，没有人会考虑他们的工作是否单调或身心幸福与否。同样，也没人会从根本上去解决软件开发人员日常遭遇的生理和心理疾病的困扰。有些雇主很聪明地增加了额外的医疗保健福利，如按摩和心理疗法，并提供偶尔的心理健康病假。但更多人只是对员工休心理健康假视而不见，这种交易双方都心知肚明：你的雇主会剥削你，而你有权请病假。一切都只是在缓解矛盾，而不是从根本上解决问题。大约在 2005 年，我在微软工作时，一位技术文档工程师对我说："服用抗抑郁药并不羞耻，因为每个人都这样！"对于这样的局面，软件工程师往往会顺从要求，一边领取高薪，享受财富给物质生活带来的好处，一边默默承受难以直接归因于工作相关压力的身心之痛。

几年后，我再次与一些以前的同事在微软的会议中相聚。会议开始前，我们在私下里互相交流近况。其中一位同事向我介绍他如何为自己腾出更多时间，以及如何通过开始学习滑雪挽救与自己最小的孩子的关系。他说："年龄大一些的 3 个孩子已经放弃我了。"在孩子们的童年时光中他一直都在工作，他们因此对他满怀怨言。我不禁联想到，这种过度的工作负担、对"出勤主义"的预期和英雄式的职业道德要求还会导致多少家庭破裂？社交压力又是如何成为其中一部分，逐渐摧毁人们的生活的？

作为一名管理者，我想打破这种模式，找到一种双赢的方法，让我在对新工作需求说"好"的同时，又能通过促成可持续步调来保护团队成员。2002 年我就想回馈团队成员，让他们能够重返社交活动和家庭生活；通过改变现状，让那些开发人员不至于在年纪轻轻时就因压力过大而产生健康方面的问题（比如恐慌发作）。所以我下定决心，尝试做些什么来改善现状。

看板方法让我得以解决这个难题，因此，我曾冒出给本书加个副书名的想法，就写上"如何成为一个总说'好'的人"。这听起来又好得太不真实了！

演进式变革，推广敏捷最有效的机制

另一件让我心系的事情是，在大型组织中引领这一变革所面临的挑战。在 Sprint 的 PCS 团队以及后来的摩托罗拉，我均担任开发经理一职。在这两家公司中，确实都需要创建一种更为敏捷的工作方式。但当我努力想将敏捷软件开发方法推广到其他部门或小项目中时，这两家公司都让我感到颇为艰辛。2022 年写下这些内容时，实施规模化敏捷在过去的 10 年间已成为一个热门话题，可早在 20 年前，我就已经失败了两次！当时，敏捷社区的大多数人都在为如何激励 6 人团队而苦苦挣扎，而我那时就已认识到，将规模扩大到数百人是多么具有挑战性。

我曾认为自己需要更大的职权来迫使人们跟随我的领导，并且觉得自己的失败是因为缺乏这种权力。在这两个职位上，我无法对一个大型团队直接施加变革。在这两个案例中，我都是应高层的要求，试图影响变革，但并未获得对更广泛群体的行政职权。我只是一个部门经理，可领导要求我推动整个业务部门的变革，我要影响同级的工作伙伴，让他们在各自部门中实施与我的部门类似的变革。让这些工作伙伴加入并不难，他们也希望获得帮助，更希望在老板眼中看起来不错。然而，他们的部门却是另一回事。这些部门会抗拒采用那些在我自己的部门明显产生更好结果的实践。这种阻力可能有多方面的原因，但最常见的原因是，每个部门的情况都不甚相同。在我自己部门实施的方案必须根据其他部门的具体情况进行裁剪和调整。到 2002 年年中，我得出了这样的结论：在大规模范围内，比如一个由 250～450 人组成的部门，强制执行一种特定的软件开发方法论或流程根本行不通。无论这种特定的方法论有多么好，当应用于大规模时，它都会遭到大部分团队的抵制。

2003 年，在写作《软件工程的敏捷管理》一书期间，我逐渐意识到，每种情况都可以说是独一无二的。这本书主要通过以高德拉特的 TOC 制约法为框架，证明敏捷软件开发方法可以产生更好的经济效益。当时我过于乐观地相信，用一套基于经济和财务的分析论证，就可以顺利说服高层支持我在更大范围内推进敏捷方法。TOC 制约法要求我们寻找瓶颈，并在管理和改进瓶颈的过程中提高企业的经济效益。在研究和写作那本书的 2002 年我明白了，在某种程度上，每种情况都是特殊的。假设某一过程描述可以适用于所有情况本就是天方夜谭。怎么可能每个团队的每个项目都会在同一时间、同一地点遇到瓶颈呢？每个团队都是不同的：不同的技能要求、不同的团队能力和不同的经验；每个项目也都是不同的：不同的成本预算、进度、规模和风险状况；每个组织也是不同的：不同的市场领域、不同的客户群体。对我而言，这可能为研究变革阻力提供了一条线索。如果所倡导的工作实践和行为变革并没有带来能够被感知到的实际益处，人们就会抵制它。如果这些变革并没有改善团队成员感受到的约束或限制因素，他们就会抵制。简而言之，脱离具体情境的变革会遭到工作者的抵制，因为他们了解并熟悉自己的工作环境、所提供服务的流程，以及这些流程是否有效。

由此可知，通过不断消除一个又一个瓶颈来不断进化、发展，最终形成一个新工作流（workflow）才是最好的做法。这是高德拉特的 TOC 制约法的核心主题。我完全相信它就是我所探寻的答案。

我在即将出版的另一本书中解释了高德拉特的方法，它旨在识别瓶颈，然后找到消除瓶颈的方法，直到瓶颈不再影响效益。之后，新的瓶颈出现，循环往复。这是一种通过识别和消除瓶颈来系统地改善效益的迭代和进化方法。

这项技术可以和精益生产方法中的一些理念整合在一起。先对软件开发生命周期（Software Development Life Cycle，SDLC）的工作流进行建模，再建立可视化跟踪系统，此后，当新工作"流"经该系统时，通过跟踪其状态的变化，便可识别出瓶颈。在 TOC 制约法的基本模型中，具备识别瓶颈的能力是第一步。高德拉特已针对"流"问题（flow problem）开发出了TOC制约法的一种应用方法，并很粗笨地将之称为"鼓－缓冲－绳"（drum-buffer-rope），这是一种通过识别瓶颈来推动改进的渐进式方法。尽管名字有些别扭，但我意识到我们也可将一种简化的"鼓－缓冲－绳"方案应用于软件开发中。

这种概念整合为我提供了一种推动演进式变革的机制。如果将基于TOC制约法的5个核心步骤包含在反馈闭环中，像"鼓－缓冲－绳"这样的系统就成了促进持续改进的工具。高德拉特称之为"持续改进过程"（a process of ongoing improvement，POOGI），它承诺从当前实际实施的过程出发进行过程改进，采用"从现有做法开始，不断进化"的变革方式。我对此充满信心，认为这可能就是我一直追寻的成功变革管理的答案。我也对TOC制约法充满信心，相信它提供了一种成功的制度化变革的解决方案，且这种变革能持久！

规模化敏捷的3个挑战

实现规模化敏捷面临的第一个挑战是，为了推动在每个特定情境中采用定制化流程，需要每个团队中都有积极主动的领导力。然而，这种领导力在很多情况下都是缺乏的。即使有适当的领导力，如果没有建立适当的管理制度、没有提供如何量身定制特定流程的指南，我对重大变革的成效依然持怀疑态度。没有专业指引的领导者、教练或流程工程师，任何调整都可能是主观强加的。这就像强加一个不合适的流程模板一样，很可能引起愤怒和反对。我仍认为，缺乏具有适当技能、受过相关训练和经验的领导者是实现规模化敏捷软件开发的3大核心障碍之一。

第二个挑战是组织不够成熟，缺乏合适的组织价值体系，也就是信条。没有这一点，就无法管理风险，也做不出有利于长期效益的艰难决定。若只关注短期效益，做战术性选择而忽视长期后果，就不能有效地实现管理变革。

第三个挑战是，即使尝试依据具体情况调整流程，团队仍会抵制强加的变化。我开始相信，以流程为中心改进业务敏捷性的方法从根本上就是错误的，这样的规模化敏捷方法也注定会失败。超过 20 年的实践经验和证据似乎表明我的判断是正确的。在规模化敏捷实施过程中取得成功的案例似乎非常少，我怀疑它们是否满足了我的 3 个标准：有强大的领导力，成熟的组织，采用"自行定制"的方法以增量的方式实施，而非遵循特定的方法论或框架。

从"鼓-缓冲-绳"转向看板

回到我之前从高德拉特那里得到的灵感，以及他的 TOC 制约法和瓶颈驱动 POOGI 方法。我从莱纳特森等前辈那里得到了与之矛盾的建议：知识型工作者的工作流受制于过高的可变性。这意味着很难确定瓶颈，而且瓶颈很少会一直存在于同一个地方，流动系统不会保持稳定。直到 2007 年，我才目睹了这一点，当时我团队中的两个管理者在一次会议上互相争论对方的部门是"瓶颈"。这其实说明了我们工作性质的多变性导致瓶颈在工作流的不同职能之间摆动。莱纳特森的直觉和建议似乎是正确的。然而，在他提出这些担忧两年后，我才有了实证证据来加以确认。

如果下一段内容看起来有些晦涩和偏技术性，请耐心一点，因为我们在过去的 10 年里学到的这些细节和难懂的差异，实际上并没有那么重要。

还有一个问题需要考虑：**"鼓-缓冲-绳"是一种拉取系统（pull system）的实例**。拉取系统通过限制 WIP 数量或工作流程中的库存来延迟对上游需求的承诺。它们使用信号机制来指示何时有空闲容量，可以将新工作引入系统。**看板系统是另一种拉取系统的实例**。与"鼓-缓冲-绳"系统不同的是，看板系统在工作流程的每个步骤中都限制了 WIP 数量，因此更能应对局部周期里的可变性或流程的不均匀性。"鼓-缓冲-绳"则通过在瓶颈前添加一个缓冲区来限制 WIP 数量，该缓冲区只允许固定数量的工作，被喻为"绳索"。**绳索**

将限制从输入到进入瓶颈前系统中的 WIP 数量。然而，这一系统中并没有限制瓶颈之后的 WIP 数量。为了完全理解这个名称的隐喻，可以将"鼓"理解为在瓶颈处完成工作的节奏。在瓶颈处每完成一个项目时，类似鼓声的信号就会传递给"绳索"的起始处，从而引入新工作。

"鼓－缓冲－绳"系统以瓶颈的节奏创建拉取，避免整个系统负担过重，创造了稳定性。然而，简化形式的"鼓－缓冲－绳"在面对局部周期里的可变性或瓶颈上游流程的不均匀性时不够稳健。如果瓶颈发生停滞，已经开始的工作将继续流向瓶颈处。重新启动瓶颈的过程会变得困难，因为它可能被溢出缓冲区的工作所淹没。虽然这个论点听起来有些技术性和晦涩，但我被莱纳特森说服，流程中的不均匀性对于软件开发这样的知识型工作来说，是一个合理的关注点。因此，在这个领域，看板系统是一种更合适的拉取系统形式。而且，解释看板系统要容易得多：虽然名称中有一个日语词，但相对于隐喻的"鼓－缓冲－绳"，它引起的疑问要少得多。"鼓－缓冲－绳"是一个关于童子军在一条狭窄山路上徒步旅行的寓言，解释它背后的隐喻很麻烦，我很难以此获得信任。根据我的经验，"看板"这个词更容易理解，而"鼓－缓冲－绳"往往让人反感。

然而，在 2004 年考虑所有这些因素，人们仍然非常担心专业服务工作与制造业或供应链管理等有形商品行业存在较大差异。在诸如软件开发等领域中，也未有使用看板系统的先例。在专业服务工作中使用看板系统是不恰当的选择，人们很容易就会发出这些批评。

直到很多年过去，虚拟看板系统已经在专业服务领域、无形商品行业和知识型工作者的工作中得到了广泛接受，才有了足够的证据支持和社会认可。这就是看板系统如何从 20 世纪的制造业进入 21 世纪的现代商业运作的故事。这也是后来被称为看板方法的起源故事。

- "鼓-缓冲-绳"是一种拉取系统,应用了 TOC 制约法。TOC 制约法中的 5 个核心步骤是一种通过识别瓶颈来推动改进的渐进式方法。看板系统也是拉取系统的一种。

- 追求拉取系统方法的动机有两个方面:第一是实现可持续的工作节奏,第二是以最小的阻力引入工作流程变化。

- 通过限制流通中的看板信号卡数量,实现对 WIP 数量的限制。

- 在任何需要限制系统内物品数量的情况下,都可以使用看板系统来改善系统中的流动性。

- 在当前的工作或任务完成并返回其信号卡时,新的工作被拉入流程中。

- 看板系统解决了一个难题,即找到一种方法,让人们既能保持可持续发展的步调,又能在没有明显阻力和惰性的情况下引入变革以提高经济效益。

第 2 章

微软，利用看板方法从最差做到最好

"看板方法只适用于集中办公的小型团队！"在我于2010年出版"小蓝书"时，很多人都持有这样的观点，并且至今依然如此。当然，这是一种误解！这种观点基于一种假设，即"站在看板展示板前"是看板方法的核心要素。因此，有很多所谓的专家公开断言，看板方法无法在分布式办公的组织中发挥作用。如果人们无法"站在看板展示板前"一起工作，那么看板方法将无法提供任何帮助。在接下来的两个章节中，我们将通过讲述微软如何开始使用看板方法的故事，来揭示这种观点的荒谬之处。

从运动员到微软的程序经理

德拉戈什·杜米特留（Dragos Dumitriu）是一个友善、幽默的罗马尼亚裔美国人，总是面带笑容，对生活充满热情，这使其深受他人喜爱，并吸引大家追随着他的脚步。他个子很高，光头，身材结实，稍微有点中年发福，身着手工定制的欧洲西装，戴着昂贵的太阳镜，给人一种潇洒的感觉。尽管已在美国生活了 20 多年，他讲话仍然带有比较明显的东欧口音，只是稍微柔和了一些。杜米特留的整体形象会让人有点紧张，给人一种"我掌控一切，别跟我废话"的感觉。你可以想象这个画面：当他从罗马尼亚首都布加勒斯特市中心的一辆大型黑色宝马车中下来时，周围的小混混一看到他就吓得四处逃窜。

他体格健壮，年少时曾是罗马尼亚奥运代表队的运动员。年轻时，杜米特留在他的家乡罗马尼亚拥有并管理着一家健身中心，曾做过电影特技替身，还当过私人保镖。他就是那种传说中的超凡人物。后来，他和当时的妻子（也是一位成功的医生）一起搬到纽约。杜米特留在一家精神病院找到了一份低薪的工作，并在 2 年后晋升为管理人员。然后他又随妻子来到了北达科他州的法戈（Fargo），那里位于美国中北部的偏远地区，也因其严寒的冬天而出名，最著名的可能是同名电影和衍生剧《冰血暴》(*Fargo*)。杜米特留加入大平原软件公司（Great Plains Software），担任项目经理。这个时候他已经 30 多岁了，才刚刚进入 IT 行业。

在大平原软件公司被微软收购后，微软以其为基础创建了现在被称为 Dynamics 的部门，杜米特留于 2003 年调至位于西雅图的微软总部，在部门担任程序经理。次年，渴望迎接挑战的他自愿接管了负责企业共享服务的 IT 部门中的小型维护工程团队，该团队以在微软所有 IT 组织中拥有最差的客户满意度纪录而闻名。

谁来接手 XIT 的烂摊子

当时，微软分为 7 个不同的业务部门，每个部门都是独立的业务单元。此外，还有一个公司级的总部部门，为这 7 个业务部门提供人力资源、财务、设施管理和安全等共享服务。这个企业共享服务中的 IT 部门又被称为 XIT 或 "跨

IT"，以示他们向面向客户的业务部门提供共享服务的性质。

戴尔·克里斯蒂安（Dale Christian）是 XIT 的总经理，后来他担任埃森哲和微软的合资公司埃维诺（Avanade）的首席信息官（CIO），随后又成为比尔及梅琳达·盖茨基金会的 CIO。XIT 维护工程团队是一个小团队，负责在主要版本和应用程序升级之外的时间进行小功能升级和错误修复。从会计角度来看，该团队的成本是经营性支出，而其他在主要项目组中工作的团队的成本则是资本性支出。这是两种不同的记账方式，资本性支出会形成资产，而经营性支出只会成为纯粹的成本。这种差异对制度约束和决策都将产生影响。

杜米特留自愿领导的团队位于印度海得拉巴的一个"专属中心"，或者叫园区。这个园区由外包公司 TCS 专门为微软建造。在这之前几年，微软做出了将 IT 职能外包的战略决策。对微软来说，IT 是一项支持性功能，并非公司核心业务模块，因此可以远程提供相关服务。那时，微软把原本在西雅图附近的微软园区工作的 IT 现有开发人员与测试人员分流、整合到其他 7 个业务部门中，从事产品开发工作。2003 年大部分整合工作完成后，IT 部门大约只剩下了供应商管理团队，主要由挂着"程序经理"职位的个人组成。杜米特留的工作就是领导和管理一个位于海得拉巴的 6 人 XIT 维护工程团队。

根据季节的不同，西雅图与海得拉巴之间存在 12.5 或 13.5 小时的时差。从美国西海岸远程管理在印度的供应商，这个时差既带来了挑战，也带来了机遇。好处是夜间工作依然在推进；缺点是电话会议等同步通信工作协调难度比较大，并且当西雅图还是周五时，印度已是周六，因此每周实际上只有 4 天时间可以推进管理工作。

前面提到，在微软所有 IT 部门中，XIT 维护工程团队的客户满意度最差。并且该团队一直顽固地拒绝改进。即使工作转交给了位于海得拉巴的新团队，且所有人员和高层都变了，甚至服务也改为由签订主服务协议的供应商 TCS 提供，情况仍然没有任何改善。如此糟糕的境况，使得该团队程序经理的职位空缺了好几个月，没有人愿意接手这个烂摊子。

在这种情况下，杜米特留接管了这个团队。他雄心勃勃，总是勇敢面对挑战，是天生的领导者，且非常渴望取得成就，希望借此在未来担起更大的责任并获得认可。出于这样的动机，他自愿接手这项工作。尽管如此，一些同事还是难以理解他的决定。

打开看板视野

为什么运动员能成为出色的员工？

我有个朋友是奥地利冬季奥运会代表队的运动员。她曾参加了2002年盐湖城冬奥会的雪橇比赛。如今，她是奥地利国家队在因斯布鲁克的教练。2009年，我们交流时她给我提了一个建议，让我在招聘新员工时要"特别留意运动员"。

她解释说："运动员往往更有纪律性，能够明确目标且积极进取。他们知道如何衡量效益，并有条理地进行训练和提高成绩。"

我想到了杜米特留，他与这一描述完全契合，并且这些特质对他在微软中担任的角色非常有帮助。

我之所以花这么长的篇幅让大家熟悉杜米特留，是为了打破另一个谬论：只有在像杜米特留这样非凡领导者的带领下，看板方法才能发挥作用。正如我将在本书第3章中描述的，杜米特留取得了非凡的成果，这么看来，我甚至写了两章关于他的内容！人们很容易将这些成果归功于他的个人特质，而不是他所遵循的方法。实际上正如你将在第3章和第4章的结论中看到的，这种观点根本不对。不需要杜米特留本人在场，你也能取得同样的成果，关键是要遵循他的方法和思维方式，即遵循看板方法。虽然领导力是必要的，但你不必成为一位奥运会运动员，看板方法同样可以为你的工作带来好处。

杜米特留担任的是 XIT 维护工程团队的程序经理，该团队的主要职责是 XIT 部门的软件维护。团队提供两种基本服务：第一种是小规模升级，也称为变更需求；第二种是缺陷修复。团队成员（图 2-1）包括 3 名软件开发人员、3 名测试人员以及 1 名当地管理人员，他们负责为微软全球员工使用的大约 80 个跨职能 IT 应用程序进行小规模升级和产品缺陷修复。

图 2-1　2005 年 2 月，杜米特留（左四）在海得拉巴与 XIT 维护工程团队的合照

我在 2004 年 9 月加入微软的开发者工具部门，因此我和杜米特留算是不同业务部门的同事。此时我们还尚未谋面。

让 XIT 维护工程团队成为更好的"订单接收者"

2004 年夏天，高层和客户的耐心都已经耗尽，迫切需要采取行动改变现状。喜欢挑战的杜米特留自愿接下这项任务。在最初的几周里，他观察、学习、仔细检查跟踪系统中的相关数据。他的任务不仅仅是填补前任的职位空缺，也不只是维持现有流程的运作。杜米特留需要做出改变，并解决当前存在的问题。

他很快意识到，客户的不满源于过长的交付周期、不可靠的交付，以及无法兑现那些看起来很小但又不复杂的重要变更和缺陷修复需求。他的团队负责维护人力资源的雇员记录系统、工资系统等应用程序，财务部门需要这些应用程序来为微软全球的大部分员工支付工资。为了了解他们工作的性质，我们来设想一个业务场景以及它对 XIT 应用的影响：假设微软计划在波多黎各岛的圣胡安开设一个新的办事处。从很多方面看，波多黎各就像美国的一个海外州，通用货币为美元。

像在圣胡安开设新办事处这样的业务计划，将对 XIT 的所有企业共享服务客户都产生影响。比如，财务部门需要为波多黎各的员工发放工资；人力资源部门需要存储这些员工的就职记录，并在当地进行人员招聘；设施管理部门需要提供办公场所，并为部门和个人分配办公空间；安全部门需要确保办公场所的安全，并做好打印员工工牌和启用出入口安全扫描仪的准备。

在这种情况下，需求可能是"在雇员记录系统中支持波多黎各的地址格式"或"支持为波多黎各员工工资预扣税款"。这些需求还会被进一步分解，例如"在员工地址表上将波多黎各添加到美国各州的下拉菜单中"。任何熟悉个人电脑的非专业人士都能理解，从业务的角度看，这些似乎都只是简单的小改变，可是为什么这样的需求得花费几个月的时间来开发呢？为什么 XIT 维护工程团队会不断违背交付承诺？这让财务、人力资源和其他企业共享服务客户感到失望，完全可以理解。

该组织中存在一个问题，即 XIT 的团队成员对需求背后更高级别的业务目标或计划往往不甚了解。例如，关于"在波多黎各开设办事处"的业务计划，会以多个需求的形式出现，这些需求可能来自共享 IT 服务的各个部门，如设施管理、财务、人力资源等，他们会与对应的产品经理对接，将这些需求转化为 IT 系统变更需求，然后提交给 XIT 维护工程团队。因此，这些需求看起来是相互独立的，实际上应将它们视为一组相互依赖的需求。在 XIT 维护工程团队中，团队成员被设定为"订单接收者"，这些订单只要求他们实现小规模的变更，并在短时间内进行交付。然而，与之相关的上下文信息却是缺失的。

解决这个更大、更具战略性的问题并不在杜米特留的职权范围内，该问题的深层次根本原因也不是当即显现的。杜米特留的工作是让 XIT 维护工程团队成为更好的"订单接收者"，使他们能够按要求完成交付工作。

XIT 维护工程团队处理变更需求的平均前置时间为 5 个月，也就是平均需要 5 个月的时间才能完成需求交付，而且随着待办列表不断积压，这个时间还在不受控制地延长。不仅平均前置时间已令人难以接受，对于任何一个项目来说，从承诺到交付的时间都可能长达 6 周，甚至超过一年。作为一个服务团队，他们的交付速度太慢且难以预测。他们习惯于承诺交付日期，但常常无法兑现。

约束条件带来机遇

在 TCS 与微软签订的合同中，要求 XIT 维护工程团队的开发人员和测试人员都得遵循软件工程研究所（SEI）的个人软件过程/团队软件过程（PSP/TSP）方法。这一要求由微软卓越工程团队的副总裁乔恩·德瓦恩（Jon De Vaan）提出，他当时直接向时任微软首席架构师、董事长的比尔·盖茨汇报工作。德瓦恩是卡内基梅隆大学 SEI 的瓦茨·汉弗莱（Watts Humphrey）的忠实拥护者。汉弗莱因对软件工程专业的贡献而获美国总统颁发的国家技术奖章，他是 PSP/TSP 的创始人，而德瓦恩一直试图在微软找机会实践该方法。由于无法在产品团队中推广，他获得了在 IT 部门进行实验的准许。因此，根据合同约定，TCS 有责任遵循该方法。德瓦恩是微软的早期开发人员，也是盖茨非常信任的朋友。后来，当 Windows Vista 项目出现问题并需要重启为 Windows 7 时，盖茨任命德瓦恩为项目重振的负责人。在 2004 年，作为卓越工程负责人，没有人会质疑德瓦恩的选择。而这意味着改变 XIT 维护工程团队使用的流程和 SDLC 方法不可行。结果证明，这种限制条件反而带来了机遇，杜米特留被迫采用了一种"从现有做法开始"的方法。引入敏捷方法并不是一个选择，而是必然之举。

外界对 XIT 维护工程团队形成了一种成见，认为该团队组织混乱、管理不善。因此，高层也不愿意提供更多的资金来解决问题。XIT 维护工程团队只是按部就班地完成独立的小规模、紧急需求；他们是一个成本中心；他们受制于工作流程；高层不愿意提供额外的资金来推动改进，他们没有兴趣在这一问题上投入更多的人力和资金。

出于巧合，杜米特留发现了我的第一本书《软件工程的敏捷管理》。书中的内容让他印象深刻，他因此向我寻求建议。我来到他位于华盛顿州雷德蒙德的微软园区 115 号楼的办公室，微软园区坐落在西雅图的东部郊区，绿树成荫。下文提到的关于我们之间的互动、访谈和分析，已被总结为引入看板的系统思维方法（systems thinking approach to introducing Kanban，STATIK）的第一步，该方法将在后文加以概述。

让工作流程可视化

为了更好地理解这些问题，我要求杜米特留画出工作流的流程图。他画了一幅简笔画，来描述一个变更需求处理的生命周期，他一边画我们一边讨论。图 2-2 是他所画简图的摹本。图上的项目经理（PM）小人形象代表杜米特留。

需求的涌入是不受控制的。4 位产品经理代表之前提到的不同职能的客户，并控制着对应的预算，例如财务、人力资源、设施管理和安全等。他们提出的需求既包括小规模升级，也包括由终端用户使用时发现的产品缺陷。这些缺陷并非由 XIT 维护工程团队造成，而是由应用程序开发项目团队在开发过程中产生。一般来说，这些项目团队处理的都是重大项目组合，他们的工作被视为资本性支出或资产。在新系统发布后 1 个月，即所谓的"保修期"结束后，这些应用开发项目团队通常就会解散，并将源代码移交给 XIT 维护工程团队进行后续的维护工作。尽管很多读者都能意识到这种模式的不合理性，但他们对此无能为力。他们的任务是让 XIT 维护工程团队更好、更快地修复错误，而不是通过减少缺陷的数量来帮助整个 XIT 部门。因此，这是另一个限制条件，他们无法改变需求或实行能够减少需求的改革措施。XIT 维护工程团队只是接受订单的执行者。

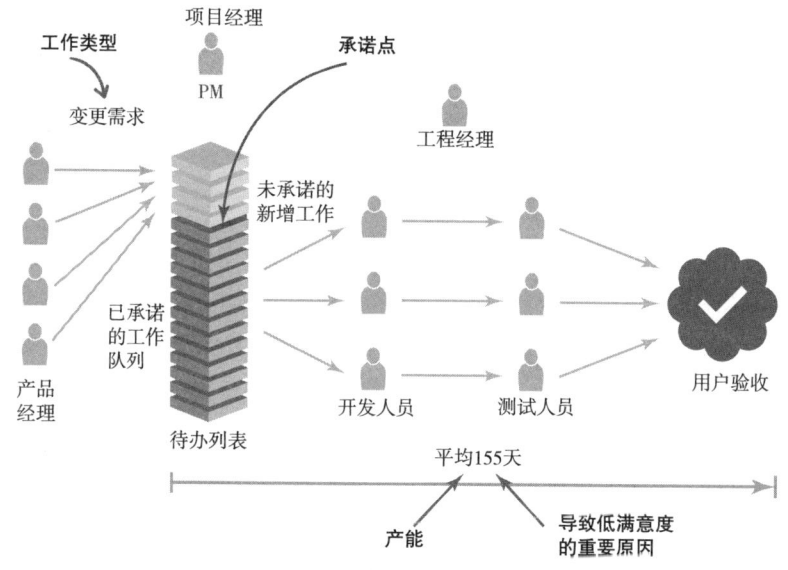

图 2-2　XIT 维护工程团队的工作流

在管理工作中，重要的是务实行事，避免理想主义的幻想，如"如果我们能够影响整个业务部门，拥有能够进行广泛变革的职权，并对高层有影响力，那么……"，你必须通过在自己的影响范围内取得成就，来获取信任、赢得尊重。只有在这方面取得了成功，才有可能获得更大的权责，拓宽自己的影响范围。这个过程需要极具耐心。**一上来就想解决大问题或在整个业务部门实行重大变革，是不可行的。**

以上部分想法现已被纳入看板方法的核心价值观和指导原则：务实主义和耐心，并体现在"看板中没有一厢情愿的空想！"的口号中。

分析需求和产能

每当产品经理提出一个变更需求或缺陷修复需求时，杜米特留会将其发送到印度进行估算。制度规定，必须在 48 小时内完成估算并将结果反馈给业务方。这将有助于业务方进行投资回报率（ROI）的计算，并决定是否继续推进该需求。杜米特留每月会与产品经理，以及其他利益相关方召开一次会议，调整待办列表的优先级，并据此创建项目计划。

由于服务水平协议（service level agreement，SLA）要求在 48 小时内返回估算结果，这导致估算工作打断已在进行中的计划工作（见图 2-3）。**为未来潜在的工作收集信息被认为比完成已计划和已承诺的工作更加紧迫和重要。**

为新需求进行的估算工作耗费了大量时间。尽管说好仅做"粗略的数量级"（rough order of magnitude，ROM）估算，但客户真正想要的是非常精确的估算，因此团队成员在估算准备工作时格外谨慎。造成这种情况的根本原因在于，估算结果既被用作 ROI 计算从而决定优先次序，又被用作计量部门间的预算划转成本。

奇怪的是，XIT 维护工程团队完成工作的结算依据是估算结果，而不是实际耗费的时间。根据我们的分析，微软公司部门实际上提前为每个需求支付了费用。虽然这看上去非常奇怪，但我们对此不予置评。从务实角度考虑，我们需要找到突破点，与财务副总裁进行坦诚沟通，即便我们都不喜欢这样的讨论。但他负责制定制度来计量 XIT 维护工程团队的工作，也就是作为经营性支出，以及如何从提出需求的业务部门的成本预算中支付费用。当时，我们甚至没有足够的职级和关注度来提出这样的会议需求。就像合同要求必须使用 SEI 的 PSP/TSP 方法一样，财务制度对于我们来说也是一个不可动摇的存在，是我们必须努力应对的约束。即使障碍重重，也必须想办法取得成功，推卸责任并洗手不干不是我们的风格。

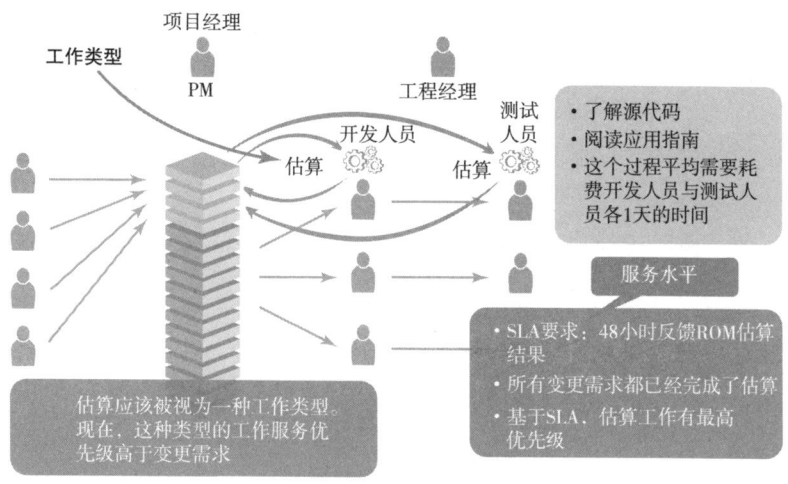

图 2-3　估算需求如何打断计划好的工作

每个高精度的估算大约需要耗费开发人员和测试人员各 1 天的时间。基于对估算错误的恐惧，他们会为此做大量的分析和设计工作。并且，这些分析和设计工作完成后即被丢弃，无法在后续被重新利用。

当时，每月的估算需求量从 18 ~ 25 个不等，仅估算工作每月就会占用每个人 7 ~ 8 个工作日。因此，约有 33% ~ 40% 的产能用来评估未承诺的工作的可行性，也就是说，团队中至少有 1/3 的产能用于对未来工作的推测，而不是开展当下已承诺需求的编码和测试工作。由于对估算需求的数量缺乏管控，因此其影响可能是无限的。估算这些新的需求会抢占现有工作的先机，造成延误。由于没有管控，估算工作有可能会使当前所有已承诺的工作完全停止，尽管这种情况还从未发生过。因此，估算打乱了团队每个月制订的计划，导致工作无法按计划完成。事实上，估算需求的数量及其对已承诺工作的巨大影响，使得 XIT 维护工程团队无法按计划交付任何工作。他们当时的产能实际上是 0%。

如图 2-4 所示，每月的估算需求为 18 ～ 25 个，每月实际交付的项目数量约为 6 个①。截至 2004 年 10 月，待办列表的数量超过 80 个，且还在增长，尽管增长速度没有估算需求那么快。这是怎么回事呢？

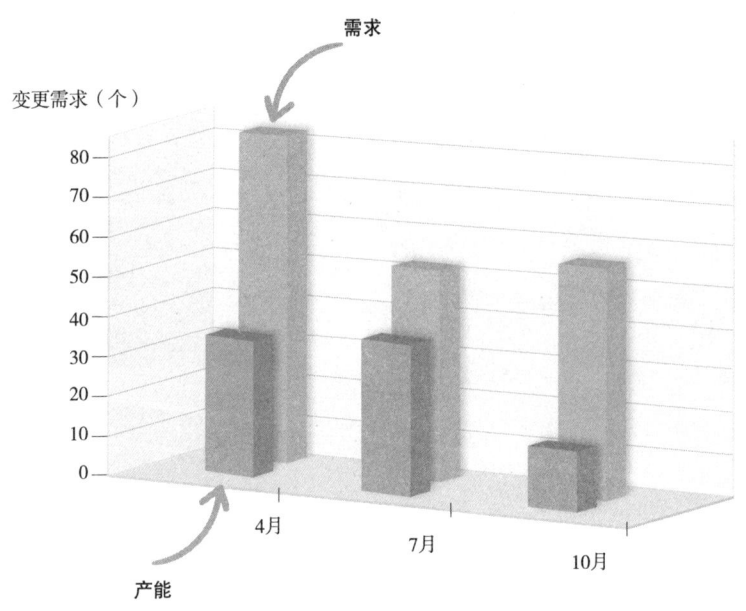

图 2-4　9 个月内变更需求与交付能力对比

分析过往工作

---

① 在图 2-4 展示的 9 个月中，有 6 个月的交付能力翻了一番，大约每个月能交付 12 个。这可能导致对产能水平的误判。在这 6 个月期间，微软高层将团队规模增加了 1 倍，以便能减少待办工作，且允许 TCS 接管供应商管理，与之签订小订单工作合同。从 2004 年 7 月开始，人力回到正常水平，产能也回到历史正常水平，也就是差不多每个月 6 个。不巧的是，我们手头上没有更早之前的数据。

一项对之前已完成、放弃或中途取消的所有项目的研究显示，提交的需求中有 48% 实际上从未被交付。这解释了为什么待办列表积压的增长速度不如预期那样快。尽管如此，每月增量通常都会超过 6 个项目。从未被交付的项目中，26% 在规划过程中被放弃，因为它们的 ROI 太低或者它们"太大"。过大的项目估算时间将会超过 15 天，这种项目必须重新规划，作为项目组合中的一个重大项目，以便将其列为资本性支出。这一管理规定旨在强制执行维护工作只适用于小型项目的概念，从而将其计入运营费用。从历史数据看，"太大"的需求只占 2%。规划过程中被放弃的低 ROI 的需求占比为 24%。剩下的 22%以"需求已失效"为由被关闭，通常的原因是应用程序或企业内部网站停用。例如，2004 年苏门答腊岛海岸发生了一场巨大的地震并引发了震后海啸，海啸夺去了超过 20 万人的生命。当时，微软创建了一个员工捐款网站，并将这些捐款分发给红十字会等慈善机构。大概 18 个月后，该网站因不再被需要而关停。类似的例子通常与季节性活动或一次性事件有关。

我们可以将需求和产能分析总结如下：

- 需要进行估算和业务案例分析的推测性需求——每月 18～25 个；
- 经过规划和排序实际承诺的需求——每月 9～13 个；
- 每月实际交付的需求——大约 6 个。

我们可以将产能总结如下：

- 平均交付前置时间为 5.5 个月，且每月还会至少增加 0.5 个月；
- 按照原计划和承诺日期交付的项目为 0。

虽然每个月只能交付约 6 个项目，但整个积压的待办工作列表每个月都要重新排序和规划。尽管其中大约有 12 个项目会被丢弃或中途被放弃，但也有差不多数量的项目被承诺和排序，并以甘特图①的形式添加到微软的项目管理软件 Microsoft Project 中。按照看板方法，需求早在提交后的每月计划会议上就被承诺并排期，每个项目都有预期交付日期。按照产能，接下来的一个月内，团队大约会交付 6 个项目。然而，承诺的积压待办工作列表至少有 80 个项目，并且在此期间还不断出现新的需求。所有未交付的工作将在下一个月度计划会议上被重新排序，然后与利益相关方重新沟通新的排期。通常情况下，一个需求可能会在交付之前经历四五次的重新规划。而这便是导致客户不满并对 XIT 维护工程团队服务缺乏信任的根本原因，因为他们无法如期履行承诺。问题主要出在两个方面：一是他们过早地承诺了太多的工作；二是即使是对于即将到来的这一个月，他们也会过度承诺而忽略估算工作的破坏性影响。

明确流动效率的初始数值

我们使用一个名为 Product Studio 的工具跟踪需求。这个工具的升级版本，就是后来公开发布的 Team Foundation Server（TFS）工作项追踪系统，后来又演变成了 Web 服务 Azure DevOps。XIT 维护工程团队与我在教学和咨询工作中看到的许多组织类似，他们拥有大量的数据，却并未加以利用。杜米特留开始挖掘这些数据，然后发现一个需求平均需要 11 天的工程时间（包括开发和测试时间），如图 2-5 所示。然而，整个前置时间通常需要 125～155 天，超过 90% 的前置时间都被浪费在等待和其他非价值创造的活动上。它们的流动效率仅为 8%。虽然这听起来很糟糕，但我们已经开始意识到，大部分组织改进的起点甚至低于这个水平。哈坎·福斯（Hakan Forss）和若尔特·法波克（Zsolt Fabok）都报告了企业流动效率的初始数值只有 1%～2%。在看板教练社群里，这些数据已得到普遍认可。好消息是，无论是微软的 XIT 维护工程团队在 2004 年的 8% 还是其他更低的数字，都代表其中存在着巨大的提升潜力。**识别和消除导致延迟的因素，将直接改善流动效率并缩短前置时间。**

---

① 又叫横道图、条状图，通过条状图来显示项目、进度和其他时间相关的系统进展的内在关系随时间发展而变化的情况。——编者注

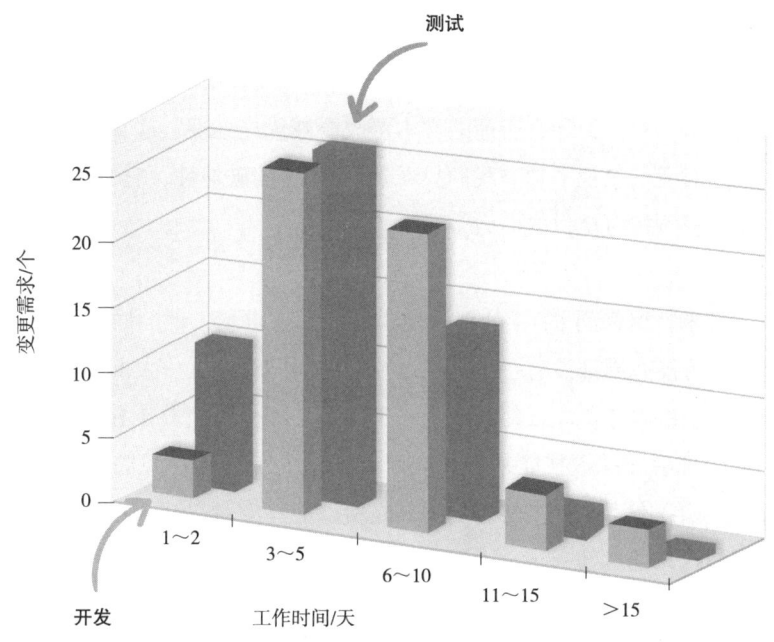

图 2-5 平均每个变更需求的实际开发和测试时间示意

应对 PTCs 的破坏性

除了变更需求和缺陷修复之外，XIT 维护工程团队还需要承担另一种类型的工作，称为生产文本变更（production text changes，PTCs）。该工作主要是对屏幕对话框或网页的文本进行更改，随着时间的推移，这一范围扩大到对包括图形或网页设计的更改，并最终涉及修改应用程序中驱动业务逻辑的表格中的值，或者修改在应用程序运行时用于配置或参考的 XML 文件。我们后来发现，工资系统中用于计算应由雇主预扣的所得税税表也属于这类工作。所谓的 PTCs 毫无意义！这类工作的共同特点是不需要开发人员，通常由业务方、产品经理或项目经理直接操作，但它们确实需要通过正式的测试，所以会涉及测试人员的工作。我们发现 PTCs 面临着一个统一的问题：PTCs 都有一个共同的工作流。然而，它们之间的性质和面对的业务风险有很大的差异：在内部网页上更改部门标识显然不会产生与在工资系统中部署新的预扣税表相同的风险。

还有另一个问题：PTCs 有自己的服务等级要求，它们都是最高优先级的，实际上都是加急需求。当时，我们对 PTCs 的实际本质了解不够，不理解为什么，只觉得看上去不对，为什么所谓的文本更改要被优先处理？这其实是一个警示信号，但当时我们忽视了它。我们只看到了 PTCs 的破坏性，它们会打乱计划、带来干扰、影响按时交付的能力。

我向杜米特留询问 PTCs 的到达模式特征和需求量，他的回答是，这些需求很特殊，可能几周都没有一个，也可能突然间同时来了一大批。它们的不稳定性和所要求的服务优先级使其成为一个问题，如今我们教导看板实践者时需要他们充分理解和掌握技能来设计应对该问题。2004 年，我们选择对它们置之不理。正如我在下一章中将提到的，之所以能够应对它们，有两个原因：首先，由于整体产能的显著改善，我们有了应对 PTCs 的能力；其次，使用看板系统带来了 WIP 控制和延迟承诺等益处，使得 PTCs 导致的影响小了很多，仅如涟漪。

现在，我们已经了解了问题所在和工作中的约束条件，接下来的重点将落在我们可以采取的措施上。杜米特留选择做什么以及他如何达到改进目的，将在第 3 章中进行探讨。

- 改进服务流程的第一步是绘制工作流，实现可视化。

- 进行需求和产能分析，以了解工作流的性质。

- 识别并理解客户不满意的深层原因。

- 通过分析流动效率，发现潜在的改进空间。在进行干预之前，流动效率通常处于非常低的水平。

第 3 章

停止估算，不做计划

"所以，我们的提议是停止估算、停止计划，还要他们相信这样能神奇地让所有需求都在 30 天内交付？"

"是的！你认为他们会同意吗？"

在华盛顿州雷德蒙德的微软园区 115 号楼办公室里，我和杜米特留大眼瞪小眼。当时是 2004 年秋天，我还记得那天下着雨，天色暗沉、阴云密布。

"不，可能不会同意！"

杜米特留的改进成果已经成了一个传奇：变更需求的交付速率提高了 230%，而前置时间从平均 5.5 个月减少到仅 12 天，准时交付率达 98%，远超过 SLA 要求的 25 天。本章将介绍杜米特留推行了哪些改进措施，又是如何落实的。

由于团队效能的大幅提升，杜米特留得到了提拔，后来戴尔·克里斯蒂安从 XIT 的总经理调任埃维诺的 CIO 时，又将杜米特留挖到了新公司。在两年内连续两次调动后，杜米特留从微软一个 6 人团队的程序经理，晋升为埃维诺的全球 IT 运营高级总监。要知道，程序经理这一职位仅比大学毕业生高两个薪资等级。在微软 IT 团队中，XIT 维护工程团队的客户服务纪录从最差变为最好，杜米特留因此获得了该部门 2005 年下半年的流程改进奖。

发现可改变的规则，促进效能提升

团队要遵循很多过程要求，其中就包括各级管理人员做出的不合理决策，这些决策往往是孤立的，没有充分考虑对整个服务的影响。将一类服务及其工作流视为用来管理行为的一套规则，是一种很重要的视角。高层有权力否决或改变规则。例如，使用 PSP/TSP 的规则是在执行副总裁层面确定的，该层级仅次于比尔·盖茨，因此该规则很难改变，或者可以说，不会改变。会计和预算划转的规则由财务部门的中层制定，也很难改变。关于优先级和用 ROI 进行业务评估的规则由项目管理办公室（program management office，PMO）制定，并要求产品经理照此执行。虽然不是完全不可能改变，但我和杜米特留尚未有足够的职级和影响力。然而，也有很多规则是由团队内部的直接管理者共同制定的，例如估算工作优先级高于研发编码和测试工作。这些规则在制定时可能是合情合理的，但当情况发生变化，却没能检视和更新这些管理团队运行的规则。尽管存在其他限制，但在一些规则上仍然有改变空间，我们将通过这些改变来促进效能提升。

停止估算，将用于估算的产能用于交付

在与同事和经理进行一番讨论后，杜米特留决定先推动两项管理变更举措。第一项举措是停止估算。他希望将浪费在估算活动上的产能，重新投入到

软件开发和测试中。这样一方面能消除估算导致的交付计划不规律，另一方面也提高交付的可预测性，他希望二者结合能显著提升客户满意度。

然而，直接取消估算会带来一些问题。首先，这将会影响 ROI 的计算，客户可能会担心因此做出不合理的优先级决策。其次，估算结果也被用于部门间的成本核算和预算划转。此外，估算还被用作实施管理规则的依据，即只有成本较小的需求才被允许纳入系统维护，开发或测试工作量超过 15 天的大需求必须提交重大项目流程，并通过正式的 PMO 投资组合管理审批。后面我们也将重新审视和讨论这些问题。

估算具有干扰性，影响按承诺日期交付的能力，而交付日期的不可预测影响客户满意度。如果杜米特留仅仅是要解决这个可预测性问题，也许他会做出不同的选择。取消估算是为了将用在估算上的至少占 1/3 的产能收回来用于交付，提高交付的可预测性。我们有 4 个备选方案：第一个，完全停止估算；第二个，将估算活动与承诺的工作交付分隔开；第三个，用"估算师"这样的专家角色将估算工作切分出去；第四个，建立一种混合机制，以固定节奏让团队成员轮流担任估算师，比如每周轮换一次。

- 方案 1：完全停止估算。这是最激进的选择，需要我们引入一个 SLA。这样虽然能够收回浪费的产能，但也需要与客户达成新协议、新合同。这是最大胆的选择。
- 方案 2：将估算活动与承诺的工作交付分隔开。将估算、确定优先级和计划工作分配到固定的时间段中，在客户价值交付类工作和计划类工作进行任务切换，这是敏捷 SDLC 方法论 Scrum[①]

[①] Scrum 是被称为敏捷软件开发方法论中的一个通用类规范流程实例。在软件工程中，方法论是一个对流程工作流的描述，包括一组被定义的角色，以及这些角色在执行工作时所承担的责任。软件工程方法论描述了哪个角色执行哪个功能，他们与谁合作，谁承担责任和对结果负责，以及工作如何从个体、团队或合作者传递给下一个。通常，方法论对于特定活动使用的技术会给出具体而详细的指导。因定义和规定性活动并不详尽，Scrum 通常被描述为一个过程框架。由于需要与其他实践相结合才能成为一套完整的方法论，Scrum 仅被视为一个可以串起完整流程定义的基础骨架或框架。

中使用的方法。如果在 XIT 维护工程团队中采用这种方法，杜米特留每月需要安排 8 天时间用于估算和计划工作，然后将团队的其余时间用在开发和测试上。此方法将提高可预测性，并极大地提高客户满意度，但还是无法解决约 1/3 的产能被估算工作占用的问题。

- 方案 3：用"估算师"这样的专家角色将估算工作切分出去。沿用 Scrum，指派专家的选择也可能在此奏效。杜米特留可以告知 TCS 在海得拉巴当地的管理人员，让团队中的 1 名开发人员和 1 名测试人员长期负责分析和设计工作，以提供估算数据。这是一个比较简单的规则变更，还可以防止另外 2 名开发人员和 2 名测试人员被打扰，并显著提高按时交付的能力。不过，这样显然还是有 1/3 的产能被用在了估算工作上。
- 方案 4：以固定节奏让每个团队成员按周轮流担任估算师，可能比指派专家更容易被团队接受，但它依然没有收回在估算上浪费的产能。

由上可见，**只有彻底停止估算才能释放产能**。虽然客户对不可预测、不可靠的交付和违背承诺感到不满，但他们对前置时间也同样不满。而前置时间不断延长是因为需求超过了供给能力。因此，他们需要提升产出量。恢复 1/3 的产能就能有效提高产出，可以直接解决待办列表不断增长和前置时间持续延长等问题。这带来了一个有趣的权衡：用 SLA 取代单个估算和交付日期承诺，将多完成 50% 的工作，同时有机会控制不断增长的待办列表。随着交付时间得到控制，产品经理和人力资源等共享服务客户部门可能会发现，这样的举措是契合目的的。

在 XIT 维护工程团队所做的改变中，不做估算是根据具体情况而做出的选择，同时也综合考虑了其他 3 种方案。其他方案也是可行的，并且都将有助于解决客户满意度低下这个重大问题。无论他们做出哪种选择，都要使用看板系统，这个故事仍然是看板方法的原型。

在早期，看板方法经常被称为"无估算"方法。这在传统项目管理领域引起了一些恐惧和忧虑，同时也在 Scrum 社区引发了内部争执，因其已经将计划扑克[①]和其他估算技术固化了下来。在制定服务优先级规则时，就应该把是否估算纳入考虑。与工作相关的风险决定了是使用已知信息进行工作更好，还是收集更多信息后再做出承诺更好。估算需求的目的是获取完成一项工作所需成本或时间的推测信息。在某些情况下，这些信息可能对风险管理有用，而在其他情况下，它对企业的良好治理几乎没有什么影响，因此可以直接避免。对于 XIT 维护工程团队来说，他们的客户习惯于由 SLA 定义的 IT 服务。而杜米特留在此向客户提出一个简单直接的替换方案："如果换成一个有明确前置时间预期的 SLA，作为回报，我们每年将为您多完成约 50% 的需求交付。"

限制 WIP，插入缓冲区

杜米特留还决心限制 WIP，在当前工作完成后再从输入缓冲区中拉入新工作。两次填充会议（replenishment meeting）间有一周时间差，输入缓冲区的大小被设置为团队在此期间的最大预计交付量，也就是说，其大小刚好能够确保开发人员手里一直有活干，永远不会闲着。杜米特留决定将开发中的 WIP 限制为每个开发人员 1 个需求，对测试人员也使用类似的规则。这是个体软件过程（Personal Software Process，PSP）推荐的做法，实际上，团队已经在这么做了。他在开发和测试之间插入了一个小缓冲区，用于接收 PTC 类需求，并使开发和测试之间的工作流保持顺畅，如图 3-1 所示。该缓冲区的大小粗略设置为 5 个。我们并不知道应该设置成多大，所以先猜测一个数值，并根据观察到的情况来调整其大小。如果来了大批量的 PTC 类需求，缓冲区很可能会满溢，阻塞上游开发工作。开发人员必须等到测试人员清理了这批 PTC 类需求，即看板信号在缓冲区中重新变得可用后，才能让完成的开发工作向前流动。

[①] 一种估算需求大小的方式，过程中会使用标有数字的扑克牌。——译者注

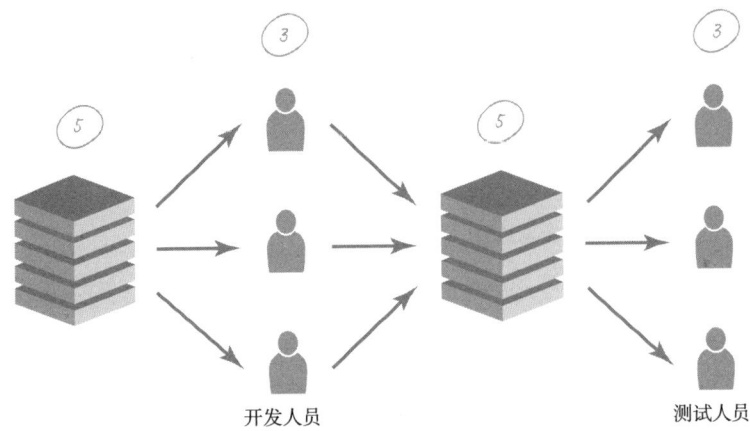

图 3-1　XIT 维护工程团队工作流对应的看板系统

在任何给定时间，每个开发人员只对应一个变更需求，这是一种策略选择。当然后续也可以对此进行修改。将一个服务视为一组策略的集合，是看板方法的一个关键点。

不做计划，将计划会议改为看板填充会议

杜米特留还准备放弃每月的计划会议，改为更频繁的看板填充会议。同时取消甘特图，也不再对计划中的所有事项提前做出承诺。工作需求的待办列表将保持未承诺状态，等到填充会议上，4 位产品经理和程序经理杜米特留达成共识后，将选中的需求拉入看板系统，才算做出了承诺。

杜米特留不得不考虑与产品经理互动的节奏。看起来每周开一次会议来填充看板系统较为可行。他计划以电话会议的形式展开，会议主题聚焦于填充空着的看板展示板，具体说来就是从待办列表中选出需求，填满输入缓冲区中的空位。一般情况下，输入缓冲区每周可能会空出 3 个位置。因此，讨论将围绕一个问题展开："在接下来的 25 天里，你最希望交付的是待办列表中的哪 3 项？"这是一个简单的问题，应该能让会议变得简短。

杜米特留希望提供一个确有保证的交付时间，即从需求纳入看板系统的输入缓冲区开始，在 25 天之内完成交付。实际上完成工作所需的平均工程时间是 11 天，25 天的服务保证期远远超过了这个时间需求。统计上的此时间数据极端异常值是 30 天左右，但他预计这种情况很少出现。与现在约 140 天的前置时间相比，25 天听起来已经很有吸引力了。他期望能够稳定达成这个目标，从而与产品经理和客户之间建立信任。

传统的计划方式是通过甘特图规划每个需求预期的开始和结束日期，为每个项目做出具体的交付日期承诺。这种详细计划的方式被弃用，转而使用一个简单的 SLA，保证服务水平为从承诺到交付不超过 25 天。

我们坐在杜米特留的办公室里，一起分析问题所在，并设计出了解决方案。我们看着彼此，杜米特留笑了起来。

"所以，我们的提议是停止估算、停止计划，还要他们相信这样能神奇地让所有需求都在 30 天内完成交付？"

"是的！你认为他们会同意吗？"

"不，可能不会同意！"

要让人们支持这个想法，需要的不仅仅是一个有力的逻辑论点。

说服团队成员接受变革举措

让我们依次考虑每项变革举措，并分别思考这些提议如何才能被接受。

首先是开发人员和测试人员，他们发现估算工作具有干扰性，会影响他们优质高效地完成本职工作。此外，他们的专业能力是软件开发和测试，也拥有相关的学位和专业资格认证，并没有人要求他们去学习、参加考试或获得估算方面的认证。估算能力并不是他们岗位的核心能力，也不是他们职业自豪感或自尊的来源。如果我们告诉海得拉巴的团队，以后不再需要做估算工作了，相信他们将会举手庆贺。

其次是程序经理。程序经理负责推动制订计划，并在 Microsoft Project 中用甘特图构建计划。如果我们告诉程序经理不再做估算，也不再需要甘特图，可能会出现一些阻力。程序经理很可能将自己看作项目经理，而且在这个位置上的许多人都是项目管理专业组织，如项目管理协会（Project Management Institute，PMI）的成员，并通过考试取得了类似项目管理专业人士（Project Management Professional，PMP）这样的资格认证。想要取消制订计划和制作甘特图的建议，可能会被解读为对他们岗位价值的否定，是一种不被尊重的表现，并暗示他们的技能甚至他们个人已不再被重视。然而，我们的程序经理是杜米特留，一个前奥运会运动员、特技替身演员、保镖兼精神病院管理人员。他并没有获得任何专业项目经理的身份。所以我们很幸运，杜米特留是变革的主导人，他是一名推动者，而不是反对和阻碍变革的人。如果不是这样的话，一切可能在那时就失败了。也许看板方法就不会诞生，更遑论其作为一种管理方法被全球各地所采用。也许就不会有"小蓝书"，也不会有关于这个主题的其他书籍。

最后是产品经理。他们的角色职责主要体现在 3 个方面：代表客户和业务方管理预算；协助客户进行需求分析并细化需求内容；通过业务评审和基于最大化 ROI 的工作优先级排序，做好预算管理。[①] 他们采用的公式如下：

$$ROI = 业务价值 / 成本$$
$$成本 = 每小时费率 \times 预计工时$$

没有估算值，ROI 计算公式就缺少了分母，无法进行计算。停止估算让产

[①] 项目管理协会发布的《项目管理知识体系指南》（*Project Management Body of Knowledge*）中描述了这种方法，它已在全球范围内被广泛采用，成为专业服务和知识型工作者活动优先级排序的标准方式。

品经理无法完成业务评审，也不能根据 ROI 对需求进行优先级排序。① 这正是我们认为他们不会接受如此举措的一个关键原因。

第二项举措是采用一个看板系统，从未曾承诺过的待办列表中拉取工作。我们的打算是延迟承诺，而非像以前一样早早做出承诺。

在这种情况下，开发人员和测试人员不受影响，因此我们预计在他们那里不会有任何阻力。杜米特留是程序经理和变革的主导者，接受起来自然也没问题。但对于每个业务单元的产品经理及其客户而言，这是一项较大的改变，他们习惯了在提交需求后的几周内就获得明确的计划。尽管他们也知道计划毫无意义，XIT 维护工程团队从未在承诺的时间内交付任何东西。

我们的方法是先向他们展示被放弃和丢弃的需求数据。数据显示，只有 52% 的需求被交付，剩下的 48% 中，有些从未进入开发环节。那么，何必要对这些需求做出承诺呢？这种技巧在许多变革实施中都被证明是非常有效且有说服力的。当你让那些受影响的人去进行数据挖掘，当他们发现自己有多少需求从未被实现时，效果尤甚。有时，我们有必要对"被放弃"做出明确定义。被放弃意味着什么？如果一个需求自提出以来已有 6 个月、12 个月或 24 个月都没被处理，那么它算是被放弃了吗？组织对于"如果我们还没有着手处理它，可能永远也不会处理"这种情况的容忍度和阈值在哪里？当你将这些数据明确呈现出来时，将成为非常强有力的支撑。

结合拉取系统变革与 SLA 变更，可以有效汇总并展示所有需求的交付风险，而不是基于推测做出难以实现的单个承诺。业务部门在获取 IT 服务时，习惯了按合同、按 SLA（包括对前置时间的保证）进行管理的模式。所以我们建议他们切换模式，换个角度看问题，不要纠结一些分散的小需求，而要管理

---

① 通常使用 Excel 电子表格中的列排序功能来执行此操作。ROI 只是两个数字相除得到的比率，而人们认为业务价值可以简化为一个简单的金额数据。实际上这也是产品和项目管理中的标准做法。

一项连续的服务。这个提议似乎奏效了，几乎没有反对意见。反正事情已经糟糕了这么久，为什么不试一试这种另类却又熟悉的方法呢？

最终，我们提出不再制订计划。这对开发人员和测试人员依然几乎没有影响。他们原本就习惯于按照项目计划中定义的顺序进行工作，现在只不过换成从缓冲区中拉取工作，该缓冲区在他们现有的跟踪工具 Product Studio 中进行定义。程序经理是杜米特留，所以他这里同样不会有阻碍。那么产品经理呢？他们现在要每周参加一次填充会议，而不是每月一次的计划会议。只要我们能够解决 ROI 计算的问题，产品经理负责的其他和计划相关的工作，比如准备业务评审和按优先级给待办列表排序，都不会受到影响。

实际上，计划会议往往漫长而烦琐，桌子上有一张很大的甘特图，大家用铅笔在上面做标记。这些会议对任何人来说都很无聊，且花费时间很长。只要我们的其他建议能有效运转，大家在各自的职务中仍专业、能干、高效，改成每周一次、每次 15～20 分钟的简短电话会议，听起来是一种极大的解脱。

最后，我们需要考虑杜米特留的上级的意见。他们会怎么看？

参考了大家的意见，杜米特留的直接上级对我们的做法存有疑虑，并担心带来不好的结果。而再往上两级的反应则是哈哈大笑："你要停止计划、停止估算，然后觉得这样一切就会好起来？"不过，一旦他们稍微冷静下来，就能够理性地思考："这项服务的问题已有很长时间，连续几任经理都未能解决，将服务外包到海外也没有解决问题。虽然这些举措听起来非常疯狂，但我们把你安排到这个职位就是为了做出改变。如果这就是你想要做出的疯狂改变，那么至少我们应该试试看。"所以，高层将拭目以待。

然而，仍存在一个问题：如何让产品经理在没有估算的情况下，继续完成业务评审和优先级决策工作？为解决这个问题，杜米特留提出了一个天才般的想法，加上他的社交才能和人格魅力，最终促成看板系统在微软的首次落地。

正式推出看板系统

杜米特留逐一去到各位产品经理的办公室拜访，然后再去拜访他们的直接上级。他希望每个人都接受我们的提议，避免受其他产品经理的意见影响，或迫于社会压力抱团拒绝提议，保守地坚持现有做法。逐一说服他们之后，杜米特留召开了一次集体会议，正式启动变革，并推出看板系统。

杜米特留带着简要的变革方案去和产品经理沟通，介绍了工作流和我们提议的看板系统草图（见图3-2），同时也说明了填充会议的想法，并展示了过去一年的需求的工程时间分布图（此前在图2-5展示过，方便起见，这里再次进行展示，见图3-3）。

杜米特留向每位产品经理展示，变更需求实际的工作时间分布在一个相对较窄的范围内：大多数需求的开发和测试工作时间为3～10天，平均不到6天。考虑到现在的需求量以及未来需求量的大幅增加，杜米特留建议用最近历史数据中的实际花费时间来计算平均值，以替代原来虽具体且确定却仍是推测性的估算值。毕竟实际花费时间的平均值有事实依据，而对于任何单个需求的估算值都只是推测。

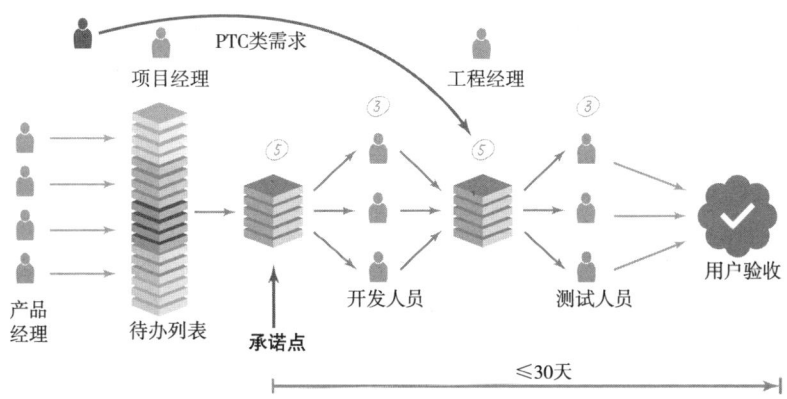

图3-2　XIT维护工程团队工作流的完整解决方案

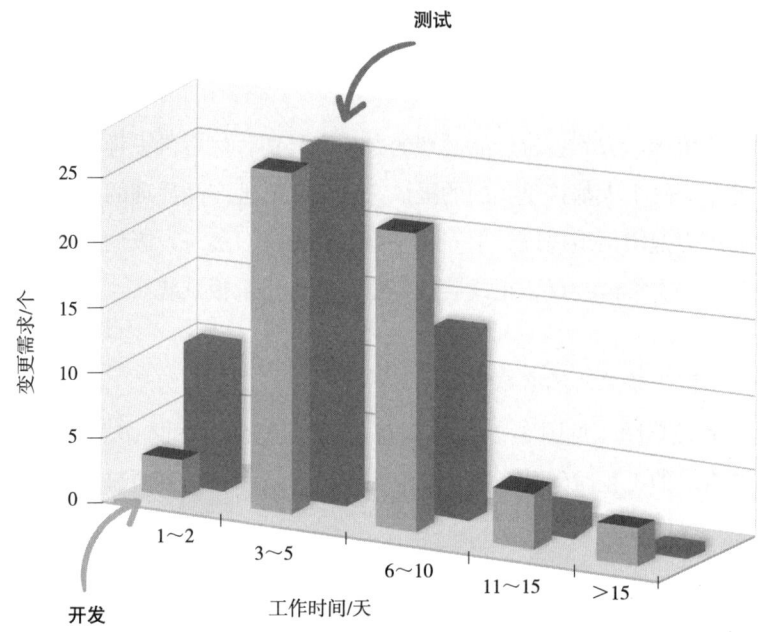

图 3-3　平均每个变更需求的实际开发和测试时间示意

从本质上讲，只要产品经理愿意接受成本的小范围波动，并愿意忽略这种波动，那么就能得到其他好处，比如提高生产力和可预测性。我们并没有要求他们改变自己的工作内容或工作方式。他们的身份、自尊、社会地位、在组织内得到的尊重和专业水平也没有受到任何质疑或威胁。相反，我们只是要求他们接受用平均成本来计算 ROI，并认同其足以支撑他们做出有效的优先级决策。

ROI= 业务价值 / 平均成本

实际上，当问题存在明显的不对称性时，这种方法的效果很好。也就是说，当所有业务价值显著超过所需成本时，ROI 的排序结果其实对成本的变化不太敏感，成本的差异可以忽略不计。如果这种不对称不存在，成本与业务价值相对接近，成本估算才有真正的价值。讽刺的是，这种收益和成本相对对称的情况在财务、人力资源等共享服务和后台职能的 IT 系统中非常普遍。因此，在管理后台系统的 IT 投资组合时，项目成本估算很重要。然而，对于系统维护和维护工程团队来说，部署新财年的税收表这种小需求常会产生巨大的影响，这肯定满足不对称收益要求。当然，在 2004 年，我们还没有现在这么老练，产品经理也一样，他们都接受了我们的提议。

2004 年 10 月，看板方法被准许应用到微软的 XIT 维护工程团队，这也是第一个已知并有记录的用于无形产品和专业服务工作的虚拟看板系统。

我们的变革举措最终在团队中逐步落地。杜米特留通过 Product Studio，使用存储在数据库中的存储过程来强制执行看板系统的 WIP 限制。当有空闲槽位时，它会发出拉取工作的信号，并且触发系统自动发送电子邮件。杜米特留取消了每月的计划会议，改为每周召开电话会议来填充看板系统。新的研发需求也不再发送到海得拉巴进行估算。

这些措施逐渐生效。需求得到了交付，并被发布到生产环境中。新约定的 25 天交付时间承诺也得以保证。周例会运行顺畅，输入缓冲区每周都会得到填充。渐渐地，XIT 维护工程团队开始与产品经理建立信任。到 2005 年第一季度，客户开始看到在承诺的 SLA 约定范围内，需求会被快速交付并部署到生产环境中。

优先级，XIT 的进化遗迹

进化遗迹指的是生物在进化过程中遗留下来的东西，它们不再发挥任何实际的作用，但依然存在，生物学家称之为退化器官。人类就有几个退化器官，比如我们脊柱末端的尾骨是已经消失的尾巴的连接器官；我们的阑尾是从食草动物进化到现代人类的过程中遗留下来的；有些争论认为胆囊可能也是一个类似的进化遗迹。我们似乎不太确定胆囊的作用是什么，可就像阑尾一样，如果它出了问题，可能会产生严重后果甚至危及生命。由此可见，进化过程留下了一些难以解释且毫无意义的器官和行为。

保罗·克利普（Paul Klipp）来自芝加哥，目前居住在波兰的克拉科夫，是看板软件工具 Kanbanery 的创始人。在参加了看板教练专家大师班后，他在 2013 年 3 月 6 日的博客中对进化遗迹这个概念进行了解释。

打开看板视野

进化遗迹是什么？

克利普将以一头长颈鹿为例来帮助读者理解进化遗迹。这头长颈鹿叫弗雷德。

像所有哺乳动物一样，弗雷德的喉部由大脑控制，它是进化的产物。弗雷德的喉部和头都在颈部靠上的位置，喉部距离他的大脑只有十几厘米。我们假设弗雷德现在开始变得不耐烦，怒吼着让人赶紧讲重点。首先，他的大脑会做出反应，紧接着将怒吼的冲动传递到他的喉部。你以为这一传递只是个"短途旅行"吗？实际上并不是。愚蠢的进化导致从他颈部顶端的一处到靠近颈部顶端另一处的"最佳"神经通路，居然是在主动脉周围绕一圈。

那么，是什么决定了这一切呢？

是进化。至少从长颈鹿的角度来看，这比做条鱼要好得多，但是从鱼到长颈鹿的进化过程中存在一些约束。上述的神经传导路线在鱼类身上是说得通的，从鱼的大脑到鳃之间，如果走直线会穿过心脏，所以其神经在心脏后面交叉，这非常合理。问题在于，进化是从现有的过程和系统开始，逐步地进行改变。重新建立神经路径则并非一种渐进式变革，而是一个演进式变革。

如果是真正的进化过程在发挥作用，那些一开始不成熟的解决方案将会随着时间的推移而逐渐演进。就像长颈鹿一样，你不会故意设计一种神经，让它沿着长颈鹿的脖子下来再绕回去，这既不符合逻辑，效率也不高，但却很稳健。在进化生物学中,"适者生存"的概念说明每一种进化结果都是适合其环境的。对企业来说也是同样的道理,需要其发展出能契合目的的业务服务。契合目的意味着具备生存和持续发展的能力。对环境中的压力做出反应,并持续进化以适应不断变化的环境,这样的能力就是纳西姆·尼古拉斯·塔勒布所说的反脆弱性。看板方法作为一种将业务与进化基因联系起来的手段,提供了一种反脆弱性的方法。

如果你走进一家公司,发现一切都过于整洁,所有流程都是高效的、精益的,没有任何看似无用、无价值或可能已被新技术所淘汰的工作产物或活动,那么你看到的便是一个设计好的环境。流程顾问已介入,设计了新流程,并可能通过职权施压促成其落地启用,随后离开。这种设计出来的解决方案是脆弱的,使用它们的企业可能也是脆弱的。为什么呢?

当通过职权压力消除阻力时,员工很可能会屈从,但他们的行为实际上是一种消极抵抗。当管理者的注意力转向其他事务时,他们又会悄悄恢复到以前的模式。大家没有以主体身份参与这些变化,也没有将其内化。变革举措并没有真正成为"我们在这里的做事方式",既没有获得个人认可,也没能成为团队的一部分。

演进式变革是稳健的,而精心设计并严格控制的变革是脆弱的。看板方法的基本信念是,在现代企业中构建具有演进式变革手段和机制的体系,以拥有能够应对不断变化的环境和期望的进化基因,实现进化并让组织持续契合目的,从而为组织提供生存和发展所需的适应性和稳健性。看板方法帮助组织适应变化,保持能契合目的的状态,以便在不断变化的环境中生存下去。

回到杜米特留的故事,回顾一下,他并没有要求产品经理改变工作方式:他们将继续进行业务评审,并根据自己对业务价值的估算、IT 工程师对成本的估算来计算 ROI。他们也将继续使用电子表格的列排序功能,按 ROI 从高到低的顺序对变更需求进行排序。他们已经接受了使用平均成本的方案,这实际上意味着所有变更需求都是按其业务价值排序的。与此同时，他们接受了延迟承诺，也不反对从耗时耗力的月度计划会议改为每周的填充会议。

然而，一旦我们开始使用看板方法，他们的优先级工作立即变成了一个进化遗迹。为什么呢？在填充会议上，他们可能会被要求"选择在接下来的25天内你最期望被交付的一个需求"。这不是要选择最高ROI的需求，而是根据紧急性或及时性做选择。被选中的需求很可能是一个被认为很重要但ROI并非最高的项目。例如，"在雇员记录系统中支持波多黎各的地址格式"，就不是一个ROI特别高的需求。我们甚至都不知道该如何计算这样一个需求的"业务价值"，并为其赋予一个现金价值，即便我们能够想出一些方法来确定一个数字，它也不太可能产生最高的ROI。然而，该需求会被选中。为什么？因为波多黎各的办事处计划在下个月底开业，我们需要记录新雇员的详细信息。

看板填充与需求的紧急性和及时性有关，而不是与ROI有关。产品经理可能有一个满是数据的电子表格，并已按照ROI计算结果进行排序。但到了紧要关头，即在通过电话召开的填充会议上做出决策时，他们会发现，自己在25天或更短时间内最希望交付的项目，很可能不是电子表格第二行的那个，且情况总是如此，首选项目往往来自列表靠后位置的某个需求。

产品经理之前确定优先级的方法已被潜移默化地取代了。现在他们根据项目的延迟成本来从可选需求池中优选。举例来说，波多黎各项目的延迟成本就是因无法让员工入职而导致办事处推迟开业的成本。延迟成本不同于ROI。虽然延迟成本和ROI这两种方法现在都可使用，但从需求优选的角度来说，前者已取代后者。计算ROI的做法仍然存在，但它已经成为一个进化遗迹。

这种在引入新做法来替代旧做法的同时，保留（部分）原有做法的方法，是演进式变革的标准手段。实际上，ROI和延迟成本是用于确定优先级的两个"物种"，或者更精确地说，用于给工作排序的两个"物种"。现行方法和新出现的方法之间会进行竞争，就像两个生物物种间互相竞争，以成为最适应环境的那个。

在工作中使用演进式变革方法是为了减少阻力。我们不要求个人或团体放弃他们原有的特定做法，比如基于 ROI 确定优先级，因为"我们认为他们不会同意这样做"。相反，我们会让旧做法继续存在，同时在环境中引入期望替代它的新做法。如果新的做法，比如通过了解延迟成本，基于紧迫性和及时性对需求进行排序和选择，并取得了成功，那么我们预计基于 ROI 排序的旧做法将会逐渐消失。然而，在具有保守和厌恶风险文化的顽固环境中，对于一个存在紧密联结和高度凝聚的社会团体，或者在一个做法与个人身份、自尊、自我或社会群体地位特别紧密相关的情况下，旧做法往往会被保留下来。尽管旧法实际已经被摒弃，不再发挥作用，即使在上面花费时间是一种浪费，它也仍然存在。这就是一个进化遗迹，即一个由演进式变革留下的、难以解释的东西。

清除待办列表中超过 6 个月的事项

对于那些从未被视为足够重要或足够紧急的事项，即那些在填充会议中从来没有被选择的事项，会如何处理呢？在推出变革举措几个月后，杜米特留意识到需要一个新策略：任何超过 6 个月的事项都可以从待办列表中清除，标记为"放弃"并进行关闭。现在，有了一个明确的作废机制。如果一个需求在提出后的 6 个月内都没有被选中开发，就可以推断它根本不重要。这种规则基于一个假设，即每个工作需求都有一个"母亲"，即发起该需求的人。如果"母亲"真的关心自己的"孩子"且事项确实重要，那么它将会被重新提交。

接受"漏网之鱼"

在上一章中提到了一项有关经营性支出与资本性支出的管理规则：花费时

间超过 15 天的需求必须转为重大项目组合中的项目，并作为资本性支出进行会计核算。可如果我们不做估算，怎么知道某项需求是否"太大"呢？

这个问题的解决方案是，接受实际会存在一些这样的项目成为"漏网之鱼"的事实。我们称之为"信用卡安全"解决方案。信用卡公司并不会试图完全阻止信用卡欺诈交易，因为这样做会让信用卡的使用变得困难，可能导致很多人回归使用现金或寻找其他支付方式。所以信用卡公司在其业务模型中建立了欺诈的容忍度，并通过向商户收取信用卡付款保证金来覆盖这一成本。当任何人使用信用卡付款时，通常有 3%～4.5% 的付款金额会支付给信用卡公司，而不是都给了商家，这其中的一部分资金就会用于购买防范欺诈交易的保险。信用卡公司认为，与其完全消除可能性，不如接受一些坏事发生的风险，否则反而会显著削减他们的业务。

历史数据告诉我们，所谓"太大"的需求只占需求总数的不到 2%。因此，保留估算工作以消除这 2% 的风险是不划算的，毕竟我们在估算上花费了 30%～40% 的工作产能。如果会计治理规则是保留估算的唯一理由，那么这将是笔非常糟糕的交易，谁愿意花 40 美元来防范 2 美元的潜在损失呢？因此，我们决定让这些"太大"的需求进入系统，之后再进行处理。

开发人员被告知要保持警惕，如果他们开始处理的新需求看起来非常庞大，以至于他们估计需要超过 15 天的工作时间，就应该告知当地经理。如果确认该需求确实过大，那么它将被重新转到重大项目组合中。这样做所承担的风险和成本，不到可用产能的 0.5%。这是一个很好的权衡策略，通过取消估算，团队冒着浪费低于 1% 产能的风险，收回了超过 30% 的工作产能。这项新策略授权开发人员来管理风险，并在必要时发出提醒。

上述内容是看板方法中的一个常见主题。明确的策略、透明性和可视化三者的结合，使各个团队成员能够自主做出决策并自行风险管理。当高层理解了过程管理是由各项策略构成的，他们就会开始信任这个管理系统。这些策略的设计意图，是管理风险并交付用户所期望的价值。策略明确，工作透明可跟踪，所有团队成员就会理解并知道如何使用这些策略。

持续提升生产效率与产能

前两项变革在 6 个月内得到了有效落实。在此期间也进行了一些微调。就像前面提到的，先是增加了待办列表的作废策略；其次，与产品经理的每周会议也取消了。整个流程运行得非常顺畅，于是杜米特留对 Product Studio 工具做了修改，使其在输入缓冲区有空闲槽位时，能自动发送邮件通知他。然后他再通过电子邮件通知产品经理，由他们决定下一个需求选项。在出现空闲槽位两小时之内，待办列表中的某个需求便会被选中并补充到看板系统中。

杜米特留开始寻找进一步的改进机会。他研究了团队测试人员生产效率的历史数据，并与 XIT 部门中同样来自 TCS 在海得拉巴当地的其他团队进行比较，结果他认为测试人员负载较轻，有很多闲置产能。由此推断，开发人员是一个重要的瓶颈。他决定前往印度对团队进行实地考察。杜米特留在那边的办公室进行了为期两周的观察。回国后，他指示 TCS 调整人员配置，将测试团队从 3 人减少到 2 人，并增加 1 名开发人员（见图 3-6）。该调整让生产效率得到了近乎线性的提升：那一季度完成的需求从 45 个增加到 56 个，并且都成功部署到了生产环境中。他对测试中存在闲置产能的评估是准确的，2 名测试人员足以处理来自 4 名开发人员的工作量。

2005 年 6 月，在微软的财年结束之际，总经理戴尔·克里斯蒂安及其领导团队注意到了 XIT 维护工程团队生产效率的显著提升和持续的交付。最终，杜米特留及其采用的技术获得了高层的认可与信任。杜米特留打电话向我告知了此事。

"大卫，我是杜米特留。克里斯蒂安对我们正在做的事情非常满意。他看到了成效。他们在制定年度预算,告诉我可以增加2名新员工。所以,我正准备给TCS发电子邮件,要求他们增加2名开发人员。"

"如果是我的话,我不会这么做。"

"不会吗?"

"我认为存在一个风险,即2名测试人员可能无法处理来自6名开发人员的工作量。基于对你的数据的有限了解,我认为再增加2名开发人员将会让测试成为一个瓶颈,你可能无法获得期望的收益。我感觉,你应该给开发和测试各增加1人,也就是变成5名开发人员、3名测试人员。我认为这样效果会更好。"

我运用自己对瓶颈与TOC制约法的了解给出了这个建议。

于是,杜米特留在2005年7月又增加了1名开发人员和1名测试人员。到了2006年冬天,效果十分显著,如图3-6和3-7所示。

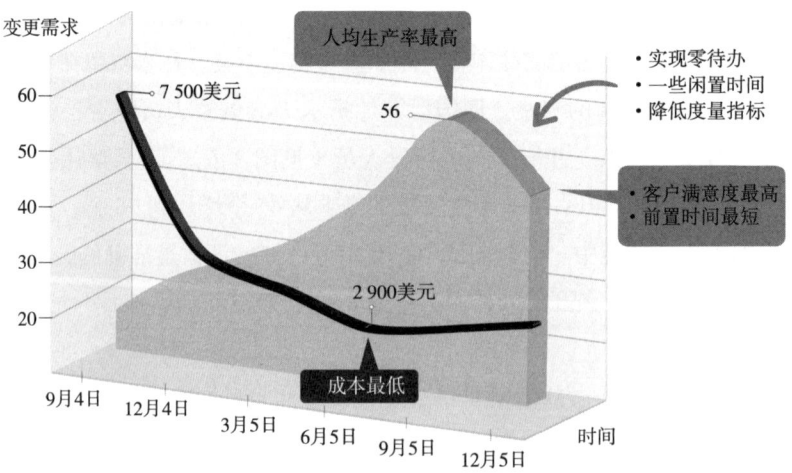

图3-6　XIT维护工程团队的变更需求交付速率与每个需求的成本对比图

第 3 章 停止估算，不做计划

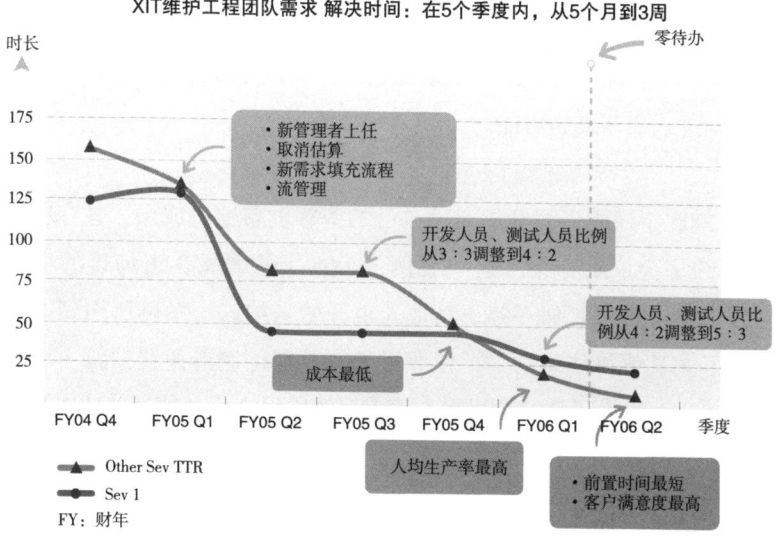

图 3-7　XIT 维护工程团队的每个变更需求从承诺到部署的平均前置时间

看板方法，让演进式变革成为可能

增加的产能足够使交付速度超过需求提出的速度。结果如何呢？2005 年 11 月 22 日，整个待办列表的需求全部处理完结。这时，团队将平均前置时间缩短至 14 天，其中开发、测试时间为 11 天。在 25 天的承诺时间内准时交付率高达 98%。**需求交付量增加了 3 倍多，前置时间至少缩短了 90%，承诺的可靠性也大幅提升。**在此期间，并未对软件开发或测试过程进行任何更改。在海得拉巴工作的成员也感受不到有什么重大变化。团队没有改变 PSP/TSP 方法，完全满足公司治理、流程和供应商合约等各方面要求。2005 年下半年，团队荣获微软卓越工程奖。杜米特留也因此获得了奖励，开始承担更多的职责，XIT 维护工程团队的日常管理移交给了印度的当地经理，后来这名经理也得到了进一步的晋升。

能够取得这些改进成就，在一定程度上归功于杜米特留的非凡个性和管理能力，但看板方法的基本要素才是其中的关键促成因素，包括绘制工作流、分析工作流、设定 WIP 限制、实施拉取系统等。如果没有流程范式和限制 WIP 的看板方法，不可能取得如此大的效能提升。看板方法降低了政治风险和变革阻力，让渐进式变革成为可能。

到了 2005 年秋季，我开始通过自己的博客发布这些成果，并在巴塞罗那的 TOC 制约法会议上介绍了这一案例，2006 年冬季又在芝加哥的精益产品开发会议上做了报告。那一年，其他人也开始采纳这个案例所用到的理念并进行复制。尤其值得注意的是，任职于汽车零部件制造商罗伯特·博世公司（Robert Bosch）位于印第安纳州南本德工厂的埃里克·兰德斯（Eric Landes），在一个负责维护内部应用程序的团队中复制了我们的方法，也取得了类似的结果。当时，我们所说的"软件工程虚拟看板系统"正在获得更广泛的应用和认知度。我在第 4 章中也会提到这一系统，直到 2007 年，它才成为如今大家所认知的完整看板方法。不过，在罗伯特·博世公司的结果已经验证了这种方法是可复制的，并不是必须要有像杜米特留这种前奥运会运动员、训练有素的保镖一样的领导，才能使其发挥作用。它需要的，是像"小蓝书"封面上的漫画人物一样，愿意说"让我们来解决这个问题吧"并采取行动的人。

XIT 维护工程团队的故事展示了如何在使用跨境资源和外包供应商的分布式的 IT 服务团队中，实施有 WIP 限制的拉取系统。那时的拉取系统是通过软件跟踪工具来实现的，暂时还没有可视化看板，且本书之后描述的许多看板方法的更复杂功能也尚未出现。即便如此，也没有管理者能忽视实现类似结果的可能性。采用"从现有做法开始"的演进式变革方法来更换为看板系统，显然是值得公开报道以供其他人复制的良方，而且这也是我俩都想再次尝试的事情！

- 通过数据库中的策略和所谓的触发器来实施 WIP 限制。这被称为虚拟看板系统的原因是没有使用实际的看板信号卡（看板卡片），也没有可视化看板。

- 策略影响效能。一些由高层制定的政策必须被视为约束条件，无法轻易被改变。

- 防止浪费产能，除了停止估算，还可以通过分隔工作时间隔离估算的干扰；使用专业估算师隔离估算的干扰；结合前两个方案，让团队成员轮流担任估算师。其他方案的弊端是：它们虽然提高了可预测性，但无法帮助团队恢复被浪费的产能。

- 输入缓冲区的大小应为两次填充会议之间的时间段内的最大预期交付量。目标是确保工作流中的第一个环节永远不会缺少新任务，员工不会空闲下来。

- 每个活动的处理周期可能不同且存在波动，因此在两个活动之间设置缓冲可能有助于平滑流程。

- WIP 限制为 5 个通常是一个比较好的起点。在此基础上，可以观察其使用情况并进行上下调整。

- 放弃传统的计划，改为延迟承诺和有交付预期的 SLA。传统的计划通常鼓励早早给出承诺，从而导致后面又要重新规划和安排工作，常常引起客户的不满。

- 一旦为服务交付工作流设计了拟议的看板系统，重要的是要预测变革时谁可能会提出反对意见。

- 与各个利益相关者单独会面，解释变更举措。在举行团体启动会议之前，先取得个人对变革的认同和承诺。

- 直接改变现有做法会引起部分人的抵抗和防御，更可行的做法是引入新方法，让现有做法与新方法并行，并让这二者互相"竞争"。更适合的方法将生存下来并得以发展，而另一种可能会衰落并消亡。

- 对已提交的需求在待办列表中的停留时间设置限制，有助于防止待办列表增长得过于庞大且难以管理。这种时间停留限制被称为作废机制。

- 接受一些坏事发生的风险，快速检测到它们并将其影响降至最低，这比事先投入大量精力预防问题发生更为可取。风险规避可能比风险响应的成本更高且浪费资源。该理念在看板方法中被称为"信用卡欺诈"解决方案。

- 在向服务交付工作流和看板系统中增加人员或自动化设备时，重要的是要考虑资源投放的位置，避免意外地造成瓶颈，进而限制改进，反而降低资源增加所应产生的价值。

第 4 章

Corbis，利用看板方法实现持续改进

对于我离开微软，选择担任 Corbis 软件工程高级主管的原因，我是这样解释的："我还没有找到自己所追求的东西！" Corbis 位于西雅图市中心，由比尔·盖茨全资控股。虽然看板系统在微软展现了巨大的潜力，但直到 2006 年夏天，我仍然在寻找能够实现持续改进的方法，就像我在 2003 年撰写《软件工程的敏捷管理》一书中就设想过的 POOGI。Corbis 的职位要求我管理一个包含约 150 名 IT 人员的组织，我可以在其中验证自己的最新想法。正如我在接受微软 MSDN 第 9 频道的采访时所说的，我并不打算在 Corbis 导入某个敏捷方法，相反，我打算从他们的现状出发，让改进自然而然地发生。

虽然 TOC 制约法社区谈论的是 POOGI，但在日语中对于这一概念有一个特有词汇：kaizen，字面意思是"持续改善"。**如果一个组织的全体员工都专注于不断提高质量、生产力和客户满意度，那么这样的职场文化就可以被称为"持续改善文化"**（kaizen culture）。kaizen 一词常常与丰田联系在一起。但实

际上很少有企业真正实现了持续改善文化。如果我们试图理解这个概念并想要寻找一个可供观摩的实例，可以参照一级方程式赛车队的例子。

我最近有个客户，一家中国的通信设备和消费电子公司，该公司有位执行副总裁渴望让公司成为"21世纪的丰田"，即专业服务和知识型工作者行业中持续改善型公司的典型代表。像丰田这样的公司，几乎所有员工都会参与公司的改善计划，平均来看，每名员工每年都有改进建议成为公司落实持续改进的一部分。能够效仿或超越这一点的企业寥寥无几。

在软件开发领域，卡内基梅隆大学的软件工程研究所将其能力成熟度模型集成[①]（Capability Maturity Model Integration，CMMI）的最高级别定义为"优化"。20世纪80年代，CMMI最初受丰田的启发而诞生。其成熟度的最高级别是5级，旨在描述政府系统采购、太空和国防工业承包商相关的系统工程和软件公司中，能够效仿丰田文化的组织。然而，在1990年前后，几乎没有这样的公司存在。CMMI 5级是一个理想状态。CMMI以级别1～5来描述实际存在的组织行为，并提供通向更具丰田式文化的路线图。然而，过去30年间，这一目标的达成情况并不理想。CMMI文献很少提及企业文化，也很少探讨如何影响企业文化，与之相反，它侧重于实践，并假设如果你规定了某项实践，大家就会采纳它。最近，看板社群开发出了自己的成熟度模型，在《看板成熟度模型：组织敏捷性、适应性和重塑的地图》（*Kanban Maturity Model: A Map to Organizational Agility, Resilience, and Reinvention*）一书中有所描述。这个新的成熟度模型源自我们过去10年里对世界各地的各种看板实践的观察和多个案例研究。在此过程中，我们观察了看板方法的实施模式和看板展示板的样式风格，并将这些模式与观察到的组织成熟度水平关联起来。新的看板成熟度模型（Kanban Maturity Model，KMM）由此诞生，并为更深层次的实践和更高水平的组织成熟度提供了路线图。与CMMI不同，看板有很多关于文化、变

---

① 卡内基梅隆大学已将CMMI业务从其SEI中剥离。现在，它是一个独立的商业机构，即CMMI研究所，并被非营利性培训机构ISACA收购。然而，该成熟度模型还是SEI早期所定义的那样，当时它仍是位于宾夕法尼亚州匹兹堡的卡内基梅隆大学的一部分。

革管理的见解，也有对人与组织抵制变革的心理和社会学因素的洞察。自推出 5 年以来，看板成熟度模型取得了显著成功，帮助更多组织实现了持续改善的文化、提高了业务敏捷性，促使组织持续交付契合目的且适应市场的产品和服务。

建立持续改善文化

要理解实现持续改善文化为何如此困难，我们必须先了解这种文化的特征。只有这样，才能讨论为什么我们希望在组织中建立这种文化，以及它可能带来的好处。

在持续改善文化中，员工被赋予了权力。个体会感到自己可以自由地采取行动，自由地做正确的事情。大家会自发地聚在一起攻克难题，讨论各种可选方案，并进行调整和改进。 在持续改善文化中，员工不会有恐惧感。为了实现持续改善文化，管理者必须能够容忍失败。如果组织的价值观是需要进行实验和创新的，并以过程改善和效能提升为目的，那么就应该提倡以下观念：不是每种变化都会产生改进；不是每个实验都会成功。如果大家都害怕因变革或实验失败而受到惩罚，就不会自发进行改进。在有恐惧文化的地方，持续改善文化不可能存在。在持续改善文化中，个体可以在某些明确定义的政策约束之内，自由地根据工作内容和工作方法进行自组织。可视化和信号系统让整个工作过程清晰可控，工作任务也通常是"拉取式"自愿选择的，不需要由上级指派。持续改善文化带来了更高水平的协同及合作氛围，每个人都为组织和业务的整体效能着想，以无私的心态将共同利益置于个人利益之上。持续改善文化侧重于系统级思考，同时进行适应性改进，以提高整体效能。

持续改善文化拥有很高的社会资本。在这种高信任的文化中，个体无论在业务决策层次结构中处于什么位置，都会互相尊重并珍视每个人的贡献。 相比低信任文化，高信任文化的组织结构往往更加扁平，充分的授权让这种扁平化的结构能够有效运作。因此，实行持续改善文化可能有助于消除冗余的管理层级，从而降低协作成本。

持续改善文化的许多方面都与现代西方文化和社会规范相左。西方受竞争精神熏陶，教育系统鼓励大家在学术和体育上互相竞争，甚至团队体育运动也倾向于鼓励培养英雄，围绕一两名极具天赋的球员组建团队。在这样的社会规范中，首要关注的是个体，依赖杰出的个人来赢取胜利或拯救我们于危难之中。在这样的环境下，难怪我们得在工作场所努力地倡导协作行为、系统思维和合作。

加速提升组织成熟度和产能

看板方法旨在让变革的初期影响最小化，减少变革阻力。实施看板方法，能够改变组织的文化并帮助其不断成熟。如果实施得当，组织将逐渐变成一个容易接受改变，并善于实施变革和改进流程的组织。

首次实施看板方法时，要立足于优化现有流程并改变组织文化，而不是直接将现有流程替换为可能带来显著经济效益的其他流程。如此引来了一些批评，认为看板方法只是优化了本就需要改变的东西。然而，现在有大量的经验和证据表明，看板方法加速了组织成熟度和产能的双重提升。

当你选择看板方法作为驱动组织变革的方法时，就是认同了优化现状是更好的选择，相较于推行一套定义和设计好的新流程，推动管理和工程的正式变革倡议，看板方法优化现状的做法遇到的阻力更小，实行起来更容易、更快速。这类挂着业务目标名头的大胆变革倡议通常有一个戏剧化的、带有英雄色彩的名称。最近，我的一位客户出于偶然地将他们的变革项目命名为"蝴蝶项目"，因为想要为改进想法获取资金，有一种方式是将其描述为"蝴蝶项目的组成部分"。持续改善文化不会去设定改进过程，也不会设立被明确定义、命名并匹配预算和目标的项目。持续改善文化就是将改进融入日常工作，驱动改进是每个人每天都在做的事情。

尽管高层和咨询公司沉迷于定义和管理变革倡议，这个概念由麦肯锡（McKinsey & Company）提出并完善，但实际上，如此激进的变革不仅更艰难、成本更高昂，而且与基于现状的渐进式改进相比，不太可能持久。此外，看板方法中关于合作博弈的内容有助于企业文化及成熟度的重大转变。这种转变将为以后更重大的变革进行铺垫，比起激进的变革，基于现状的渐进式改进能大大减少阻力。采用看板方法是对组织长期产能、成熟度和文化的投资。它并不是个一蹴而就的解决方案。

我们将通过看板管理故事深入了解"持续改善"文化的好处和陷阱。故事发生于2006—2008年的Corbis。这是一家总部位于西雅图市中心的图片库和知识产权公司，作为一家全球性公司，其在纽约、伦敦、巴黎、香港和东京均设有办事处，总共约有1 300名员工，看板方法主要在约150人的IT部门实施。当时我担任Corbis软件工程高级主管，向CIO汇报工作。

没有不敏捷、反应迟钝的团队

2006年，我在Corbis引入了看板系统，之所以这样做，是为了复制2004—2006年在微软的XIT维护工程团队的实践成果，具体如第2章、第3章所述。这两个组织最初的应用场景是相同的，都是IT应用软件的维护。当时我没想到会产生文化和组织成熟度上的重大变化，也没有预料到我们现在所知的看板方法会从这一工作中演进而来。

2006年，我们还不太清楚看板系统是否适用于IT服务工作，但看板系统的形式似乎很适用于解决维护工作的功能性问题。我去Corbis并不打算实施看板方法，而是为了提升IT部门的应用开发部的客户满意度。很庆幸，首个需要我解决的问题是，IT 软件维护部门交付工作的不可预测性。

2006 年，Corbis 作为一家私有企业，在全球拥有约 1 300 名员工，还拥有许多令人着迷的艺术作品的数字版权，是世界第二大图片库。作为大约 3 000 名专业摄影师的代理方，Corbis 授权出版商和广告商使用摄影师的作品。此外，公司还有其他业务线，其中最引人注目的是版权许可业务，即代表家族、遗产、管理公司来管理知名人士的形象及姓名权。IT 部门约有 150 名员工，分为软件工程和网络运营/系统维护两部分。有时会增加外包的合同工来参与重大项目。在 2007 年 Corbis 鼎盛时期，软件工程部门有 105 名员工，其中包含 35 名西雅图的临时员工和 30 名来自印度金奈一家供应商的员工。大部分测试工作由位于金奈的团队完成。项目管理采用非常传统的方法：所有工作都按照任务的依赖关系进行规划，由 PMO 汇总。公司文化非常保守，所处行业也一直相对保守、发展缓慢。后来，出现了所谓的廉价图片库供应商，以低至 1 美元的价格提供授权图片；之后又出现了像 Flickr 这样的图片服务网站，鼓励所有业余数码摄影师与全球受众分享他们的照片。尽管从战略上看，Corbis 需要迅速改变才能应对这些颠覆性的影响，可实际上它的行动非常迟缓，IT 团队的组织成熟度很低，质量和可预测性都很差。这令公司的许多业务方感到非常沮丧。在我 2006 年 9 月加入公司时，其项目管理和软件工程生命周期管理都很保守和传统。

IT 部门维护着大约 30 个不同的系统，其中一些是常见的会计和人力资源系统；另一部分则是数字版权管理行业一些特有的应用程序。这些系统会应用到各种技术、软件平台和编程语言。由于公司是通过并购扩张壮大起来的，存在着多元的技术体系和一些重复系统，比如公司有两个会计系统。员工的忠诚度极高，IT 部门的许多员工已在此工作了 8 年以上，有些甚至工作了 15 年。对于一家成立约 17 年的公司来说，这已经很不错了。现有的软件开发过程采用传统的瀑布式 SDLC，随着多年的发展已经制度化，有业务分析部门、系统分析部门、开发部门和离岸的测试部门，所有这些部门都由我在西雅图团队中的一个部门经理管理。在这些部门中，有许多专家，例如拥有会计背景并擅长财务应用的分析师；一些开发人员也是专家，比如负责维护 J.D. Edwards 会计软件的程序员。

情况并不理想，但这就是现状。当我加入公司时，大家会有一些预期和惶恐，担心我会强制推行敏捷软件开发方法，并利用职权来迫使大家改变自己的行为。虽然这可能会奏效，但其实非常残酷，且过渡期间的影响很大。我担心这样会让事情变得更糟，担心在提供新培训和让员工适应新工作方式的过程中导致项目停滞不前。我还担心会失去关键人员，因过度专业化使员工队伍变得非常脆弱。因此，我选择引入看板系统，让系统维护工作重回正轨，然后静待接下来会发生什么。

软件维护团队在公司内部被称为"快速响应团队"（Rapid Response Team, RRT），他们已得到执行委员会的支持，为其提供了额外的 10% 预算。阅读第 2 章后你应该能猜到，这属于经营性支出，会直接影响损益表。10% 是执行团队一年内愿意承担的经营性支出的上限，这相当于增加了 5 名员工，而全职开发人员大约有 50 名。这些人是在我来之前的 2006 年春季招聘的。由于涉及多种系统且部门内分工高度专业化，该团队与微软的 XIT 维护工程团队不同，由 5 人组成专职团队来做维护工作并不是一个好的解决方案。因此，我们将增加的 5 名员工放入常规员工池中，其中包括 1 名项目经理、1 名分析师、1 名开发人员和 2 名测试人员。这带来了一个额外的复杂情况：从管理的角度来看，需要证明增加的 5 名员工实际上是在做维护工作，而不是投入在主要的项目投资组合中。而且，RRT 是一个弹性角色，并不是固定职务，这意味着，随便挑一天来看，这 5 个人都可能是不同的人，因为要从应用开发组的 55 个人中任意挑选人选。

一种解决方案是让每个人填写复杂的工时记录表，以表明团队工作时间的 10% 用在了维护工作上。可这种做法对团队的干扰性很强，且给部门增加了行政管理负担，这是中层应对此类挑战的典型做法。另一种解决方案是引入看板系统：通过 WIP 限制，加上工作流透明化，可证明始终有 5 个人被分配到软件维护工作上。

在争取资金支持的业务提案中,我们设定了一个目标,即 RRT 将使 Corbis 能够每 2 周对 IT 系统进行一次增量发布。一般来说,大型项目每 3 个月进行一次重大系统更新和新系统发布。然而,随着业务的成熟和这些系统性质的日益复杂,这种季度性大规模发布的节奏也变得断断续续。此外,现有的一些系统实际上已经处于生命周期的尾声,确实需要完全更换。旧系统的替换是一项重大挑战,通常涉及大量员工参与的长期项目,一直到新老系统的功能达到一致,才可以在新系统上线时关闭老系统。

因此,维护版本是 Corbis IT 部门的其中一个职责,看板可以在其中实现某种业务敏捷性。

现有的维护发布系统,就是那个出现故障的系统,计划了一系列为期 2 周的短项目。这非常符合项目管理组现有的模式,以及他们基于《项目管理知识体系指南》的传统工作方法。然而,这种方式在协调成本和交易成本方面都带来了相当大的额外负担。我刚进公司时,2 周发布周期的范围谈判竟需要花费大约 3 周的时间。发布的前期交易成本大于增值工作。为期 2 周的发布实际上需要大约 6 周的时间才能完成。

很明显,做出改变之前的情况是不可接受的。当前系统无法提供所需的业务敏捷性,系统维护工作为我们提供了一个引入变革的绝佳机会。维护工作通常并非关键任务,但是能被客户高度感知。业务方对优先级有直接影响,他们的优先级选择在战术上非常重要,对于达成短期业务目标至关重要。每个人都关心并希望系统维护能有效地运行。最后,还有一个强烈的理由来推动改变:每个人都对现行系统不满意。开发、测试和分析人员都对在范围谈判上耗费大量时间而不满,业务人员对结果更加不满。相对而言,唯一对现状比较满意的是项目经理及其团队经理,他们的工作符合自己项目管理专业人士的资质,这项资质要通过项目管理协会的考试才能获得。他们不对项目失败负责,也从未被追究责任。他们的角色就是在办公室做官僚，在结果不满足预期时，将责任归咎于部门经理。如果变革存在阻力，我们预计其会来自项目经理。除此之外，其他所有人都渴望改变。

我们与流程改进团队的负责人里克·加伯（Rick Garber）一起，设计了一个看板系统，计划每 2 周发布一次，发布时间定在周三的下午 1 点，同时计划每周一上午 10 点与业务方定期开一次需求填充会议。实际上，我们设定了一个周填充节奏和一个双周交付节奏。这些活动的频率是通过与业务方和 IT 运营中的下游合作伙伴共同讨论，并综合各项活动的交易和协调成本而确定的。我们还做了一些其他改变，引入了一个 WIP 限制为 5 的"工程准备"（输入）缓冲区，并在分析、开发、构建和系统测试的整个生命周期中增加了 WIP 限制。验收测试、预生产和投产准备则不做限制，因为这些没有产能限制，而且在某种程度上，它们超出了我们的直接管控范围。

引入看板系统的成效，在某种程度上是意料之内的，但在其他层面上它也带来了相当出色的效果。我们开始每 2 周发布一次版本，大约经过三轮迭代之后，这个机制就运行得非常顺畅了。代码质量很好，投产时几乎不需要紧急修复。调度和规划发布的成本大幅下降，开发团队和 PMO 之间的争吵几乎完全消失。因此，看板系统兑现了其基本承诺。我们以最小的管理成本，做到了定期发布高质量的版本，并大幅降低了发布的交易和协调成本。RRT 的工作效率提高了，我们更频繁地将工作成果交付给客户。

看板系统的次生效果更加引人注目。

平淡无奇的业绩催生新兴的文化变革

2007 年 1 月中旬，我们刚刚在新的看板系统下完成第三次交付。达伦·戴维斯（Darren Davis），一个开发团队经理，也是 RRT 及其看板系统运营的第一责任人，这个角色我们现在称为"服务交付经理"。他坐在我的办公桌对面参加我们每周的一对一例会。

"这个系统很有效，我们在持续进行交付，大家都喜欢它，客户也很满意。但是，我们还没有看到你在微软的 XIT 维护工程团队中实现的生产力提高的效果。"

"你有什么建议吗？"

"我想在墙上放一块板，将过程可视化。让每个人都看到正在发生的事情。"

这是几年前在一个被称为极限编程者（Extreme Programmers）的社群中流行起来的方法。通过在板上粘贴索引卡片来进行可视化软件开发，每一张卡片代表了一个独立的功能需求。他们称这些板为"卡片墙"（card walls）。戴维斯想申请使用类似极限编程的卡片墙，模拟和可视化 RRT 的工作流，板上的每张卡片代表一个变更需求。

我认为这是个好主意，戴维斯随即展开实施。他开始在每天上午 9 点半围绕这块板召开站会，会议一般持续 15 分钟。比起我们在微软和 Corbis 使用的电子追踪工具，物理板带来了巨大的心理影响。通过参加每日站会，团队成员亲眼看到工作在板上的流动过程，就像延时摄影一样。阻塞的工作项用粉色的卡片标记，团队变得更加专注于解决问题和维护流程。生产力大幅跃升。

随着工作流在看板展示板上的可视化，我开始关注流程的运作。因此，我对看板展示板进行了一些修改。我的管理团队开始理解我所做的改变以及这样做的原因，到了 3 月，他们自己也开始做出改变。接着，他们的团队成员，包括开发、测试和分析人员，都开始看到并理解整件事情是如何运作的。到了初夏，团队中的每个人都觉得自己有权提出改变建议，我们观察到不少跨职能的个体或团队自发联结起来讨论过程中遇到的问题和挑战，然后以他们认为合适的方式进行改变。通常情况下，他们会在事后再通知高层。这是一种"宁求原谅不求许可"的行为，相比等待许可，宁愿寻求原谅的行为让我们能够更快地行动，更灵活地应对变化。这是社会资本增多的表现，是高信任文化的证明。在 6 个月左右的时间里，我们的应用开发团队形成了一种持续改善文化，由于约 55 名员工在任意一周都可能担任 RRT 里的角色，我们成为一个充满力量的整体。恐惧已经不复存在。我的员工们以自己的专业素养和成就为荣，他们显然有动力去做得更好。

让工作变透明

自从在 Corbis 进行了这样的实践后，世界各地相继涌出类似的案例。当时在伦敦的 Indigo Blue 担任顾问的罗伯·哈撒韦（Rob Hathaway），是第一个将这些文化变革结果成功复制到 IPC 媒体公司（IPC Media）的人。这家公司出版了诸如《新音乐快递》（New Musical Express，NME）等多本著名杂志。当我访问 IPC 媒体公司时，我看到了 5 个各具特色的看板展示板，它们支持着 30～50 名员工的工作。这样的文化变革的成果令人印象非常深刻，在当年秋季于伦敦召开的英国精益大会上，IPC 媒体公司的市场总监介绍了他们的案例。

看到其他人复制我在 Corbis 的实践，看到看板方法带来的社会效应，我确信这其中存在着某种因果关系，这种结果既非巧合，也不是因为我个人参与带来的直接效果。这是可验证的证据，表明无论安德森或杜米特留是否在场，这种方法都可以奏效！

我一直在思考，是什么导致了这些社会学变革。极限编程人员和其他使用敏捷软件开发方法的人已经用了近 10 年的可视板（visual boards），并从中受益，却并没有演化出持续改善文化。之所以这么说，是因为我们观察到他们的流程很少偏离标准定义。如果在不同的组织中发生了演进式变化，我们认为大家的工作流会与标准定义的产生差异，出现多样化的工作流，然而，我们并未观察到这样的情况。另外，遵循看板方法的组织似乎建立了持续改善文化。在已采用敏捷软件开发的组织中加入看板方法后，会发现团队成员间的社会资本有了显著提升。这让我不禁疑问："为什么会这样呢？"

我的结论是，**看板方法不仅让工作内容变得透明，还让工作过程或工作流也变得透明**。看板方法不单单实现了待办、进行中、已完成等工作状态的可视化，还展示了工作是如何通过一系列增值活动流动的。它提供的是服务水平观察视野，这种全局视野远超过单个团队承担单一职能所导致的关注局部的狭窄视野。**看板方法使每个利益相关方都能看到自身行动选择对整体的影响**。如果一个工作项受到阻塞，而有人能解决这个阻塞，看板就会直接展示出来。我们在工作过程中会时不时遇到一些模糊的需求。通常情况下，能解决这种模糊性问题的领域专家可能会收到一封会议邀请邮件，经过后续的电话沟通，他们会根据自己的日程安排一次会议，该会议的时间可能要等到 3 周后。但有了看板方法和它带来的可见性，专家会意识到因他不采取行动而带来的影响，如此便会优先安排会议，或者调整日程来安排这次会议，从而避免进一步的延迟。

除了对工作过程流动的可视化之外，限制 WIP 还迫使大家更早、更频繁地进行有挑战性的互动。你不可能对阻塞事项视而不见，去处理其他事情。看板方法鼓励"停止生产线"行为（stop the line），或丰田的自动化（Jidoka）系统中进行质量控制的安灯系统（Andon）。它鼓励团队在整个工作流中群策群力。当来自不同职能领域、拥有不同职位头衔的人聚焦在一个问题上，共同寻找解决方案，从而维持工作的顺畅流动并提高系统级效能时，团队的社会资本和信任水平就会得到大幅提升。通过改善协作而产生的更高水平的信任，消除了组织内的恐惧。

WIP 限制加上服务等级，也使个人能够在没有管理监督或指导的情况下自行做出选择、排序和排期决策。授权展示出上级信任下属能够独立做出高质量的决策，从而提升社会资本水平。管理者得以从监督员工的工作中解放出来，可以将精力集中在其他事情上，比如改善流程绩效、加强风险管理、促进员工发展，以及提升客户和员工满意度等。

看板方法大大提升了组织的社会资本水平。信任的增强和恐惧的消除激励大家协作创新、解决问题。最终的效果是持续改善文化的快速兴起和组织成熟度的迅速提高，且能够满足客户期望、管理风险，提供卓越的经济效益。

虽然看板展示板明显改善了 Corbis 软件工程部门的氛围，但最引人注目的成果却是在该团队之外获得的。看板展示板的病毒式传播是如何改善整个公司的协作水平的，值得介绍和分析。

改善整个公司的协作水平

每周一上午 10 点，负责协调 IT 系统维护发布的项目经理黛安娜·科洛米耶茨（Diana Kolomiyets）会组织 RRT 召开需求填充会议。业务方的参会者通常是副总裁，他们负责管理一个业务部门，向执行委员会的高级副总裁汇报。Corbis 规模尚小，只有 1 300 人，因此高级别经理一起参加每周的会议是合理的。而且战术选择往往非常重要，会议确实需要副总裁来指导做出优质决策。

通常，参会人员在会议前的上个周五会收到一封电子邮件。邮件内容可能是这样的："我们预计下周将有 2 个空位。请检查您的待办列表，并挑选出候选项，以便在周一的会议上进行讨论。"

在启用新流程的最初几周里，一些参会人会带着谈判的预期而来。他们可能会说："我知道只有一个空位，但我有两个小需求，你能不能都做了？"与会者很少会纵容此类讨价还价，大家会确保每个人都遵守规则。他们可能会回答："我怎么知道它们很小？我应该相信你的话吗？"或者反驳说："我也有两个小需求。为什么不选我的呢？"我将这个阶段称为"讨价还价期"，因为他们并未否认我们工作流中的 WIP 限制和产能约束。不过，他们认为这个限制是有弹性的，可以有所放宽，并打算通过谈判来试探这种弹性。

我们观察到，RRT 需求填充会议上的其他参会者，比如业务客户，会让每个人对自己的行为负责。他们并不会容忍这种讨价还价的行为，也不打算探讨每张看板信号卡的单位工作量的弹性。同为业务客户的团队之间相互监督，强制实行了良好的行为规范，而 IT 团队作为服务提供方，不再需要回绝需求，也不需要用正式协议作挡箭牌。团队严格执行了 WIP 限制。在本书之后与 Corbis 相关的几个事例中，你还会看到这种情况反复发生。

观察 Corbis 的需求填充会议中的客户群体的参会行为，启发我得出了一些一般性的指导原则。我认为，最好将来自多个客户的需求整合在一起，通过一个更大的共享服务团队进行交付，而不是让一个小团队为单一客户提供服务。值得注意的是，这与敏捷软件开发社区中的传统指导原则恰恰相反，敏捷软件开发社区更倾向于每个交付团队或流水线有一个产品负责人。采用看板方法时，我们的做法正好相反，我们认为如果存在一个更大的、为多个客户提供服务的共享服务团队，这些客户之间就有共享的、既定的利益，更能确保每个人都公平地参与其中，有效控制欺凌和操纵行为。从而令服务交付工作流从根源上减轻了过去过重的负担。

在看板方法的发展史中，后续出现的其他证据进一步支持了使用更大的共享服务团队。这直接导致了更先进的看板展示板设计模式的诞生，正如看板成熟度模型中第 5 级所展示的那样，该模式可以增强劳动力资源池的流动性。佛罗里达州南部的一家公司将这个过程描述为"将部门重新组合在一起"，因为他们之前将部门划分为几个小型敏捷团队。而事实证明，由 24～36 人支持的共享服务看板系统，比 4～6 个小型独立团队更为有效。

大约 6 周后，差不多与开发团队引入实体看板展示板同一时间，需求填充会议的参与者自发自愿地引入了一套民主投票机制，原因是大家已经厌倦了互相争吵，而且会议上的讨价还价很浪费时间。在几轮尝试之后，新民主系统的投票机制逐渐完善，大家达成这样一个共识，即每位与会者每周对每个空闲看板展示板的空位只投一票。会议刚开始时，每个成员会提出少量备选待办项供选择。随着时间的推移，需求提请方式变得更加复杂精细，有些人会带着 PPT 来参会，有些人则带着呈现业务提案的电子表格。后来，我们听说一些成员会通过请同事吃午餐来游说他们。大家会尝试进行交易："如果我这周把票投给你的待办项，你下周会不会投给我？"在新的优先级制度下，业务部副总裁层面的协作水平得到了提升。整个公司的社会资本水平也在增长，尽管我们当时并未意识到这一点。当业务部门的领导开始协作时，他们各自组织内部的人也会如此效仿自己的领导。协作行为，加上可视性和透明性，能够催生出更多的协作行为。我将这个阶段称为"民主期"。

民主固然好，然而经过接下来的 4 个月，大家会发现民主并不总能选出最佳的候选待办项。在乌克兰首都基辅，因为广告公司对高质量图片库的市场需求显而易见地非常庞大，公司投入大量精力开发了一项面向东欧市场的电子商务功能。这个商业提案看起来非常出色，但从一开始，其需求候选资格就受到了怀疑，有人质疑市场研究数据的质量。经过多次尝试，这个功能被选中并得以适当实施。这是通过 RRT 系统处理的较大功能之一。它涉及一个新的系统能力，即以外币列出国家目录。Corbis 对管理乌克兰格里夫纳的货币波动风险毫无兴趣，因此，价格以波兰兹罗提列出。这涉及系统架构的基础性变更，许多人都参与了进来。乌克兰国家目录变更需求引起了广泛关注。该功能推出两个月后，我们的商业智能总监（Director of Business Intelligence）对产生的收入进行了数据挖掘，发现实际收入仅为原始提案中承诺的 一小部分，而根据已投入的成本计算，投资回报期为 19 年。由于看板展示板带来的透明性，许多利益相关方都意识到了这一点，并讨论了在这个选择上浪费了多少宝贵的产能，而我们本可能有更好的选择。乌克兰国家目录需求让民主期就此结束。

取代民主期的方案非常了不起。需求填充会议上的选择委员会主要由副总裁级别的领导和其他高级职员组成，他们在业务方面有着我们大多数人都不具备的宽广视角。因此，在会议开始时，他们会问："科洛米耶茨，当前交付的前置时间是多久？"她可能会回答："在进入投产前，我们目前所需的平均时间为 44 天。"然后他们接着问了一个简单的问题："从现在开始的 44 天后，公司最重要的战术性业务计划是什么？"这时可能会有一些讨论，但通常很快就会达成共识。比如："哦，是在戛纳会议上要启动的欧洲营销活动。""太好了！待办列表中的哪些是支持戛纳活动的？"经过快速搜索，可能会生成一个包含 6 个待办项的列表。"所以，本周有 3 个空位。我们从这 6 个中先挑选 3 个，下周再处理其他几个。"会上几乎没有争论，没有讨价还价或谈判，大约在 20 分钟内就能结束会议。我将这个阶段称为"协作期"。这代表了我在 Corbis 担任软件工程高级主管期间，各业务部门之间所达到的社会资本和信任的最高水平。

我们经历的过程代表了整个公司组织成熟度的提高。从谈判到民主，再到业务部门之间的跨界合作和整个公司的"对齐"，我们看到了一种行为上的进步，这种进步借用在第 13 章中将会讨论的看板成熟度模型，就是从 1 级或 2 级一路升级至 4 级或 5 级。行为方式经历了演进，从一开始高层以自我为中心的"对我有什么好处？"，到站在业务部门角度的"对我们有什么好处？"，最后转变为无私的"我如何能帮助整个业务取得最佳结果？"，与此同时还建立了一种信念，即对整个业务有利的事情最后也可能对副总裁本人及其所在业务单位有利。我多次引用这个故事作为看板"魔法"的一个例子。看板方法拥有令人惊奇的能力，可以在没有直接干预的情况下产生次生社会或心理效益。共享服务的看板填充会议对工作的选择和排序有直接影响，对社会资本、合作、信任、对齐和一致行动有间接影响。通过间接方法来实现深层次的组织成熟，似乎比通过直接设定达到某个级别目标的方式更好，这一点可以从 2010 年左右出现的看板展示板和 CMMI 案例研究中得到证明。根据观察，通过采用看板方法而不是设定实现特定 CMMI 成熟度的直接目标，可以更快地实现更深层次的成熟度。

用看板方法引领公司文化变革

员工在副总裁的引领下，开始更多地与其他业务部门的同事开展合作，观察这种文化变革的出现，以及它对整个公司的影响，是一件非常有趣的事情。这种变化影响深远，以至于 2007 年新晋 CEO 加里·申克（Gary Shenk）将我叫到他办公室，专门询问此事。他告诉我，他观察到公司高层之间的协作水平和合作精神提升到了新高度，以前敌对的业务部门似乎相处得更好了。他认为这与 RRT 流程有关，并问我是否能做出解释。虽然当时的我肯定没有现在这样善于表达，但我使他相信，我们的看板系统极大地增强了合作，并极大提升了所涉人员的社会资本水平。

看板方法在文化方面产生的效果非常出乎意料，而且在很多方面都是反直觉的。申克问我："为什么我们不以这种方式推进所有的主项目呢？"的确，为什么不呢？因此，在高层的热情支持下，我们开始在主项目组合中实施看板方法。我们之所以这样做，是因为看板催生了持续改善的文化，而这种文化变革是如此令人向往，即便要对优先级、排期、汇报和交付等诸多机制进行调整以实现在整个项目组合中实施看板方法，这样的代价也被认为是值得的。

- 在持续改善文化下，个体感到被赋权，能够无所畏惧地行动，自发地联合、协作和创新。

- 在持续改善文化中，社会资本和个体之间的信任度极高，不论他们在公司等级中的级别如何。

- 看板方法通过工作流动让工作内容和工作过程均透明化。

- 过程的透明性使得所有利益相关方都能看到他们是否采取行动的影响。

- 当个人能够看到自己的付出将产生的影响时，他们更愿意付出时间并进行合作。

- 看板方法中的 WIP 限制，鼓励"停止生产线"行为和集体解决问题。

- 通过集体解决问题以及与外部利益相关方的互动，团队加强协作，提高了团队内的社会资本水平，增强了团队成员之间的信任。

- 看板方法中的 WIP 限制和服务等级相关做法，使个人能够在没有上级监督或指导的情况下拉取工作，并做出优先级和排期决策。

- 授权水平的提升增加了社会资本，以及员工和管理者之间的互信。

- 协作行为可以像病毒一样快速扩散。

第 5 章

运营检视，看板方法的基石

英国经济学家、《金融时报》专栏作家约翰·凯（John Kay）在他的著作《间接思考的艺术》（*Obliquity*）中，描述了一种反直觉现象：企业在不直接追求目标时通常会表现得更好。书中列举了许多案例，其中一个反复被提及的案例便是英国最大、最成功的制造型企业的消亡，这家企业就是帝国化学工业有限公司（Imperial Chemical Industries，ICI）。ICI 与美国杜邦（DuPont）公司业务结构类似，经营一系列化工和制药业务，他们最著名的产品是多乐士油漆（Dulux）以及制药部门开发的 β 受体阻滞剂。经营阿尔弗雷德·诺贝尔（Alfred Nobel）炸药业务的诺贝尔炸药公司也是这家集团的成员。我父亲在诺贝尔炸药公司工作了 32 年，一直干到 1992 年满 57 岁退休。炸药工厂就在我家乡附近，鼎盛时期员工超过 35 000 人，到我父亲退休时其规模缩减到仅剩 700 人左右。所以，约翰·凯引用的这个故事带有我的个人主观色彩。

ICI 现已不复存在！短短 16 年间，它就从英国最富有的两家公司之一，沦落到无人问津的地步。集团只有一小部分作为专业的香水和香氛制造商得以幸存，其他板块均被剥离或关闭。如果你最近在酒店的电梯里闻到了某种香味，很可能就是 ICI 的产品。约翰·凯认为，ICI 作为 20 世纪英国工业领域的明珠，最终走向衰亡其实不难理解，却也是可避免的。他追溯了 ICI 的衰亡过程，找出两个主要原因：其一，激进的投资者、企业掠夺者汉森勋爵（Lord Hanson）蓄意收购公司的少数股权；其二，董事会对这项收购所带来的挑战的反应。

1991 年，汉森恶意收购了足够的 ICI 股权，打算在年度股东大会上挑战董事会的领导权。汉森的策略是购买公司的少数股权，然后迫使董事会分拆并出售公司的一部分。如果一个大型集团的价值被低估，那么通过分拆其中部分优质业务，就可以立即在分拆的部分释放其股权价值，为投资者带来快速且丰厚的回报。关于这种获利手段，美国读者可能会更熟悉伊万·博斯基（Ivan Boesky）。尽管这一次汉森没能成功，但 ICI 的董事会也受到了足够大的冲击。董事会最终决定剥离医药业务，单独成立了 Zeneca，这家公司就是现在的阿斯利康（Astra Zeneca），世界最大的制药公司之一。这次业务分拆后，公司留下了 ICI 品牌下的化学品业务，其中也包括炸药业务。

ICI 一直遵循着一套传统的价值观和使命宣言。1990 年的宣言内容包含了一项关键陈述，即"负责任地应用化学"。换句话说，不管是在业务领域还是在应用领域，他们都将化学科学的商业化放在关注范围之内。这么看来，持有炸药这样的业务与他们的使命完全一致，持有药物试验和各种药物研发业务也一样。在汉森企图进行股权挑战和分拆之后，董事会在 1991 年将使命宣言改得更为直接："成为为客户和股东创造价值的行业领导者"。这次根本没有提到化学。在接下来的 5 年里，他们着手剥离更多业务并收购其他更有利可图的业务，股价相应上涨，投资者也不再蠢蠢欲动。但约翰·凯认为，这时的 ICI 已经失去了它的灵魂，失去了目标和驱动力，无法继续运用化学进行科学创新并将成果商业化。在那之后又 10 年的 2007 年，面目全非的集团最终被收购，ICI 不再作为一个独立主体存在。ICI 从巅峰到消亡，历经 16 年的时间。

《间接思考的艺术》一书的名字是诺贝尔奖获得者詹姆斯·布莱克（James Black）爵士提出的。布莱克是一名药理学家，20世纪60年代在ICI担任研究员期间，他发明了β受体阻滞剂。布莱克相信公司往往会在没有明确意图的情况下更好地实现目标。如在第4章中所述，**间接方法可能是反直觉的，成效会在某一刻突现。我们可以对结果不断地进行回顾改进，但行动并不能保证确定的结果。**间接方法需要人们保持一些信仰，比如对价值观、愿景、使命或目标的信仰。如果没有明确定义的目标就会很难，甚至不可能采取间接的方法或策略。间接性的概念似乎意味着"在我们的愿景、使命或目的范围和界限内做正确的事情，这就是我们存在的理由"，以及"不要期望直接或即刻的回报，只需确认你已经做了正确的事情，并且相信最终你将因此而得到回报"。

本章介绍了更多在看板方法中展现间接性的例子，并探讨如何通过进行运营检视（operations review）[①] 产生看板魔力。产品单元、业务单元、业务线组合或大型公司内的大型部门，或者中小型企业的整个业务层都可以应用运营检视。它通常要检视组织单元的运营效率，覆盖的组织单元通常在100人以上，最多能有600～800人。整个企业内可能会有多个这种检视会议的实例。

我第一次接触和参与运营检视是在Sprint工作期间，当时我的老板是约翰·尤兹德普斯基（John Yuzdepski），他在自己管理的350人的业务部门中引入了这项实践。尤兹德普斯基曾是北约军官和空军飞行员，运营检视是他模仿北约的战备状态检视（NATO Readiness Reviews）而来的，这些会议旨在检视武装部队的准备情况，并在紧张或公开冲突时为政治家提供可选择的操作项。Sprint的运营检视会议大约有70人参加，人员级别从团队领导到副总裁级。到了2007年，Corbis的运营检视会议经调整后适用于整个IT部门，每次会议大约有150人参加。

---

① 运营检视可以被定义为7种看板节奏（Kanban Cadences）之一，每种节奏都提供了一个反馈和改进机制。

准备首次运营检视

2006年9月，我刚刚加入Corbis，我们的软件工程部门对手头上的工作几乎没有任何可视化手段。我领导的6人小组，作为管理团队，也一直在蒙眼狂奔。我加入前，他们已就是否安装微软的跟踪软件Team Foundation Server讨论了5个月，然而到我加入时还没有落地，大家也没有任何动力去做这件事。到了月底，我在团队周例会上宣布将于12月的第二个周五举行我们的第一次运营检视会议，并向大家解释了运营检视的概念：每位经理都需要呈现自己部门在产能、需求、质量等方面的数据，并借此机会暴露出依赖性问题以及单个团队或部门无法解决的问题。

过了一两天，这些经理开始单独找我谈话。以下的对话是整理调整过的，但代表了多次类似的原始对话，总体的思路是展示运营检视的概念和影响如何逐渐深入人心。

"大卫，我们在12月开的这个会，你希望我在会上做报告吗？"
"是的，我希望能这样！"
"哦！你想让我报告什么内容呢？"
"很简单，就介绍你的部门在做什么？做得怎么样？你看到了什么需求，都来自哪里？需求的交付情况怎么样？还有什么因素阻碍你做得更好？"
"哦，好的！谢谢。"

又过了一两天……

"大卫，你让我在12月的会议上做报告，具体要讲什么？你能给我举一些你期望的例子吗？"
"首先，你负责的业务是什么？你的部门主要承担的是哪些类型的工作？我希望你能清楚地表达出来。

"然后，针对每种类型的工作，展开报告，包括上个月你看到了多少需求；交付了多少；平均交付时间有多长，或者列出一组数据呈现具体的交付时间；你有多少正在进行中的工作；以及你在多大程度上满足了客户的期望。

"我希望不要超过 3～5 页 PPT，每页都有一张图表。你将有 8 分钟时间来做展示，大约每页 PPT 讲 1 分钟，再留一点时间讨论一两个问题或其他观察到的事项。"

我简要勾画了几个基本图表。

"哦，好的！谢谢。"

又过了一两天……

"大卫，你让我在 12 月的会议上展示部门绩效数据，可我从哪里获取这些数据呢？"

"嗯，你可以手动收集。作为经理，你要跟踪工作何时开始和结束，然后从中得出其他我们所需的数据，这并不难。"

打开看板视野

手动收集数据有价值吗？

我第一份真正和管理有关的工作始于 1991 年夏天，那时我刚刚大学毕业，进入了一家名叫 Rombo 的公司，这家公司的名称是一个有趣的进化遗迹。公司位于苏格兰中部的利文斯顿工业新城，在爱丁堡和格拉斯哥之间。它的第一个产品是一款插入式只读存储器（read only memory，ROM）板，用于扩展当时一些流行家用电脑的固件。

后来他们不再生产 ROM 板，转向了图片、视频和声音采集设备以及配套的软件应用程序。当我加入这家公司时，它已经成立 5 年，有 30 名员工，其中的大多数在电子制造部门任职。首席技术官（CTO）兼联合创始人是电子产品设计师，CEO 曾是首席开发人员和架构师，但担任 CEO 后已经忙得不可开交。公司招我进来是为了组建一个新的软件开发团队，团队只有 3 名开发人员，其中 2 名是我的大学同学，但也已是经验丰富的游戏开发人员，掌握多种汇编语言，拥有电子和计算机系统架构方面的专业学历背景。

我还被分配去管理"客户服务台"。当时，负责这部分工作的是两名 17 岁左右的员工，他们是中学毕业生，没有读大学。在 20 世纪 80 年代和 90 年代初，英国的青年失业率很高。政府推出了一项补贴计划，旨在帮助年轻人获得真正的工作经验和技能。最初，该项目名为"青年机会计划"（Youth Opportunity Program，YOP），但因某些受 YOP 资助才参加工作的人在俚语中被称为"YOPPER"，整个计划被搞得声名狼藉，所以后又改名为"青年培训计划"（Youth Trainig Scheme，YTS）。我们的客户服务台有两名 YTS 实习生，他们的工作是接听客户打来的咨询电话。

我与二人中经验更丰富的那一个聊了聊，了解到他们俩都是技术爱好者，都喜欢在公司工作，并且喜欢公司的技术业务。他们似乎也乐意通过电话与我们的客户互动，工作也很忙碌。他们能说出客户打电话咨询的常见问题，且已针对这些问题整理了一份相当专业的问题原因和解决方法列表，及时帮助客户解决问题。这套机制看起来很有效。然而，他们却没办法告诉我一共有多少个问题，每个问题发生的频率如何，甚至也说不出来一共接听了多少个电话。对于一个"呼叫中心"来说，这是最低的成熟度水平！

公司高层对此表示关注。以前根本没有服务台，如果有客户打进电话，创始人，同时也是开发人员，会直接接听电话并解决问题。然后，公司有了一名专职服务台员工，然后有了第二名。对服务台员工的需求似乎在增长，我们需要先回答几个问题：这些员工的时间都花在哪里？我们将来会需要更多的服务台员工吗？如果需要，什么时候加人，成本是多少？

在这种情况下，我需要更多可见的信息。为此，我设计了一个通话记录表，打印了一叠交给服务台的两位员工，并向他们解释我希望他们每接听一个电话就填写一张表格。这张表格在他们的通话过程中就能轻易填好，主要记录的内容有：产品的库存单位（stock keeping unit，SKU）、版本、问题描述、提供的建议，以及问题是否得到了满意解决。

每天下班时，这些表格都会被收到一个抽屉里。到月底的一个周五晚上，我把这段时间收集到的所有表格带回家。周末我会花好几小时来整理这些表格，制作出按产品和缺陷类型分类的呼叫数量报告。第一个月的数据显示，50%的客户来电原因都出于同一个问题。而这个问题的根源在于我们为 IBM 个人电脑提供的视频采集板在安装时出了问题。

有一定年纪的读者可能还记得，外围设备会使用个人电脑主板上一组 DIP 开关分配的 I/O 端口。尽管 IBM 制造了个人电脑，但市场上也不止 IBM 一家制造商，对于如何分配 I/O 端口，并没有真正统一的标准。我们的产品设计成要使用一个通常情况下未被占用的端口，可这个端口也并非完全不会被占用。一半的来电都是由这个问题引发的。虽然设置和修复方法在产品手册深处有所描述，但用户并不会阅读手册，或者就算他们阅读了也没有找到所需要的建议。为了解决这个问题，我们设计了一页纸，上面印有大号字体的标题"请先读我"（READ ME FIRST），并详细描述了用户如何检查 I/O 端口设置并正确地配置计算机。产品在运送过程中会被装在一个带套的盒子里，并用塑料收缩膜包装。我们将这页纸插在套盒里，当客户打开产品、取下收缩膜并将盒子滑出套子时，"请先读我"这张纸就会从盒子里掉出来。这样处理之后的第二个月月底，我们服务台的来电就减少了一半。

这就是 1991 年我做第一份管理工作时的故事，这个故事成为我对一位管理者的期许原型：使问题透明化、获取数据、分析数据、确定问题的分布和集中度、针对根本原因制定解决方案、实施解决方案、获取更多数据、验证解决方案是否奏效，如果没有奏效，就重复这一过程，尝试使用另一种替代解决方法。

在我的整个职业生涯中，我从来没有因为让向我汇报的经理到工作现场手动收集数据而感到内疚过。

"呃……"
"如果我们有软件进行跟踪，也许会更好？"
"是的，那样会节省很多时间。"
"所以，我们应该安装 Team Foundation Server 吗？"
"当然应该！"
"哦，好的！谢谢。"

又过了一两天……

"大卫，我一直在思考我们前几天的谈话……"
"嗯。"
"这个会议是在 12 月召开，对吧？"

我点点头。

"如果会议在 12 月，你会希望我们报告 11 月的数据，对吧？"

我再次点点头。

"如果我们需要报告 11 月的数据，那么我们就要在此之前安装并应用 Team Foundation Server，对吧？"

"是的。"

"所以,我们要在10月的最后一周之前准备好,而现在是9月的最后一周。所以,我们有4周的时间来完成软件安装和配置,并纳入常规使用?"

"是的。"

"但是,我们之前已经花了5个月的时间,却一无所获。"

"的确!"

这就是一个小小的看板展示板拥有的魔力,它是一种迂回策略。从头到尾我都没有告诉我的管理团队我们需要安装 Team Foundation Server,也没有设定任何软件投产和应用的日期。我没有直接下达过任何命令或直接设定目标。但是,当你要求某人在大约100名同事面前,成为焦点并做8分钟的报告展示时,他们会意识到自己需要有东西可讲,其他一切都将因此发生变化。

塔勒布提出了"反脆弱"的概念,实质上这个概念是他基于对进化理论的观察得出的。与反脆弱概念相关的,还有一个"压力源"(stressor)概念,指当一个反脆弱的主体处于压力之下时,会被激发变异、改进或变革。要求某人站在"舞台"上做报告就是一种压力源,它会激发个人行为的变化:要么提高水平并完成报告,要么因压力而屈服退缩。这是对管理者的一种试金石,测试其是否有能力承担分配给他们的责任,以及他们是否具备在自己的角色中有效发挥领导作用的能力。

你负责什么业务

在第2章中,我一开始给杜米特留提出的问题之一便是"你负责什么业务?"我想知道他的部门是做什么的,更重要的是,我想知道他是否知道自己所负责的是什么业务。

令人惊讶的是，直到今天，我遇到的很多管理者都很难回答这个最基本的问题，"你负责什么业务？"他们中的许多人认为，自己作为管理者扮演的是类似"交友中介"的角色，就像媒人，当团队接到一项任务时，他们的工作是将任务匹配给最合适的员工，然后让他们一起"约会"。他们也经常将自己看作交警，负责指挥工作的流动，收到任务后，管理者的工作是以最有效和快捷的方式将它们安排下去。因此，当听到"你负责什么业务？"这一问题时，他们的脑海中就会浮现出这个奇怪的自我形象：一个穿着制服的婚恋顾问，既是媒人又是交警！

作为他们的教练或导师，我的工作是帮助他们摆脱这种身份。我需要管理者认识到自己负责的是执行某一类工作的系统。这个系统由规则组成和管控。而管理者的工作就是管理这些规则：知道何时该推翻、何时该更改、何时要将问题升级到更高层。他们的工作是确保自己负责的系统平稳运行。我需要管理者意识到，他们负责的是整个系统，而不是组织架构图中向他们汇报的人员的简单集合。运营检视和聚光灯下的 8 分钟在这里也发挥了间接作用。

再次强调，以下对话是一种回忆录，它是对实际情况的一种整理。

对话发生在我办公室里的一对一私人会议中，这种会议给我管理的经理提供机会，来和我讨论事情进展、提出他们面临的问题和挑战，并寻求我的帮助。后来，这些会议演变成了我们现在所说的服务交付检视（service delivery review，SDR）会议，但只是退化版本。之所以是退化版本，是因为当时只有 2 名参与者，理想情况下，我们希望服务交付工作流中的整个团队都能参加服务交付检视会议。

"关于我在会议上的报告内容，你能给我一些建议吗？"

"当然。你负责什么业务？你的部门在做哪些类型的工作？你们的客户是谁？他们向你们提出了什么要求？要求具体有多少？还有，每种类型需求的到达率是多少？

"你还需要报告你们的交付率，也就是在同一时间段内你们交付了多少需求？你们的 WIP 数量以及趋势是什么样的？如果 WIP 还在增长，是什么原因导致的？可以采取什么措施？

"你需要报告质量情况。工作里有多少是返工？你们有什么失败的需求，也就是那些因为首次工作质量不过关而产生的需求？

"以后，你可能还需要报告依赖关系和需求延迟的来源，也许还有你们的流动效率，但让我们先从基础开始：你们在做什么、做了多少、做得多快，以及做得多好？"

要求经理在运营检视会议上做报告的这个过程迫使他们开始思考正确的事情。没有人想要在会上报告他们的"做媒工作"或"交通指挥工作"。所以事实证明，运营检视在管理者自我形象和身份变革中起到了一种间接作用。没有明确的指导，也不必一上来就打破大家现有的自我形象并帮助他们接受新形象，只是简单地要求他们做报告，同时提供一些关于报告内容的指导，就能够催化变革。

要求在运营检视会议上做报告，传递出了你看重什么的信号。作为领导者，你在暗示自己将如何评估团队领导或部门经理的贡献。大家自然会领悟到这一点。这代表了他们的上级将如何评价他们，在大多数情况下，大家都希望得到上级的重视。因此，这种方法调整了他们对自我评价、自我形象以及在同事中的社会地位的评估方式。

通过要求他们在运营检视中做报告，随着时间的推移以及个人在这些检视会上的表现情况，他们的自我形象和自我评价都会得以重塑。他们会逐渐从婚恋中介和交通警察转变为系统思考者，开始理解自己的角色是监督和控制一个系统的有效运行。对他们的评价依据将变成该系统如何有效且高效地运转。这就是进阶的看板魔力，深化的间接影响。

工作是艺术，不能用指标来衡量

我的系统分析部门经理，这里不提及他的名字，对我们要召开运营检视会议的公告采取了消极抵抗的态度。虽然他在公开场合大声表示支持，但在私底下，他向我明确表示这种方式不适合他。他认为系统分析是一种艺术，无法用指标来衡量。他表示自己会在会议上做报告，但不会按照团队中其他经理的格式来做，因为数据和指标不适用于他或他的团队，更不用说 Team Foundation Server 跟踪软件了。

12 月的正式会议上，他做了报告。报告里有一些漂亮的图片，他在报告时还讲了一些故事。整体感觉上，他的报告就像是我十几岁的女儿在讲述电视剧《单身汉》（*The Bachelor*）最新一集中发生了什么。在其他人做完报告后，他不仅在我和我的老板面前显得很愚蠢，在同事面前也是如此。第二个月，即使我没有进行直接干预，他的团队也开始使用软件来跟踪工作。这次他也制作了一套带图表的 PPT，展示他们所负责的业务、谁在向他们提工作要求、工作到达率是多少、他们做了什么，以及有效性如何。他用开发人员由于模糊不清而造成的工作中断和问题解决情况来衡量有效性，能看出来初始质量实际上很差。他的行为发生了变化，跟上了同事的步伐。他看到公司建立了一种新的价值体系，虽然他也许并不在乎我是否将他标记为反对派或惹麻烦者，但他确实在乎同事对他的看法。而且看上去系统分析也是可以跟踪、衡量和报告的。这又是一个小小的看板魔力，也是间接影响的另一个例子。

一场运营检视会

3 月的第二个周五的早上 7 点半。我早早开始了工作，因为今天早上要召开我们部门的第四次月度运营检视会议。和我一起准备会议的还有里克·加伯，他是我们软件流程工程组的经理。加伯负责这次运营检视会议的协调和议程安排。他正忙着打印今天的会议材料，里面包含了大约 70 页 PPT。打印完成后，我们带着装有 100 份会议材料的箱子前往西雅图市中心的海港俱乐部。运营检视会议定于上午 8 点半开始，但会场将从 8 点开始供应带热食的自助早餐。会议邀请了我们所在组织的全体员工：我的同事埃里克·阿诺德（Erik Arnold）部门的人，包括流程组、业务分析师和项目经理；还有由彼得·图塔克（Peter Tutak）领导的网络与系统运维部门，不过他的团队不会做报告。毕竟，他们必须在生产中修复故障系统，所以由我们的失败造成的痛苦他们体会最深。我们发布新版本到生产环境时，他们也是最受影响的。因此可以说，积极参与运营检视会议对他们来说获益最大。另外，会议还邀请了我的老板，Corbis 的 CIO，以及一些其他的高级经理，他们是我们的业务客户。

然而，考虑到我们有些同事在印度，有些在美国的其他地方，还有一些人出于个人原因无法参加会议，我们预计大约会有 80 人实际出席会议。

我们发现提供食物是一种非常有效的间接激励措施，可以促使大家早早到场。 在第一次会议时，我们提供了一份欧式早餐，但得到的反馈是大家更喜欢有热食的早餐。这将在每月额外增加大约 1 800 美元的成本。阿诺德提出了一个大胆的想法，那就是请我们的受邀嘉宾赞助这项开支："本月的早餐由我们的赞助商市场部提供"。这个主意真是绝妙至极！我们找到了市场部的副总裁，询问他是否愿意花 15 分钟时间在我们的"全体员工"会议上发表讲话，说明他们的工作内容以及 IT 如何才能最好地支持他们的工作，作为赞助早餐的回馈。这么算下来每分钟的赞助费超过 100 美元。但令人惊讶的是，每个被问到的人都接受了邀请并做了赞助！

大家都提前到达并享用早餐。会场位于西雅图一栋高楼顶层，距离我们自己的办公楼仅一街之隔，拥有观赏美丽的城市、港口、码头和埃利奥特湾全景的绝佳视野。房间里摆放了圆桌，每张桌子可围坐 6～8 人，房间一端有一个投影屏幕和讲台。加伯精确地控制着会议进程，每位演讲者有大约 8 分钟的时间来展示他们的 3～5 页 PPT。我们还预留了一些缓冲时间，用来应对一些不确定的问题和讨论。我用几句简单的开场白快速开启了会议。我请大家回想一下 1 月底我们在做什么，并提醒大家今天的会议目的是回顾公司 2 月的绩效情况。加伯已经从公司档案库中挑选了一张漂亮的图片，用来象征本月的主题，并帮助大家唤起记忆，回想刚刚过去的一个月里的关键活动。

在一开始就设定好业务基调

我把主持工作交给了加伯，他总结了上个月的管理行动事项，并更新了各事项的状态。接下来上台的是我们的财务分析师，她总结了公司上个月的业绩。这也是为什么要将运营检视会议推迟到次月的第二个周五召开，好等上个月的财务结算完毕，拿到财务数据。财务分析师总结了我和阿诺德所管辖的成本中心的预算明细。我们检视了所有主要预算模块的计划与实际执行情况，以及人员编制情况，讨论了空缺职位的申请情况，并鼓励团队成员推荐合适的候选人。通过第一部分会议内容，所有参会人员都了解了公司的业绩表现情况、软件工程部门的预算管理情况，也可以知道我们采购新设备的预算量，比如大型平板显示器和功能更强大的计算机等。以财务数据作为会议开场内容，是为了提醒团队中的每个人，我们是在经营一家企业，而不是每天来公司和一群朋友一起玩数字游戏。这是一种通过信号展现领导力的方式：对经营数据的重视传达了我们文化价值观中的一部分。

邀请嘉宾以扩大听众范围并带来附加价值

接下来的发言人是一位特邀嘉宾，公司另一个部门的副总裁。这是我之前灵机一动想到的主意：如果我们希望业务客户关注我们，应该先对他们表现出兴趣与关注，并邀请他们来做演讲。于是我们设置了这个环节，给每位嘉宾预留了 15 分钟的发言时间。每个月，我们都能轻松找到一位候选嘉宾。在 3 月的这次会议上，我们听了一个关于销售运营的报告，这个业务部门负责处理客户订单并确保产品交付。虽然 Corbis 的一些业务可以在网上通过电子化形式完成，但并不是公司提供的所有产品都可以通过下载来完成交付，所以专门有这样一个部门，为专业广告公司和媒体公司提供更复杂的订单处理服务。在接下来的几个月里，通过嘉宾分享环节，我们的团队了解了更多业务方面的内容，公司高层也了解了我们的工作内容、工作方式以及努力解决问题的方式。

我曾经说过，看板方法改变了 Corbis 的文化。在第 4 章中描述了需求填充会议带来的次生效应。运营检视也产生了类似的次生影响。到 2007 年夏天，公司的高层公开评价 IT 部门的治理非常出色，我们已经成为组织治理和纪律管理的基准和典范。一个下午，那位参加了我们 3 月会议的销售运营副总裁突然未经邀请就来到我的办公室，"安德森！我需要你的帮助。我在管控部门方面面临着很大的压力，我想要让部门运行得更有效。你能教我如何推动这些月度会议吗？我相信这正是现在我的部门需要改进的。"这是看板魔力和间接影响的又一个实例。

嘉宾演讲结束后，就进入了会议的主要议程。首先，每位经理用 8 分钟时间来介绍部门的工作绩效。接着，PMO 会对一些项目的具体情况进行更新通报。然后，每个直属团队的经理站起来，用 5 分钟快速展现团队指标：包括缺陷率、前置时间、交付率、失败需求、流程效率等指标信息，偶尔还会有一个特定的专题报告，深入探讨他们正在研究的流程的某个方面，以便推动可能的改进。再之后，他们会花几分钟时间回答与会人员的问题，并听取评论和建议。

2007 年 3 月召开的第四次月度运营检视会议尤其有趣。正如前面提到的，第一次运营检视会议于前一年的 12 月举行，那一次，每个人都参加了，出席率几乎是 100%。大家都很好奇，之后我们也听到了很多评论，比如，"在我的职业生涯中，我从未见过这么高的工作透明度"，以及"这个会好有趣，我从未在工作过的地方见过像这样分享信息的"。如前所述，最具可行性的反馈是："下次我们可以吃热食早餐自助而不是冷餐吗？"第二个月，人们说："是的，又是一个不错的月份。有点意思！感谢提供热食早餐！"第三个月，一些开发人员开始发出疑问："为什么我要这么早起床？""把时间花在这件事上有价值吗？"大家的热情逐渐消退，虽然出席率仍然很高，但这种情况显然是非常脆弱的。

接下来发生的事情是运营检视会议的决定性考验：在经过 3 个月的顺利举行、顺畅流程和几乎完美的会议交付之后，出现了一个重大问题。下面我们来介绍一下情况。当时公司收购了一家澳大利亚企业，名叫澳大利亚图片库（Australia Picture Library，APL）。IT 部门被要求关闭 APL 所有的 IT 系统，并将剩下的 50 名用户迁移到 Corbis 的系统里来。该需求有一个随意制定，但实际非常紧急的目标完成日期。这个日期的设定源于"规模经济"成本节约的考虑，在一定程度上这个理由也支撑了收购价格。因为涉及延迟成本的问题，这个需求以单个事项的形式进入了我们的维护队列。实际上，以它的大小拆成 10 张卡片也是合理的，但我们当时只将其视为了一个待办项。像这样一个超大的项目进入看板系统会产生什么影响，放在工业工程中是众所周知的，它会堵塞系统，大大延长后面工作项的前置时间。我们遇到的问题正是这样。平均来看，前置时间从 30 天攀升至 55 天。排队理论还告诉我们，在已经完全满负载的情况下，减少待办项的积压需要很长时间。确实，后来我们发现，需要 5 个月才能恢复到我们 30 天的目标前置时间。

此外，我们发布了一个需要紧急修复的版本，这是自我们推出看板和运营检视以来首次发生这种情况。所以，会上有很多需要讨论的内容。

突然之间，会议室里充满了问题、评论和争辩。看过 3 个月好看但也乏味的数据之后，现在大家有了需要讨论的事情。员工们都很惊讶，我们作为管理者竟然愿意开诚布公地讨论问题和解决方案。大家认识到，运营检视会议不仅仅是为了展示好看的数据，更是为了解决问题，让大家一起面对现实、承担责任。从此，再也没有员工质疑为什么每个月都要开这个会议了。

会议最后，加伯从上午的讨论中总结出了几个管理行动事项，并对大家的出席表示了感谢。10 点半会议结束，大家一起回到街对面的办公室。

尊重管理者和管理行为

运营检视传达了一种更大的团队意识，突然之间，整个团队变成了一个大业务单元，每个人都要进行合作以实现共同的目标。业务单元的存在是为了提供一组服务，而运营检视会议让这些服务和当前满足客户期望的能力透明化。**因此，运营检视提高了对管理者和管理行为的尊重程度，并在组织层次结构的上下两端都建立了信任。**通过这样的透明度，运营检视聚焦在协同行动、明确的责任分配和清晰的问责机制上，提高了整个组织的社会资本。

为了实现敏捷，高层需要进行授权，让下属和员工能够自主行动。然而，授权往往伴随着对失去控制的担忧，担心组织将在失控的情况下运作。**看板方法提供了在管理不失控的情况下提升团队自主性的机会。**运营检视具有检查和修改规则的能力，在业务敏捷性上发挥着重要作用。信任是双向的：管理者必须相信下属会按预期执行命令，在授权范围内进行决策和行动；员工也必须相信管理者的行为符合所有关联方的最大利益，他们的做法可以提高组织成功的机会。员工需要看到，管理者通过调整规则来改善工作体系，以确保员工能够在一个有能力满足期望的体系内工作。员工必须愿意跟随管理者，相信其判断力和远见，同时管理者必须信任员工会按照预期遵循他们的指示行事。运营检视在实现这一互信机制方面发挥着至关重要的作用。

关于运营检视，有很多重要事项需要你了解。**但最重要的是，我认为运营检视是看板方法的关键，甚至是基石，是对组织绩效客观的、由数据驱动的一种回顾。**它超越了任何一个项目，有望带来客观的、由数据驱动的定量管理方式。运营检视定义并体现了组织及其高层的新价值观，并且提供了一种反馈闭环机制，使组织的成熟度不断加深，并推动了规模化的演进式变革。它具有巨大的文化影响力，是驱动组织采纳新价值体系的核心。

- 运营检视是 7 种看板节奏之一。通过会议建立反馈机制，来发展和改进操作工作流、政策、风险管理、市场战略、客户细分和服务提供等内容。

- 引入运营检视会议将直线管理人员的注意力集中在：管理工作流的工具、了解他们所负责的业务、理解服务交付的有效性及其影响因素。

- 用财务数据开场，为会议设定业务基调，并提醒每个人明确当前的组织目标。邀请来自其他业务部门或服务交付合作伙伴的高管级演讲嘉宾，可以扩大听众范围并带来附加价值，让与会人员能够获得超越其业务部门范围的见解。

- 公开讨论已知问题并确定分配给管理者的改善措施，向员工传达了这样的信息：管理者将主动担责，管理行为可以改善每个人的工作条件和绩效。

- 运营检视传达了一种更大的团队意识，促进了针对共同目标的协作，提升了组织的社会资本、管理者价值和管理行为的尊重程度。

- 运营检视被认为是看板方法的基石，也是实现整个组织范围敏捷性的核心要素。它宛如一颗心脏，将生命力注入了持续改进的企业级文化，成为一种真正的持续改善文化。

第 6 章

Posit Science，始于 Scrum 框架

在 Corbis 进行文化变革时，科里·拉扎斯（Corey Ladas）作为流程教练加入了我们的团队。我和拉扎斯初识于 2005 年，当时他是微软卓越工程团队的一员，该团队由埃里克·布雷克纳（Eric Brechner）管理，布雷克纳向卓越工程团队负责人乔恩·德瓦恩汇报。在第 2 章中我们提到过德瓦恩，他制定了在微软 IT 部门实行 PSP/TSP 方法的政策。布雷克纳随后负责了 Xbox One 平台[①]的部分开发工作，并在那里引入了看板方法。相关经验被记录在《看板方法下的敏捷项目管理》（*Agile Project Management with Kanban*）一书中，书里介绍了看板方法在大型软件产品中的具体应用情况。

2007 年春季，我说服拉扎斯加入 Corbis，帮助我将看板方法应用于项目组合管理中。拉扎斯加入了加伯的流程工程团队，与位于西雅图市中心第二大道

---

① Xbox One 是微软在 2013 年推出的第八代家用游戏机。——译者注

公司总部的各种项目团队合作。有一天，他来找我并说道："我发现使用传统 SDLC 流程的项目与采用 Scrum 敏捷软件开发方法的项目有所不同，需要分别进行辅导。"

这就是后来被拉扎斯命名为"Scrumban"方法的缘起，即将看板方法应用于已经采用 Scrum 作为工作和协作方式的项目团队，或应用于由许多这样的 6～8 人小团队组成的组织。

Scrum 已经在敏捷软件开发的爱好者中建立了口碑，在全球技术产业中广为流行。在 2008 年的敏捷大会上，拉扎斯介绍了他关于看板方法的两种指导方式：一种适用于使用传统 SDLC 的团队，另一种适用于已经应用 Scrum 的团队。同时，他还发表了一篇论文，"Scrumban"自此成为软件工程方法学的专有名词。但误解也即刻产生了。Scrumban 的本意其实很简单，就是将看板方法应用于已经使用 Scrum 的团队或组织。它并不意味着 Scrum 和两种看板方法的简单混用，从每种方法中选择一些实践组合形成一种新的规范性方法；也不意味着像变戏法一样，这个拿一点儿，那个拿一点儿，摇一摇，就得到一种新的、全面的方法。**Scrumban 的意思是"在已经使用 Scrum 的环境中，全面地应用看板方法"**。在软件开发界，许多人很难理解这种针对特定情况演进出独特工作方法的模式。对他们来说，任何软件工程管理方法都必须是一种设计好、封装好、定义好的规范性方法。30 多年来，他们的思维已经被这样的模式所定型，对他们来说，这种通过演进迭代，逐渐形成自己的"非标准化"解决方案的方法太独特了。

15 年过去了，我知道这种误解仍然存在。我们可以用一个简单的测试来判断组织是否理解 Scrumban，那就是问他们最近的流程发生了多少变化，以及能否描述采用 Scrumban 后团队产生变化的时间线。如果他们迷茫地看着你，那代表他们可能并不理解看板方法的概念及其演进的本质。看板方法向来都是"从现有做法开始"并不断演进的方法，你要做的是将看板方法应用到已有的研发流程中。而当已有的研发流程是 Scrum 时，这就是一个 Scrumban 的故事。

在我们的工作中，经常看到两种需要采用 Scrumban 的情况：第一种是 Scrum 在一开始对一个组织起到了帮助作用，但后来进展停滞不前，难以有进一步的改善；第二种是环境、市场和客户期望均发生了变化，继续按照 Scrum 框架运作，即以 2 周为周期开展计划、工作和回顾等活动的迭代节奏已不再适用。

在第一种情况下，我们发现，人们往往需要很长时间才能意识到境况并没有得到改善，管理者们通常坚持使用 Scrum 数月甚至数年，然后才去寻找替代方案，这个周期一般是 2 年，但周期长达 4 年的也并不少见。我收到的求助电子邮件也印证了这一点："过去两年情况没能进一步改善，我们希望有人重新审视一下并提出一些新的建议。"这种情况非常典型。

在第二种情况下，人们很快就能意识到问题。简单来说，由于环境情况的变化，2 周的迭代难以发挥作用，且引发了大家的压力、焦虑和痛苦，导致团队、管理者和客户之间的协作出现混乱，关系也变得紧张。

在以上两种情况下都存在这样一种诉求：寻找一条实现敏捷的替代路径，以便能够快速行动、响应变化，并满足客户需求。鉴于组织已经在使用 Scrum，他们便选择了引入看板方法，以谋求进一步发展。这意味着，他们将开启一段关于 Scrumban 的历程。

拉扎斯曾说过："应用 Scrumban 是一段旅程。"为了更好地理解这一点，我们来举一个早期 Scrumban 的案例，故事发生在旧金山一家专门开发脑部训练游戏的公司：Posit Science。这家公司的情况属于第二种：由于环境发生了变化，Scrum 不再满足需求。他们想找到一种新的工作方式，既能满足老板的期望，又可以减轻研发团队的负担。他们需要更顺畅的流程、更可预测的交付以及可持续的工作节奏。看板方法将被证明是一种良好而有效的选择。

一家健脑公司的转折点事件

迈克尔·M. 默策尼希（Michael M. Merzenich）博士是 Posit Science 创始人，他在科学领域深耕多年，成就显赫。20 世纪 80 年代末，他所在的团队发明了人工耳蜗，这是一种让聋人能够听到声音的设备。20 世纪 90 年代，他的研究方向转向神经科学，专攻大脑可塑性领域。他是《软线连接：大脑可塑性新科学如何改变你的生活》（*Soft Wired: How the New Science of Brain Plasticity Can Change Your Life*）一书的作者。

在默策尼希的职业生涯中，他深知持续学习对成年人的重要性。作为一位神经科学家，他很清楚持续不断的学习对于维持个人大脑健康极为重要，且重要程度随年龄增长而递增。作为加州大学旧金山分校的名誉教授，他在自己的研究领域内取得了许多成就，他在大脑可塑性研究上的贡献让其在 1999 年进入美国国家科学院。他提出了大脑具有可塑性、可以被训练的理论，打破了长期以来的误解。过去人们一直误认为人类大脑在成年早期就基本完成发育，之后很少再发生变化，并开始逐步走向衰退和死亡，医学或科技都无法阻止这种情况的发生。

默策尼希和几位志同道合的同事持有不同的观点，他们相信大脑是可塑的，即使在成年期也可以进行训练和塑造。这种信念源于对不同文化背景人群的直接观察。大家都认同，孩子的成长受养育方式和环境影响，但很少有人认为成年人也同样适用此情况。默策尼希观察到，随着时间的推移，老年人的大脑变得更加丰富，甚至有的人在晚年还能继续学习新技能。于是他们推断，大脑是灵活并不断变化的，它的适应性和可塑性从未真正消失。他们想知道这种可塑性是否能引发改变，以抵消退化的趋势。默策尼希和他的研究团队一起，致力于寻找大脑可塑性的精确触发因素。

2004 年，默策尼希已经准备好就这个话题进行更多的公开讨论。当年 2 月，他在加州蒙特雷市做了一次 TED 演讲。他解释说，记忆的丧失并不是大脑自身忘记了信息，而是大脑对看到、听到和感受到的事物的印象不再那么深刻。"当你年轻时，看到令人惊讶的事物，你的眼睛会被吸引，并在脑海中'拍摄'出一系列关于外界信息的快照。"这些快照在大脑中留下了痕迹，使大脑保持活跃。但随着所见所闻的信息越来越不清晰、不生动，大脑对这些信息的处理也会减弱。随之而来的，便是记忆丧失和神经衰退。随着时间的推移，大脑活动变得越来越不活跃，最终开始衰退和死亡。

当然，默策尼希相信有方法应对这一切。

仅仅保持头脑活跃还不足以解决问题。他相信，为了真正抵消大脑机能的衰退，保持大脑敏锐，需要进行特定的、有挑战性的活动。这种活动可以是持续学习，比如学习一门外语或学习弹奏一种乐器，或者是进行被默策尼希称为未来趋势的"大脑有氧运动"。

基于大脑可塑性理论设计的互动游戏可以激发大脑天然的学习机制。这些专门针对大脑退化部分设计的游戏，可以减缓认知能力的下降速度。随着科学界对特定神经问题的认知加深，他们更有信心设计出合适的训练活动，利用大脑的可塑性来创建和加强神经通路，从而达成特定训练结果。随着计算机技术的进步，这些脑力训练的方法可以更加先进和精确。通过使用复杂的算法，他们还可以监测用户行为，进一步提高参与度，针对个体缺陷定制个性化方案。

就像其他许多令人大开眼界的 TED 演讲一样，这个演讲对观众来说似乎有些超前。如果默策尼希说的是真的，人们能够将认知能力维持更长时间，那将是 21 世纪最了不起的发现之一。实际上，默策尼希没有停留于理论研究，而是已经采取了行动。他创办了 Posit Science，准备通过一系列交互式电脑游戏将"大脑有氧运动"商业化。

他们特意选择了"Posit"（假设）这个词作为公司名称，它意味着"提出或推进"，反映了对人们的生活做出积极改变的愿望。而"Science"（科学）

则表明这既不是迷信或信仰，也不是娱乐。Posit Science 不是一家普通的游戏公司，他们想基于科学研究孵化出一款医疗级产品，帮助那些由于衰老或受伤导致认知能力出现障碍的人。

我第一次接触 Posit Science 是在 2009 年。根据我对他们的公司文化和员工风貌，以及员工加入公司的原因和希望在公司取得成就的了解，都让我想起了另一家有类似感受的企业或组织，那就是比尔及梅琳达·盖茨基金会。Posit Science 的员工加入公司的原因都是利他性的，他们想为社会做出更广泛的贡献。Posit Science 公司的薪酬水平不错，但比旧金山的市场标准大概要低 15%。比尔及梅琳达·盖茨基金会也是这样，其薪酬低于西雅图就业市场水平，加入这两个组织的员工都有一定的利他主义动机，相信该组织的使命，具有强烈的社会责任感。

Posit Science 是个由 3 支小团队组成的大家庭。3 支小团队分别是：神经科学家，负责开展原始研究；游戏开发人员，负责产品开发；商业人员，负责将产品推向市场。无论专业背景如何，他们都信奉公司的愿景、使命和目标，并且高度信任迈克尔·默策尼希博士。虽然是有偿劳动，但他们加入公司的主要动机还是利他性地想为社会做出贡献，如果单纯为了金钱，他们还有其他更高薪的选择。因此，虽然被划分为 3 个职能团队，但 Posit Science 的目标（愿景和使命）使他们成为一个有着高度凝聚力的超级团队。

科学家团队和游戏开发人员共同努力，把实验室成果转变成人们手中的游戏，以此帮助更多的人。Posit Science 最关注，也是最迫切需要帮助的人群就是老年人。计算机辅助训练能帮助他们维持大脑运转吗？能使他们像孩子一样，更生动地理解一切吗？ Posit Science 开始着手开发一套名为大脑健康计划（The Brain Fitness Program）的游戏套件。

默策尼希和 Posit Science 的思路，是通过有针对性的大脑有氧运动来解决脑衰退的 3 个关键问题：大脑处理速度减缓，从感官到大脑的信号减弱，以及大脑的关键化学物质减少。他们认为通过大脑游戏和训练，在正确时间以正确顺序给予大脑正确的刺激，用密集、重复和逐步加大挑战的训练计划，可以解决上述这 3 个问题。

只有人类这一物种会如此频繁地使用物品和应用语言，长时间追求各种各样的娱乐活动。人类热衷于享乐，这很正常，因为游戏是一种重要的进化工具。身体机能、认知能力和社会发展，甚至针对紧急情况和灾难的通用训练，都源自游戏或模拟游戏。正如加州大学洛杉矶分校的弗朗西斯·斯蒂恩（Francis Steen）所说，游戏是一种进化适应的学习方式，它就像模拟器一样，让儿童和成年人在几乎没有风险的情况下，想象和尝试不同的场景。对于 Posit Science 来说，那些虚构和富有趣味的场景可以帮助大脑实现有益的变化。

Posit Science 非凡而崇高的事业引起了投资者的关注。该初创公司在 2003 年 10 月 1 日获得了第一轮风险投资，正式启动运营。获得资金支持后，他们组建了全球脑科学家联盟，致力于开发、测试、改进和验证能够恢复大脑功能的锻炼方法。在最初的几年里，他们在几家养老院测试了这些游戏，设立在养老院的学习中心会观察游戏对老人的影响，特别是由于游戏锻炼带来的认知功能改善，或缺乏认知功能的改善。在将产品商业化前，科学家们想用大量的数据证明大脑训练的效果，证明游戏训练的方式经得起临床考验。

总结一下：Posit Science 是一家新成立的、获得了风险投资的初创公司，它拥有强大而统一的愿景，聘用了全球领先的神经科学家和优秀的游戏开发人员，在严格监管的医疗行业中，尝试将前沿科学进行商业化。公司面对的是一个新兴且未经证实的市场。公司总部位于全球科技产业的中心地带，加州的旧金山市，这里成本高昂、花钱速度很快。这就是公司的基本情况。

到 2005 年底，Posit Science 取得了不错的成果。在华盛顿举行的当年神经科学学会年会上，默策尼希介绍了关于大脑训练游戏的初步研究结果，参与大脑训练的成员神经认知状态平均提高了 10 年以上。这项研究在加利福尼亚州旧金山附近的罗斯莫尔退休社区进行，共有 95 名 61～94 岁的志愿者参与。研究对象被分成 3 组：一个实验组，成员需要进行 40 次游戏训练，每次训练持续一小时；一个安慰剂对照组，成员可以使用计算机；一个空白对照组。研究人员将实验组的记忆和认知评估分数分别与两个对照组的得分进行比较，发现参与了大脑可塑性训练项目的实验组成员认知水平得到了改善，其中完成更大难度训练的成员改善更为显著。不久之后，Posit Science 发布了第一款产品，"大脑健康计划"游戏光盘。2006 年 3 月起，他们通过合作伙伴进行销售，单个用户的售价为 395 美元。虽然价格昂贵，但 Posit Science 团队认为物超所值。

这次产品发布是公司历史上第一个重要里程碑和标志性事件。在此之前，他们一直处于科研阶段，需要消耗大量成本进行研究、实验。而在 2006 年，他们成了一个真正的商业实体，尝试通过产品获得收入，希望未来实现正现金流，不再依靠融资维持运营。

组织的历史性转折点，常常是发起变革的好时机。转折点事件可以有多种形式：

- 首个产品的发布；
- 获得一轮投资；
- 任命新的 CEO 或领导者；
- 关键人员退出（通常是创始人或 IP 创造者）；
- 公司合并、收购、资产剥离、接管；
- 上市（IPO，首次公开发售，企业从私人所有转为向公众出售股份）；
- 监管、法律、政治或经济环境的重大变化（如金融危机或大流行病）；
- 工作外包 / 离岸外包；
- 公司组织架构调整；
- 业务紧缩；
- 出现颠覆性的新竞争对手或商业模式（如 20 世纪 80 年代和 90

年代的廉价航空公司）；
- 颠覆性创新产品进入市场（如 20 世纪 50 年代末，商用喷气式飞机进入飞艇和远洋运输业务）。

俗话说"新官上任三把火"，意思是组织中的新领导者在上任之初倾向于积极采取行动和推动改革。一般的说法是从上任起这种倾向能持续大约 3 个月，即 100 天。在这一时期，每个人都在适应变化，新任领导者还可以将问题归咎于前一任，或上任时基础条件不好。在新官上任前情况就已经越来越差的，就像持续的"全球变暖"一样，随着出现新官上任这个转折点，会最终引爆变革，让新的领导者有机会在阻力不大的情况下实行变革，进一步触发有计划的转折事件，比如公司组织架构调整。

回到 Posit Science 的故事，他们的新产品刚刚问世，但前期开发时间很长，软件代码也不稳定。公司趁此机会聘请了新的软件开发负责人，戴维·霍夫曼（David Hoffman）。

霍夫曼很快便意识到，公司面临的是初创软件公司常见的共性问题：软件代码脆弱且难以维护，开发出来的产品只是一个原型。这是第一代软件产品的典型特征，因为软件开发的重点在于实现功能、满足市场需求，而不是代码的完整性和底层架构。这一问题最早由小弗雷德里克·布鲁克斯（Frederick P. Brooks, Jr.）在他的经典著作《人月神话》（*The Mythical Man Month*）中提出："做好放弃一部分代码的准备，这是不可避免的。"换句话说，第一代产品的代码内部质量一般都不太好，最终企业都将不得不放弃这些代码，重新开发第二代产品。

Posit Science 直到这一刻都不是一家典型的硅谷初创公司。成立以来，员工一直遵循着正常的、人性化的工作时间，能够拥有高质量的家庭时间和可持续的优质生活。关注大脑健康的人都很清楚巨大的压力对大脑的影响有多么不好。也许 Posit Science 的开发人员比全球其他任何软件开发组织的开发人员，都更了解在焦虑和高压状态下过度工作会对大脑造成多大的伤害。到目前为止，这种舒适的工作与生活平衡的状态一直是 Posit Science 的特色，但这一状态即将被打破。"大脑健康计划"的产品缺陷逐渐暴露出来，想要添加小的增强功能进行维护也比想象中难得多，产品背后的脆弱代码导致了大量返工。同时，公司开始着手开发第二代产品，这是一款名为"InSight"的游戏套件。随着复杂度增加，开发负担随之上升，工作与生活的平衡状态逐渐被工作紧迫性所侵蚀，霍夫曼的团队越来越焦虑，压力也越来越大。

霍夫曼下定决心采取行动、做出改变：必须立刻推倒重建，开发一个新的系统架构，以及一套更简洁、健壮、易于维护的新代码。为了应对部门内的"全球变暖"型问题，他要触发新的转折点事件。他们不再以现有代码为基础进行开发，而是从头开发新产品，并借此机会引入了新的工作方式，即采用 Scrum 方法进行敏捷软件开发。产品开发人员积极主动地拥抱了这一变化。部门聘请外部顾问和培训师进行现场指导和培训，并引入了一款颇受欢迎的敏捷项目管理软件工具，帮助每个人跟踪、同步工作进展。

在混乱中寻找问题的解决方案

霍夫曼任命了专门的项目经理来引领变革，并帮助组织梳理积压的工作。于是贾尼丝·林登-里德（Janice Linden-Reed）带着看板方法登场了。贾尼丝的职业生涯始于 20 世纪 90 年代初，她担任过游戏设计师、制作人，还曾是 Maxis[①] 和 Total Entertainment Network（TEN）[②] 等公司的高管。贾尼丝有一个好朋友，以前做游戏开发，后来加入 Posit Science 担任高管。贾尼丝正是在他的邀请之下，加入了公司，担任高级项目经理。工作与生活的平衡是这份工作最先吸引她的地方，游戏行业通常很难保持可持续性的工作节奏。在之前的工作

[①] 电子游戏开发和发行公司，成立于 1987 年，总部位于美国加州。被称为"模拟之父"，代表游戏作品有"模拟城市"系列、"模拟人生"系列等。——译者注

[②] 在线游戏运营商，是早期推动在线游戏发展的公司之一，成立于 1995 年，总部位于美国加州。2001 年，TEN 宣布关闭在线游戏服务。——译者注

中，她加班非常严重，经常晚上只能睡在办公桌下，桌子上堆积着没完没了的工作。相对而言，Posit Science 的工作氛围要轻松得多。

采用 Scrum 后，霍夫曼相信他的团队可以更聪明、高效地工作，而不是单纯地辛苦工作。

采用 Scrum 带来了许多变化，从办公室的布局，到将工作拆分为更小的任务单元以便尽早完成，再到各种新的会议形式，如每日站会[①] 和定期的迭代计划[②]会，种种变化让员工眼花缭乱。第一年大家感觉很难适应，敏捷项目管理跟踪工具让大家的工作变得高度透明，每个人都可以通过工具随时看到各项工作的进展。开发人员不习惯如此频繁地审视自己的工作，然而原有的工作方式显然不可持续，他们迫切需要改变。随着时间的推移，大家逐渐适应了变化，情况也开始有所改善。由于对正在进行的工作有清晰的了解，交付速度变快了。大家都觉得采用 Scrum 方法是一个正确的选择。

对于低成熟度组织而言，Scrum 是一个理想的选择，它可以加强流程并对混乱的环境进行一些控制。Scrum 方法的创始人之一，肯·施瓦伯（Ken Schwaber），将其最初的网站命名为 controlchaos（控制混乱），由此可见，施瓦伯很明确自己要通过 Scrum 方法来解决什么样的问题。霍夫曼在 Posit Science 引入 Scrum 非常适当。

Posit Science 对经典的 Scrum 框架只做了一处修改：他们约定每个"迭代"的周期为 3 周，而不是常规的 2 周。这是因为 Posit Science 的流程中包括一个叫作"临床验证测试"的环节。这个环节不是为了测试软件的缺陷，而是测试已完成的功能，也就是大脑训练游戏是否符合背后的科学理论要求。临床验证

[①] daily scrum，也被称为 daily stand-up meeting（每日站立会议），是敏捷开发中的一种常见实践，旨在促进团队成员之间的协作、沟通和进度控制。通常在每个工作日的固定时间和地点进行，持续时间一般控制在 15 分钟以内。——译者注
[②] sprint planning，敏捷开发中的一个重要活动，用于规划和准备下一个迭代的工作内容。——译者注

测试旨在验证产品是否达到预期的临床结果，并提供预期内的临床收益。这意味着需要真实的患者参与到产品测试中来，衡量和验证患者大脑功能是否获得预期的改进。这样的测试需要一定的时间来完成。游戏在大脑中触发了化学过程，以强化神经通路，要真正看到结果，至少需要等上几天甚至更久，因此新功能的临床测试至少需要一周的时间。考虑到每个迭代所需的额外测试时间，他们决定用两周的时间开发需要进行患者测试的产品功能，在第三周收集临床验证测试结果。虽然公司产品以及大脑可塑性的一般性领域尚不受美国食品和药物管理局监管，但他们依然按监管要求进行操作。作为科学家，他们所接受的专业训练不允许他们在有效性论证上投机取巧，他们的职业生涯和声誉都有赖于这些大脑有氧运动游戏是否可以取得真正的临床效果。因此在临床测试上坚决不能妥协。

Scrum 帮助团队建立了规律的研发测试节奏，避免工作负荷过大，使他们有时间和空间来设计和编写比第一代产品"大脑健康计划"质量更高的 InSight 游戏套件。2007 年，InSight 成功发布。就像许多关于 Scrumban 的故事一样，Posit Science 的故事始于他们恰当地采用了 Scrum 框架。

- Scrumban 是一种将看板方法应用于已经采用 Scrum 的服务交付工作流的方法。

- 采用 Scrumban 有两个主要原因：一是通过 Scrum 进行改进的方法已经进入了瓶颈期；二是外部环境发生了变化，Scrum 不再适用，也无法满足客户要求。

- Scrumban 不是一个固定流程，而是一种演进过程。它会帮助组织从使用定义好的、规范性的 Scrum 流程方法，逐渐演进为自己独特的、改良的、个性化流程解决方案。

第 7 章

原型看板

Posit Science 在旧金山市中心有近 100 名员工，2007 年，它的每月经营成本就超过了 100 万美元。人们期望由面世的两款产品带来的销售收入可以改善现金流，毕竟投资者的钱是有限的。可以预见，如果收入持续得不到改善，资金将很快被耗尽。因此高层的关注点开始从科学研究和产品开发转向财务状况和产品销售。

Scrum 与看板方法

为了帮助开发人员更好地利用 Scrum，贾尼丝努力学习与之相关的一切，并逐渐对其深信不疑，她认为 Scrum 带来的可预测、坦诚透明和消除恐惧等好处很明显。虽然很喜欢 Scrum，她还是逐渐注意到开发人员遇到了许多问题。他们仍然有大量工作缠身，除了游戏开发之外，开发团队还有许多其他事情要做，包括为"大脑健康计划"提供用户支持、参与新游戏的科研工作等。此外，他们还要与养老院的学习中心合作，过程中还需要注意遵守美国食品和药物管理局以及其他相关的合规要求。同时，他们还参与了梅奥诊所（Mayo Clinic）和南加州大学的一个联合研究项目，这也是迄今为止关于大脑训练游戏有效性的最复杂的研究。除了以上这些，开发人员还得频繁对接市场营销和销售部门。随着时间推移，公司的产品线和客户数量不断增长，需求来源随之增加，对开发人员日常工作的影响越来越大。

贾尼丝发现，无论她如何努力提供帮助，如此多的需求都让人不堪重负。她目睹了开发人员面临的难以承受的情况：计划会议冗长而令人痛苦，迭代周期经常被紧急任务打断，开发人员和测试人员筋疲力尽。开发团队总是过于乐观，承担了超过他们负荷的任务，结果是无法按期交付。业务和开发之间的信任开始破裂，对他们的产能的质疑笼罩在旧金山的办公室中。

每 3 周一次的迭代计划会让大家恐惧。随着产品待办列表越来越庞大，情况进一步恶化。到 2008 年初，来自业务方、客户和监管相关的需求清单已经增长到了 800 多项，因此迭代计划会上的争论往往非常激烈，开发人员必须决定要先处理哪些工作，而哪些事项可以推迟。从 800 多个项目中选出约 40 个项目是一件非常有挑战的事情。首先，要对所有的待办需求进行分析，拆分成所谓的故事，确保在一个迭代周期内能够完成；然后需要估算这些故事的工作量；接下来，还要确定优先级，选出需要立即开始的工作。每次的迭代计划会都涉及 7 个相关小组，每个组会派两个代表参会，此外还有两名开发人员，贾尼丝负责主持会议。在像大脑可塑性科学这样的专业领域，你可能以为会有一支高度垂直专业化的团队，可一旦加入了包括客户服务在内的业务职能，就很容易理解为什么会需要这么多人参会。

大家都在抱怨，会议时间太长、压力太大，且似乎价值并不大，因为迭代周期总是被重要且紧急的临时任务打断。没有人真的想开会，大家只想专注于手头工作，渐渐地，有些人干脆不来了。当拥有有效信息的人没有参与讨论、给出意见时，往往会导致会议决策质量低下，糟糕的决策进一步引发了大家的不满，形成了恶性循环。贾尼丝绞尽脑汁，想让计划会开得稍微轻松一些，还带来一些解压玩具给大家玩。然而，这样的缓解实在是微不足道，并没有起到什么实质性作用。贾尼丝自己也开始害怕这些会议，甚至开始失眠，并为下次迭代计划会如何开展而感到焦虑和担忧。

Posit Science 的情况悄悄地变化着。可以说，他们再次处于一个"全球变暖"的状态。情况缓慢升温，身处其中的人很难从日常中注意到这些变化，但如果从更长的时间跨度来看，恶化趋势其实很明显。随着资金消耗，投资人要求他们推出成功的创收产品，业务压力不断增加。公司环境变得更加复杂，大家都有很强的紧迫感，业务想抓住每一个可能带来收入或投资的机会，乃至每 3 周进行一次规划的频率已无法满足他们。在这样的环境下，Scrum 工作流成功的条件已不复存在。

由于紧急事项加塞，太多工作被阻塞，严重增加了开发人员的并行工作量。需求交付时间越来越长，发布日期变得越来越难以预测。开发人员筋疲力尽，劳累过度，而公司内部的其他人却还觉得他们在偷懒。员工人际关系非常紧张。贾尼丝觉得，对开发人员懒惰和缺乏动力的指责是不公平的，也并非事实。她想帮助部门的开发人员，并认为自己在这件事上有直接责任。她组织了一些对话交流，以帮助了解问题出在哪里，从而找到改善办法，同时调研其他软件研发组织是否也遇到了类似问题。她竭尽所能地寻找解决方案。她发现，公司从敏捷项目管理软件供应商那里聘请的顾问和教练并没有提供什么帮助，反而责怪开发人员缺乏纪律，没有严格遵循 Scrum 的规则。顾问认为，如果 Scrum 应用得当，就不会有问题，Scrum 方法论是不会失败的，如果事情进展不顺利，那只能是人的问题。

贾尼丝对外部顾问的说法非常不满，甚至感觉受到了侮辱。这是一个由成功的职业游戏开发人员和博士级别的神经科学家组成的团队，他们在职业生涯中取得这样的成就，难道不需要纪律吗？而且，既然他们都能够延缓大脑老化，难道还读不懂 Scrum 指南这种简单的规定性流程吗？贾尼丝知道这些人有多聪明，为产品奉献了多少，有多么积极主动地利用自己的知识和经验来帮助人们增强脑力。他们并不懒惰，也并非不配合。可令人震惊的是，他们花钱请来的顾问对他们如此不尊重。

贾尼丝从顾问那里听到的指导源自 Scrum 的联合创始人肯·施瓦伯的说法："Scrum 是为特定环境而设计的。你的工作是创造这个环境，然后让 Scrum 为你服务。"

这个说法正说明了 Scrum 与看板方法截然相反的一面，**看板方法提倡"从现有做法开始"，而 Scrum 要求你改变环境来让工作方法落地，它更关注方法论本身，忽略外部实际情况**。从开发人员的角度来看："因为我感到超负荷，并被周围的混乱情况所扰，所以周围一切必须改变，好让我在没有干扰的情况下高质量地完成工作。"

看板方法拥抱当下，允许工作方式在环境中不断演进、调整和优化；Scrum 则要求你改变环境。对于 Posit Science 来说，他们似乎无法控制环境、市场或自身财务状况，资金快要耗光了，他们迫切地想要维持公司愿景，尽一切可能生存下去。

一年前，Posit Science 能够成功推行 Scrum 的原因，是当时的环境还没有那么混乱和复杂。在只开发单一产品且资金充足的情况下，一切相对简单，引入 3 周的迭代周期，以及规划适合这 3 周的小批量工作是可行的。随着时间的推移和规模的扩大，有了更多的产品、更多的客户和更多的利益相关方，以及愈发庞大的待办列表，同时由于投资人的注资消耗殆尽，对收入和商机的渴求导致公司压力越来越大，Scrum 开始出现问题。这不是某个人的过错，不是团队缺乏纪律，也不是无法创造让 Scrum 成功运行的环境的问题。直至今日，认为 Posit Science 可以通过改变环境来解决问题，只是一厢情愿。"如果我们的投资人财力更雄厚、资本更充裕，那么就能用好 Scrum。""如果新的商机不那么频繁出现和难以预测，不需要在客户方便的时间安排概念验证和演示，那么就能用好 Scrum。"看板方法不存在一厢情愿，如果你发现自己在说："如果……"，说明你已经偏离了务实的道路。

贾尼丝继续寻找可以帮助开发人员的方法。几个月来，她利用所有的空闲时间来旁听网络研讨会，阅读博客文章，并与该领域的优秀人士进行讨论，每天在上下班的路上听各种播客。

有一天，她偶然发现了一篇博客文章，里面描述的情况和 Posit Science 面临的境遇很像。作者在这篇文章中解释说，为了解决他们的问题，他们放弃了 Scrum 的一个基础实践，不再以 2 周为周期进行迭代。尽管敏捷顾问曾警告他们这样做会导致绩效下降，可这一改变对他们确有助益。之所以这样做，源于一篇介绍 2008 年多伦多敏捷大会上科里·拉扎斯的演讲报告的博客文章，作者从拉扎斯的演讲中意识到，如果 Scrum 在特定情况下不适用，看板方法或许是实现敏捷的另一个途径。通过这两篇博客文章，贾尼丝对看板方法产生了兴趣，尤其是其中提到的限制 WIP，贾尼丝认为这似乎是一个简单而强大的概念。

了解了这个观点，并知道问题不在于开发人员，而在于他们的工作方法后，贾尼丝对此着迷。于是，她决定采取行动，提出让 Posit Science 转变工作方式并引入看板方法的建议。

用看板方法分析可改进的空间

贾尼丝原本以为她的同事会欣然接受所有的改进，令她惊讶的是，他们拒绝了。也许是因为 Scrum 已经成为他们身份认同的一部分？在过去的两年里，外部教练持续对他们灌输 Scrum 的规则和实践，Scrum 也在旧金山湾区广泛流行开来，来自同行的压力使他们希望自己被视为 Scrum 运动的一部分。与此同时，由于 Scrum 推行不顺利，他们受到了一些批评、贬低和嘲笑，并为自己缺乏纪律而感到内疚。大家都不想被当作半途而废之人，转而采用别的方法还可能影响专业领域内的社交。总而言之，Scrum 必须保持不变。

在贾尼丝看来，虽然 Scrum 在早期应用得很好，但情况已经发生了变化，Scrum 的策略和实践实际上正在伤害开发人员。然而，他们拒绝改进，改变似乎比忍受目前的处境更让人痛苦。贾尼丝有些惊讶，只能继续阅读她能找到的所有资料，试图更好地理解看板方法。

这时，她开始注意到初期看板文献中描述的一些问题。在每日团队会议上，开发人员在一个迭代中几乎同时处理着所有的事情，存在明显的多任务并行现象，个人负担明显过重。直到阅读到关于限制 WIP 的文章后，贾尼丝才意识到这种情况存在很大问题。但即使她看到了问题、找到了解决方案，却没法做出改变，因为开发团队不想偏离 Scrum。

贾尼丝认为 Scrum 框架中并没有任何关于限制 WIP 的内容。她从未听说过这个概念，公司聘请的专业外部教练也从未提到过。要在 Scrum 中找到相关理论，必须深入研究文献，才能找到 Scrum 的另一位共同创始人杰夫·萨瑟兰（Jeff Sutherland）早期提出的有关专注的建议，即团队成员应该集中注意力，不要同时启动太多任务。然而，这个指导并未明确规定限制 WIP 的数量，也没有涉及限制 WIP 的概念。它只是个一般性的指导，措辞较为宽泛，暗示个人不应主动让自己超负荷。在 2008 年，很少有人知道 Scrum 也提倡专注，更不用说找教练来教授这种实践。

贾尼丝没有放弃。她继续播种变革和改进的种子，等待团队成员做好改变的准备。最终，戴维·霍夫曼介入了，他也认同需要变革，并愿意领导开发部门做出改变。有时，人们需要一些他人的力量来帮助自己。霍夫曼愿意试一试，引入看板方法。

尽管如此，团队成员仍然存在一些抵触和恐惧情绪。开发人员反对全面实施看板方法，抵触利用看板（信号）系统在个人工作有余裕时拉取工作。贾尼丝不得不退一步，缩小变革范围。2008 年 10 月，她只实施了 3 个简单但重要的改变：第一，扩展他们的可视化看板范围，覆盖上游的需求分析；第二，引入个人工作 WIP 限制；第三，放弃肯·施瓦伯那种估算每个需求工时的方法，改用一个更简单的系统，只要求用 "T 恤尺码" 的超小号到超大号来表示需求大小，也就是将需求分为 XS、S、M、L 和 XL。大家达成一致，个人同时处理的任务不应超过 3 个，即个人的 WIP 限制为 3 个。他们将团队成员的照片安装在磁铁上，借助这一小头像在看板展示板上进行可视化。每个人都有 3 个头像，这些头像被放在他们正在进行的任务卡片旁边。如此一来，大家都能看到每个人在做什么，谁和谁有合作关系，以及哪些工作在等待排期。

实践上的变化在图 7-1 中进行了总结，图 7-2 则展示了扩展后的新看板。

图 7-1　Posit Science 实施的 Scrum 改进实践

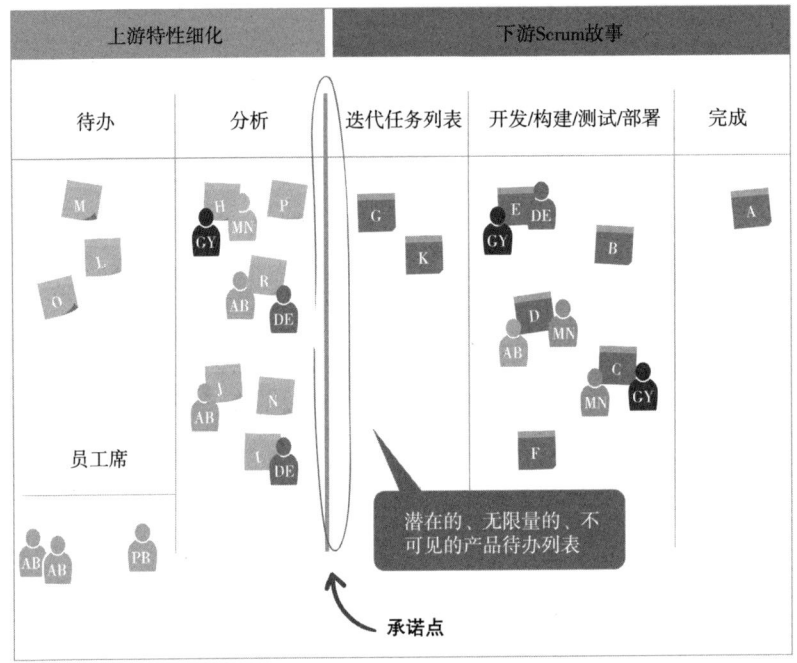

图 7-2　Posit Science 扩展后的可视化看板展示板

在扩展的看板展示板上，Scrum 过程显示在右侧，也就是下游，而上游的用户需求分析显示在左侧，如此将一个功能需求转换为一组用户故事。卡片从左向右流动。每隔 3 周一次的迭代计划活动，是开发的承诺点，选入迭代的故事都是有承诺的，而产品待办列表则包含了潜在的、无限量的、未承诺的用户故事。产品待办列表未展示在看板展示板上，而是存储在软件工具中。

可视化的呈现方式揭示了一些之前可能没有透明化的重要细节：在"分析"栏中细化需求的人实际上也是执行开发工作的人。因此，团队开发人员并行处理着多项任务，包括估算、计划、承诺的开发工作，以及尚未计划的上游需求分析工作。在 Posit Science，需求分析没有计划、不受约束，往往扰乱开发人员的工作。他们无法按时交付的部分原因，就是被计划外的需求分析工作分散了精力。

一般而言，我们绝不希望看到工作人员在承诺点之间来回切换，同时处理已计划、已承诺的工作以及未计划、未承诺的备选需求，尤其是在对交付日期已经做出了具体承诺的情况下。

因此，我们已发现 Posit Science 可进一步改进的空间，问题是开发人员还没做好准备。也许每天站在这个看板展示板前，能帮助他们看到我们已发现的问题？时间会证明一切。作为看板教练，贾尼丝现在必须耐心等待。

改变估算方法是为了摆脱不必要的精确度。精确估算给大家带来很大的痛苦，且其准确性总是受到质疑。"T恤尺码估算法"可以提供一个需求大小的大致概念，对不熟悉软件开发的相关人员来说更好理解。不那么精确的估算当然更简单和快捷，并且往往更容易达成共识，大家也希望这样做能更准确，让开发能够兑现承诺。贾尼丝强调，唯一重要的衡量指标是"我们是否按照承诺完成了交付？"兑现承诺会影响大脑中的催产素水平，而催产素是与信任及其他一些情感，比如爱，有关的脑化学物质。贾尼丝希望借用神经科学的语言与神经科学家同事交流，让他们更好理解并采取行动。整个部门都明白，当承诺的交付实现时，受托人和信任方的脑下丘都会产生催产素，每个完成交付的迭代都将改善利益相关者和开发人员之间的关系。

如图 7-3 所示，2008 年 10 月 Posit Science 所实施的并不是一个真正的看板系统。工作流中未设置 WIP 限制，整个系统也没有解决超负荷的问题。工作可以无限制地增加，在迭代周期内对多任务处理的数量也并未有限制。同样，工作可能会在启动后又被搁置一段时间。迭代任务列表只由规划限制，其有效性取决于估算过程的准确性。虽然他们的看板有延迟承诺和拉取机制，但其作用于在不超过 3 周时间内完成的一批量工作，真正的看板系统则作用于单个需求，即一个看板信号，用看板展示板上的一张卡片空位表示。

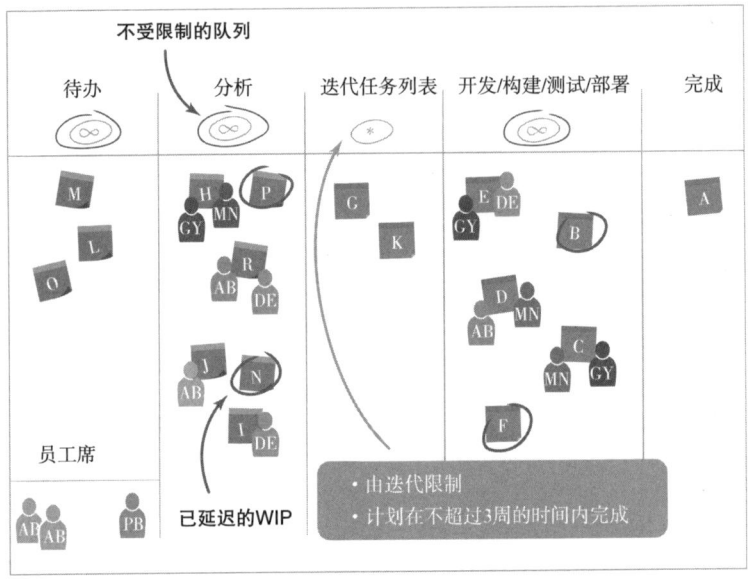

图 7-3　保护个人免受超负荷的影响并不能避免工作流超负荷

低成熟度组织的原型看板

部分实施看板的变体以及其他类似的实践被称为"原型看板"（proto-Kanban）。这一术语由软件工程学者理查德·特纳（Richard Turner）提出，他曾在史蒂文斯理工学院任教。"原型"意味着它是进化的前身。这些实践之所以被称为原型看板，是因为出现了类似 Posit Science 这样的情况。Posit Science 一开始实施的是不完整的看板系统，然后再逐步演变成一个完整且合适的实践。这些不完整的实践实际上是演进过程中的过渡阶段，是演进过程的积极组成部分。因此，这不仅仅是一个 Scrumban 的故事，也是一个原型看板的故事。

"原型看板"这一术语在看板教练社群中已基本不再使用，现在被称为"低成熟度实施模式"，或直接被称为"低成熟度看板"。这一变化是在 2018 年看板成熟度模型出现之后产生的。我和特奥多拉·博热瓦（Teodora Bozheva）一起证明了看板的实施模式与组织的成熟度水平相关。实施原型看板通常是低成熟度组织的典型特征。如果这些实施模式演进为完整的看板实践，表明组织及其管理能力变得更加成熟，并对他们的流程和看板提出了更高的要求。如果实施模式没有变得成熟、没有进一步演进，只是停滞不前，则表明组织及其管理能力未能走向成熟。这种组织固执地停滞在低成熟度运作模式中的情况，现被公认是看板实施中最常见的两种失败模式之一。

Poist Science 的故事，也是最早有记录的使用个人工作 WIP 限制的实例之一，并且该工作流涉及规模比较大，有 20 多人。在 2008 年秋季，这种做法仅与刚刚形成的个人看板（Personal Kanban）概念相关联，当时该概念还尚未被规范化或书面化。

- 看板方法拥抱当下，允许工作方式在环境中不断演进、调整和优化。Scrum 则要求你改变环境。

- 当 Scrum 在复杂环境中开始崩溃时，问题不一定出在员工身上，也可能是这种方法本身已不再是合适的选择。

- 原型看板意味着演进，随着时间的推移，浅层次、部分的看板实践往往会发展为完整的实践。原型看板这个词语在看板教练社群中已经不再使用。

- 原型看板代表着看板的低成熟度实施模式，与看板成熟度模型的 1 级和 2 级水平相关。

第 8 章

定性风险分析方法，
企业成功采用看板的关键

在第 7 章中描述的商业问题并没有消失。在财务压力下，政治问题在 Posit Science 内部开始凸显，不同派系对公司应该如何发展持不同意见。他们面临的市场化压力很大，公司想要通过互联网方式实现产品访问，即通过访问一个网页或 Web 应用程序来使用该软件，而不是像现在一样，必须访问安装在用户计算机本地的应用程序。Posit Science 当前的主要业务仍然是生产包含本地应用程序的实体游戏光盘，通过分销和零售渠道发货运输。

用户体验到的精确度和速度对于游戏的临床效果很重要。但数据完整性同样至关重要，丢失数据或者混淆用户之间的数据，都将大大降低游戏的临床价值。这些电脑游戏就像开的药方一样："每天玩 15 分钟游戏，你的周边视觉（peripheral vision）[①] 就会得到改善。"这些游戏需要被同时当作医疗设备和药

---

① 发生在注视点周边的视觉。——译者注

物。Posit Science 的工作人员作为科学家，做的是严肃游戏，不是娱乐消遣。

Lumosity 如今是一个广为人知的品牌，大家可能对它很熟悉。他们在市场营销上投入了大量资源，尤其在电视广告方面。Lumosity 制作的也是脑力锻炼游戏，与 Posit Science 是同行。进入 21 世纪第一个 10 年的后半段，Lumosity 取得了不错的进展，而 Posit Science 却在为市场认可和营收而苦苦挣扎，实现类似 Lumosity 的领先地位的压力很大。然而，如果你稍微停下来，仔细浏览 Lumosity 的广告或网站，就会意识到他们对产品的有效性没有作出任何医学声明。Lumosity 并不像 Posit Science 那样坚持临床、医疗级的标准。当不受同样的监管制度约束时，开发一个价格实惠的消费者产品便容易得多了。毫无疑问，Lumosity 聘请了大脑可塑性领域的科学家，其产品也基于科学原理和良好的意图，而他们能够节省成本并加速产品上市的原因，可能是在某些非功能质量方面做了取舍，比如精确的操作时间和上市前的临床测试，这些正是 Posit Science 不愿妥协的地方。

Posit Science 坚持科学家的身份，公司的愿景和使命是制造医疗级别的产品，以逆转衰老的影响，修复因交通事故或战斗中受伤等创伤性伤害所造成的损伤。Lumosity 则对自己有不同定位，打个比方，他们更像是从事药膳业务，而不是处方药业务。虽然他们也采用了科学理念，但似乎并不追求稳健的临床结果。如果两家产品同在药店出售，Posit Science 的产品可能是柜台发售药，甚至是处方药，而 Lumosity 的产品则可作为常规商品随取随买。Lumosity 愿意妥协并开发了一个网络平台，这使他们能够触达更多用户，并从这些网络用户身上收集丰富的信息。因此，它的财务状况和估值要好得多。

环境的变化刺激进一步变革

Posit Science 的新游戏套件 InSight，就像早期的"大脑健康计划"一样，以只读存储光盘的形式发布，价格也相近。许多人认为，这个定价对其目标客户来说偏贵，这可能会逐渐演变为一个严重的问题。

贾尼丝继续专注于开发人员。对于她来说，能实施一个基本的原型看板系统已经是一次小胜利，并且她看到情况已有所改善。开发人员更加专注，对能否实现承诺的焦虑减轻了。虽然他们感到工作负担有所减轻，并且享受到了每人 3 个 WIP 限制带来的好处，但这些变化并没有缓解按期交付整个项目的大问题。工作流不可预测，且仍然有太多的工作，其中包括一部分计划外的内容（主要是对当前情况做出的反应），团队依旧很难应付。贾尼丝意识到，她最大的价值是帮助开发人员认识到真正影响他们绩效的因素是什么。如果他们能看到并感受到这些影响因素，也许就会有动力逐步实施更多改变。这也是她最初喜欢看板方法的原因，它的演进本质似乎与人类行为的本质相契合。

她帮助开发人员的其中一种方式是在回顾会议中不断询问他们的感受，让其在一个安全的环境中表达他们的沮丧。她开始改变他们的用词，引入诸如"WIP""服务等级""延迟成本"等术语。有了更好的词汇表达困扰，或许能使他们找到新的改进方法。

但是，团队在确定工作优先级方面仍然存在问题。询问业务的优先级并没有帮助，因为一切都是高优先级。当优先级因为某个临时紧急任务而发生改变时，开发人员只能无奈接受，进而承担了越来越多的工作。虽然他们各自只在 3 个 WIP 之间进行多任务处理，但整个工作流却被已承诺的工作填满。图 7-3 展示的问题的确真实存在。几个月后，他们开始意识到，如果想要提高到客户期望的产能水平，就必须解决整个系统过度负荷的问题。

需求的来源之一是高层的战术决策。过去不太关注的定价模型，现在成了开发团队面临的直接问题。市场竞争的压力空前增大，为了吸引潜在的客户和投资者，Posit Science 的高层提出了许多一次性演示和功能增强的需求，其中大部分都必须在短期内完成并展示。非计划内的紧急工作抢占了正在进行的已承诺工作。这种响应性、机会性的业务需求很少能够等待 3 周或更长时间来按迭代计划排期。公司需要尽其所能地获取业务，没有人能够拒绝这些需求。在这种情况下，规划、估算和严格的时间盒变得越来越多余和不必要。他们违反了 Scrum 的规则：将紧急和关键事项添加到已有的迭代承诺中。这些工作既没有作为迭代的一部分进行规划，也没有在迭代结束时交付，而是在客户需要时被加急完成。虽然在过去的 3 年中，他们对 Scrum 产生了深厚的情感依恋，乃至其成为他们身份的一部分，但越来越多的人意识到，这些规则并没有满足他们的需求。Scrum 并不是他们成功的决定性因素。

2009 年初，Posit Science 已经准备好接受进一步变革。霍夫曼询问贾尼丝是否还有更多举措可以实施。当然，答案是肯定的。于是她开始促进团队采用更好的流程进行合作，这个流程不仅仅是受看板方法的启发，而是直接建立在看板方法之上。

关于优先级、紧迫性和影响的新见解

Posit Science 正在积极开发其第三款产品 DriveSharp，里面包含 3 款游戏。通过对老年人的研究，他们的神经科学家意识到这个群体面临的最大问题之一是驾驶能力下降，主要由两个因素造成：周边视觉衰退，以及在更复杂的驾驶环境中无法快速反应。驾驶一直与独立生活相关，对于婴儿潮一代来说，拥有一辆车、能随时随地自由出行是他们非常看重的事情。不能驾驶意味着失去独立性并依赖他人，这是一个核心的身份认同问题。对于极度独立的人来说，放弃这一点非常痛苦。一个能让人们在退休后继续驾驶汽车的产品，可以保护宝贵的独立性，必然会在市场上获得成功。Posit Science 旨在通过 DriveSharp 的 3 款游戏，为这代婴儿潮人群延续独立和自由。这一次，市场推广渠道将与汽车保险公司合作，提供"注册游戏即可获得保险折扣"的优惠。哪个老年人不喜欢折扣呢？这个产品必将大获成功。因此，开发团队需要立即将重心放在这个产品上，并迅速完成交付。

然而，事情进展并不顺利，开发团队与利益相关方持续沟通不畅。业务方在提需求时不会考虑他们有多忙或者其他利益相关者的要求。团队来者不拒，结果大部分都无法按期完成，这让人非常痛苦，整个过程也破坏了公司内部的人际关系。必须使用一种更好的方式，而不是一味地答应所有需求，并且让每个人都以为自己的需求是最重要的。对话需要转向理解业务风险，这将促进对需求的紧迫性和影响的讨论，从而使大家能够更好地了解该何时开始新的工作。

尽管长期目标是建立一个更成熟的组织，满足客户期望和业务目标，但贾尼丝必须从小而现实的计划开始。她聚焦于大家在回顾会议上提出的问题，仔细研究自己的笔记，列出了不满的来源，打算逐一解决这些问题。

团队反复抱怨的一个问题是碎片化。优先级不断变化，意味着开发人员经常被打断，并被拉向不同的方向。这导致他们无法集中精力，按时高质量地完成工作。团队的满意度很低，也几乎没有成就感。贾尼丝知道这是大家非常关注的问题，所以她提出通过"平滑流动"防止中断和方向变更，以缓解他们的抱怨。

贾尼丝直击大家的情绪痛点：碎片化工作带来的持续干扰、低成就感，可能会导致自尊心下降、挫败感，以及对工作缺乏自豪感。当她提出新的看板系统作为解决方案时，将其包装成了一个新的"流"系统，并没有直接使用"看板"这个词。因为开发人员都习惯了 Scrum 方法，所以要避免引起他们的反感。好的教练总是人性化的，对个体具有同理心。贾尼丝采用的方式有时被称为"看板搏击俱乐部"，因为"搏击俱乐部的第一条规则是永远不要谈论搏击俱乐部"。[①] 如果提到看板方法可能会引发抵触情绪，那就不要提。直接用你的提案解决情绪痛点，并继续推进。

---

① 引自根据同名小说改编的美国经典电影《搏击俱乐部》(*Fight Club*)。电影主演之一的爱德华·诺顿（Edward Norton）曾表示，这部电影探讨了作为第一代在电视文化中成长起来的 X 世代所面临的价值冲突。——译者注

她必须限制整个系统中的 WIP，而不仅仅是限制个人的。开发团队已经做好了改变的准备。经过对看板展示板几个月的观察，并看到限制 WIP 的因果关系后，他们已经理解了必须这么做的原因及其带来的好处。通过适当的 WIP 限制，贾尼丝可以在开发和测试之间建立平衡，让他们同样忙碌但不至于过度负荷。工作将会更顺畅。

她坐下来与包括业务方在内的所有相关人员讨论变革举措，她需要大家的认同和共识才能继续推进。这些改变对很多人来说是反直觉的，尤其对那些经验丰富的人而言。贾尼丝或许是幸运的，整个组织都了解大脑的功能、可塑性以及人类对变化的应对方式，大家愿意跟随一条感觉不太对但又符合逻辑的道路：他们负责感官知觉和模式匹配能力的大脑边缘系统在表达反对意见，而负责逻辑推理能力的前额皮质则认可这个提议的分析和逻辑。

下一步需要解决的是计划和优先级的功能失调。她需要在优选、排序和排期工作的过程中引入一些协作机制。

与此同时，我正在撰写"小蓝书"，并试图定义服务等级。这些服务等级最早出现在 2007 年 Corbis 的看板方法实施中，主要通过识别工作项的延迟成本的性质，从而选择其适用的服务等级。根据经验可以总结出 4 个服务等级，我分别命名为：紧急、固定日期、标准和难以预测。贾尼丝请我为她提供建议，帮助 Posit Science 制订过渡计划。因此，Posit Science 是首个接触到全新的、未发表的材料，并看到延迟成本函数图及与服务等级关联关系的组织，详见图 8-1。

这个概念很简单：**让业务方描述给定功能随着时间推移的影响，这将有助于确定需求的紧急程度，促进排期，以及承诺后所需的服务等级。** 贾尼丝向相关人员介绍了这个概念，并要求他们选择与其需求相关的业务风险最匹配的延迟成本函数。这个方法效果极佳，可能是贾尼丝在 Posit Science 引入的所有新方法中最容易被接受的一个。它很快被制度化，多年后仍然用于风险评估，以及优选和排期工作。

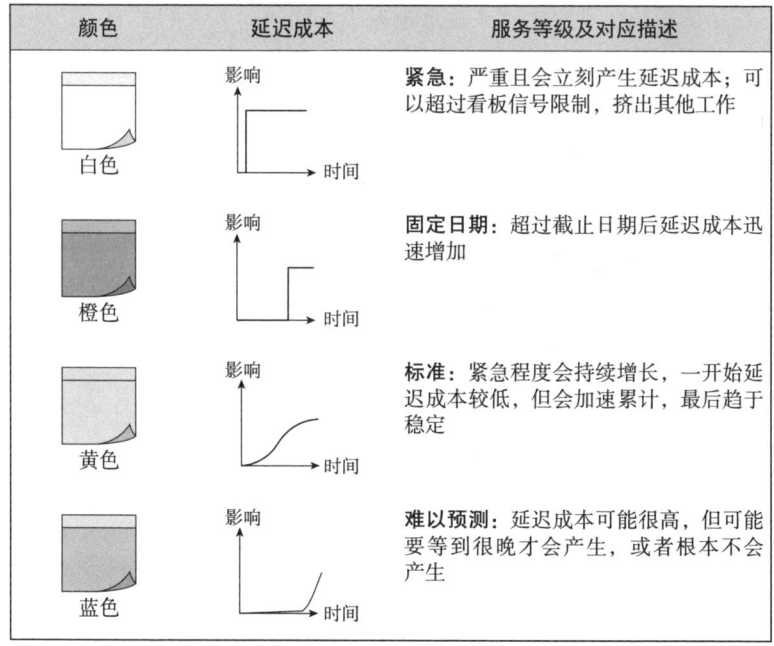

图 8-1 延迟成本函数与服务等级映射示意图

如图 8-1 所示，纵轴是"影响"，这是一个抽象概念，主要是为了帮助大家以不同的方式评估与时间相关的"成本"，比如，无法获得收入的机会成本、已发生的运营费用、随时间增加的订阅者数量，以及对诸如客户满意度、品牌价值、市场份额、投资者信心等无形资产的影响等。

虽然这些年来这组图被进一步扩展，但图 8-1 所示的形式仍然是最简单且可能是最有效的方式，即用定性的方法将延迟成本和看板系统中卡片的服务等级联系起来。虽然后来出现了定量技术，我也在看板大学（Kanban University）[①] 的企业服务规划培训课程中介绍了定量技术，但这些定量技术确实更难理解。想要应用它们，需要收集一些难以获取的输入数据，使用软件运行卷积算法来建立"延迟启动的可能成本"函数，再从其导数得到紧急程度的定量值。因此，对延迟成本进行定量评估仍然处于学术探索范畴。而应用上述

---

① 原精益看板大学公司（Lean Kanban University Incorporated）。

示意图所示的简单定性方法，来显示延迟成本随时间变化的影响，已被证明非常有用且易于采纳。示意图定性方法能在过去 10 多年里一直盛行，表明了其有效性和稳健性。2018 年对定量数据的数学分析表明，草图中最初的 4 条曲线确实能映射到实际观察到的数学函数中，并准确反映了延迟风险。因此，原始 4 条曲线草图的稳健性并非偶然，我们现在还有了数学证明。关于这一数学证明的详细研究超出了本章范围，但在我所教授的企业服务规划课程中有涉及相关内容。

除了延迟成本，管理团队还接受了另一种简单的定性风险评估分类法的培训，这种方法描述了具体特性或功能在市场中的定位。这些定位包括以下几方面。

- 基本特性：客户期望的基础特性，不可缺失。
- 成本降低特性：能在开发、生产或现场服务中为 Posit Science 节省成本的特性。
- 监管要求特性：由监管机构要求，受法规变化影响的特性，不可缺失。
- 扰局类特性：也被称为"迎头赶上"或"中和"特性，这些特性复制了竞争对手的差异化特性。
- 差异化特性：市场独有的新特性。

虽然这种分类法对经过商学院培训的 Posit Science 高层团队来说很有道理，但他们还是拒绝了。他们认为这个方法显然适用于更成熟、有稳定竞争者、客户期望明确的市场，而 Posit Science 处于新兴市场。虽然存在像 Lumosity 这样的其他大脑可塑性公司，但二者并没有直接竞争关系。因此使用这种分类法几乎没有任何价值，知道某些功能是基本功能还是差异化功能并不会影响他们的决策。所以我提出了一个挑战，让他们自己想出一个更好、更贴合他们业务和市场的分类方法。在 15 分钟的短暂讨论后，他们提出了自己的分类法，非常简单：

- 现有市场
- 新兴市场

他们认识到需要通过调整公司的资源配置来对冲风险。他们需要优化和发展现有产品，进一步扩大和深化市场影响力，同时还需要继续将更多的基础科学研究商业化，以探索全新市场和市场的细分领域。

我进一步向他们发起挑战。又一次短暂的讨论之后，这次或许仅用了 5 分钟，大家就达成了共识，应该按 6：4 的比例分配资源。即在他们的看板系统中，应该有 60% 的特性用于现有市场开发，40% 用于研究的商业化和新产品的推出。

因此，他们引入了两种非常简单的方法来促进规划和确定优先级：一是使用延迟成本对需求进行分类，并延迟交付承诺，也就是等到任务变得太紧急之前的"最后负责时刻"再承诺，同时使用适当的服务等级促进任务的流动和交付；二是通过产能分配来确保两种类型产品的合理搭配，对产品组合风险进行管理。

此前，业务方对限制 WIP 数量和推迟交付承诺感到焦虑。现在，有了更好的风险评估方法和新的语言来讨论比较业务风险，他们对看板系统的引入感到满意。自 2010 年以来，定性风险评估方法已被认为是促进看板成功实施的重要因素，属于看板成熟度模型中的中级水平（3 级和 4 级）。

Posit Science 在实施过程中还遇到了一个阻碍：开发人员对服务等级的命名提出了异议，特别是"难以预测"服务等级。实际情况显示，几乎所有可能被归为难以预测服务等级的工作都是由开发团队提出的。主要是系统架构、代码维护和系统基础设施等方面的工作。他们反对将自己的工作标记为具有"难以预测"的价值，担心这些工作永远不会被选中。

作为对他们反对意见的回应，贾尼丝进行了一些协商：将补充缓冲区 10 个槽位（称为"前十待办项"）中的 2 个留给"难以预测"等级的工作项；此外，这些服务等级将被重新命名。

2009 年，我被当时正担任英国广播公司（BBC）网站首席架构师的朱利安·埃弗里特（Julian Everett）说服：延迟成本可以模拟为一个线性函数。在与业务方的讨论中，埃弗里特会让他们为一个功能确定一个业务价值，这样的功能可能是即将推出的新一季《神秘博士》（Doctor Who）的网页，然后用一个置信水平来调整这个业务价值的数字。BBC 的网站通过广告获利，因此预期广告展示次数是确定业务价值的指标。如果业务方认为新的网页将在一年内产生 120 万次浏览量，便由此产生相应的广告展示次数，但对这个数字只有大约 75% 的信心，那么埃弗里特会将 120 万调整为 90 万，并计算一个月均值，从而创建一个线性回归模型来表示价值。按照他的经验，页面浏览量是否真的平稳增长并线性累计并不重要。在为同一网页开发团队选择不同机会时，他发现线性函数已经足够好用。鉴于埃弗里特拥有实战经验，我基于他的报告，为 Posit Science 提供了一个最初的标准服务等级线性上升图。

神经科学博士立刻聪明地反驳了这一观点，他们认为典型的延迟成本函数是"加速"的，并且最终会像 S 曲线一样趋于平缓。讽刺的是，我的早期指导建议就是这样的，但埃弗里特的经验表明线性线条已经足够好用且简单，而且将延迟成本视为恒定速率很吸引人。然而，Posit Science 的团队并不认同这一点，事实上，他们的直觉是对的。也许在埃弗里特所处的网站功能比较评估领域中，这种做法确实是有意义的，但经过一段时间后，我确信这并不适用于普遍情况。

标准服务等级更名为"加速"（Accelerating），并使用了类似图 8-2 中的 S 形曲线图。这意味着第三个等级不再使用"标准"（Standard）一词。同时，由于开发团队对"难以预测"这个词从情感上比较排斥，因此最低的服务等级被命名为"标准"级别，作为对 Posit Science 的独特定制。

第 8 章 定性风险分析方法，企业成功采用看板的关键　129

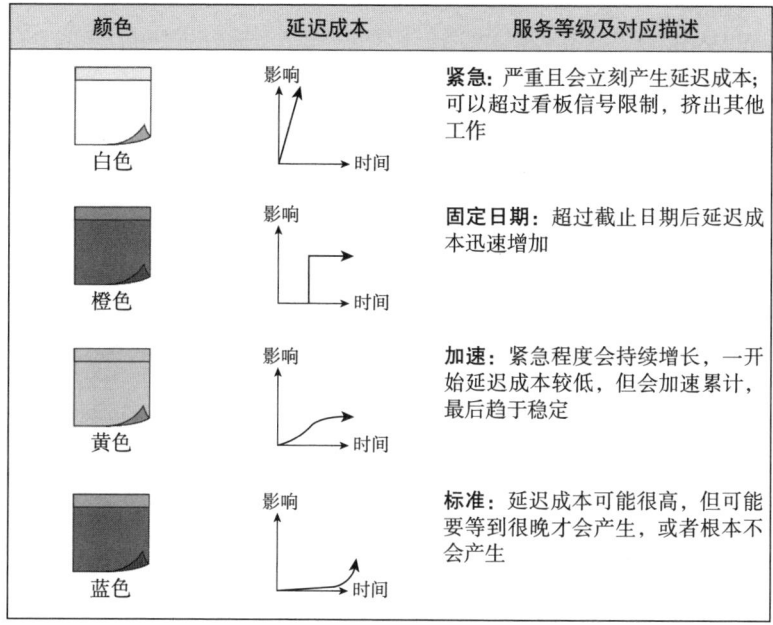

图 8-2　Posit Science 的服务等级示意图

每个变革推动者，每位看板教练，都应该预料到在初步设计阶段会遇到一定阻力。就像贾尼丝一样，他们应该准备好在初期退一步，实施一些浅层的变革方案，比如原型看板。然后保持耐心，等待所有参与者吸收内化这些内容，并逐步建立动力来实施全面变革。同样，如果在服务等级命名这种小细节上遇到阻力，准备好进行协商并做出调整。如果你的前进之路上有个石头，准备好绕过它。本书旨在为你提供建议和指导，而不是规定。在看板方法中，你有自由来定制和发展自己独特的工作流解决方案。拥抱这种自由，不要受限于这些纸页上的文字。

- 为了获得对 WIP 限制和看板拉取系统的认可，有必要为业务方提供用新的业务风险评估方法，让他们理解如何选择工作，怎样排定优先级，以及何时安排。

- 定性风险分析方法是企业成功采用看板的关键。

- 为了获得认可并推进变革，准备好在看板系统设计的一些小细节上进行协商和调整，比如更改服务等级的命名。

第 9 章

流动系统，看板系统设计与看板方法实施

"我们刚刚结束了最后一个迭代①，并切换到了流式开发。"贾尼丝在她的推特上宣布，她已经开始在 Posit Science 推行新的流动研发系统。这种变化给他们带来了明显的放松，那种痛苦的固定时间盒冲刺已经成为历史。正如她所知的那样，在 Posit Science 的实际情况下，将工作限制在 3 周的时间盒内并没有意义。不管对于业务方还是交付方，3 周时间盒都没有帮助，反而让大家感到很痛苦，转换到按需流动系统更好地满足了所有人的需求。

---

① 敏捷软件开发社区通常将团队特定的研发活动时间段称为"迭代"（iterations）。然而，这个称呼其实不准确，因为这些研发活动很少具有真正迭代的性质，并不像画家对其画作一样，进行反复润色和改进。相反，敏捷软件开发工作更多是渐进式的，每个"迭代"都是在完成整体中的一小部分。"迭代"在 Scrum 方法论中与"冲刺"（sprint）被视为同义，但"迭代"被认为是更通用的敏捷术语，而不专属于 Scrum。

从原型看板到完整的看板系统

图 9-1 总结了 Posit Science 从 2008 年的原型看板到 2009 年引入完整看板系统所发生的变化。冲刺（迭代）被替换为一个按需流动系统，其中包含一个 21 天的 SLA。选择 21 天的 SLA，是为了与之前 3 周的迭代节奏相匹配。一方面可以鼓励将工作拆分成能在 3 周内完成的大小，另一方面在没有冲刺边界或明确交付承诺的情况下，SLA 可以消除耗时变长的担忧。

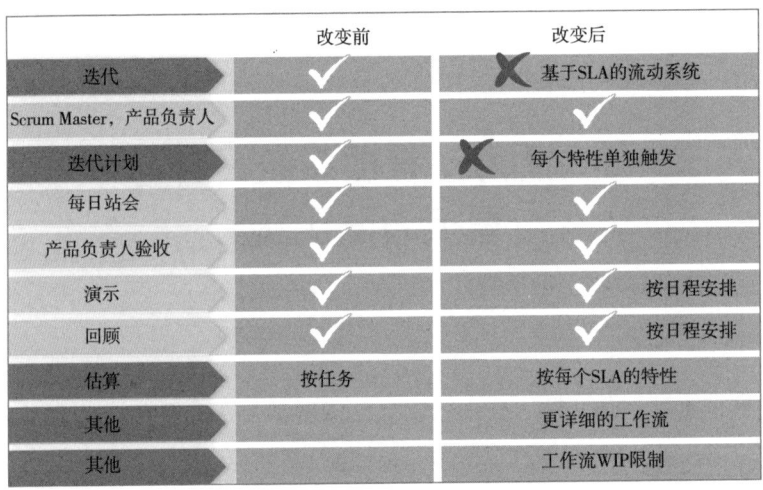

图 9-1 从 2008 年原型看板系统到 2009 年完整看板系统的变化总结

一个普遍流传的错误观念认为，如果缺乏像冲刺演示这样指定时间的交付承诺，会导致团队专注度下降、偷懒，让交付时间越来越长。实际上，从 10 多年来的看板使用经验来看，并没有这样的证据。为了阻止客户采用看板方法或现有客户转而采用其他研发管理方式，那些以 Scrum 培训和咨询谋生的人制造出了这种担忧。Posit Science 聘用了一家著名的敏捷软件开发供应商作为顾问和敏捷教练，这家供应商长期以来一直积极劝阻客户公司采用看板方法。讽刺的是，他们在自己的软件开发过程中却使用了看板系统，但他们的产品是为 Scrum 设计的，因此不希望客户使用看板方法。

Posit Science 有强烈的变革动力。顾问过去常提的"纪律性不足"与内部员工问题现已不能成为借口。顾问不再具有领导力，合同到期后也不会再续签。然而，他们所引发的担忧必须得到缓解。贾尼丝通过将 3 周的交付保证纳入 SLA 来解决这个问题。

除了 21 天的 SLA，他们在估算方式上也进行了进一步的改变。你可能还记得，他们最初采用的是非常精确的估算方法，通过猜测的方式来预估每个任务需要多少工时，这种方法是 Scrum 的创始人之一肯·施瓦伯在他书中所描述的。之前辅导 Posit Science 的咨询公司非常推崇这种估算方法。然而，这种精确估算实际上提供不了多少信息价值，准确率非常低。当他们引入原型看板系统后，便从精确估算转向了对用户故事进行"T 恤尺码"估算。如此便在需求体系的层级结构中上移了一级，因为故事通常包含了任务，分析工作量也因此减少，并且用户故事级别的估算方法更快捷。他们希望这样做能带来更高的准确性和更多的信息价值。一年后，他们几乎完全放弃了估算，并再次提升了层级，上升至特性级别。因此，在做出承诺和决定工作之前，不再需要先分析一次，将特性拆分为用户故事。现在，他们只需要在团队完成需求分析后，进行"赞成"或"反对"的投票，花几分钟时间讨论后建立一个置信水平。如果团队对于特性能够在 SLA 内完成有强烈的信心，就将其标记为可选取的任务。如果没有这种信心，便要求其业务方重新考虑需求，再次提交工单。

在看板方法中，Scrum Master 和产品负责人这两个 Scrum 中的关键角色没有改变。在采用看板方法后的最初阶段，不会设置新的职位、角色或职责，当然，也不会强加别的东西给大家。**角色和职位头衔是个人职业身份的关键要素。改变人们的角色、职位或显著改变其职责往往会遇到阻力，给人们带来恐惧。**至少在一开始，人们会担心能否胜任新角色或新职责。要缓解这种担忧，可以采用培训、辅导等手段，也要建立容忍失败的文化，从而为员工的试验和学习提供安全的氛围。然而，身份认同远不只是上任初期不胜任的恐惧，身份还是确定自我形象和建立自尊的手段，技能、能力和扮演的角色也是建立社会地位的关键要素。新的角色和职位头衔同时具有心理和社会效应，可以直接影响个体的自我认知和自我价值评价。有 70% ～ 80% 的人在就任新职位、担任新角色时，会存在疑虑和担忧。

看板方法是"从现有做法开始"的方法，要求你绕过障碍去推行变革。如果你在实施看板方法时，从给某人一个新的职位头衔开始，那便是在开始阶段就给自己设下了障碍。何必如此呢？不如让人们维持现有角色和职位头衔，直到他们做好自我认知转变的准备。Posit Science 的 3 个 Scrum 团队一次只交付一个特性。他们设定了严格的单一 WIP 限制。当团队需要开始交付一个新特性时，会根据需要触发填充会议。因为舍弃了 3 周迭代的做法，每 3 周召开一次的迭代计划会议也被取消了。这些可怕的、压力重重的会议，通常会有 17 名参会者，焦虑情绪弥漫全场。取消这些会议给团队带来了极大的解脱。

需求填充会议使用一个小看板展示板来进行，如图 9-2 所示。该看板分为 4 个区域：前十待办项、进行中、已完成和图例。

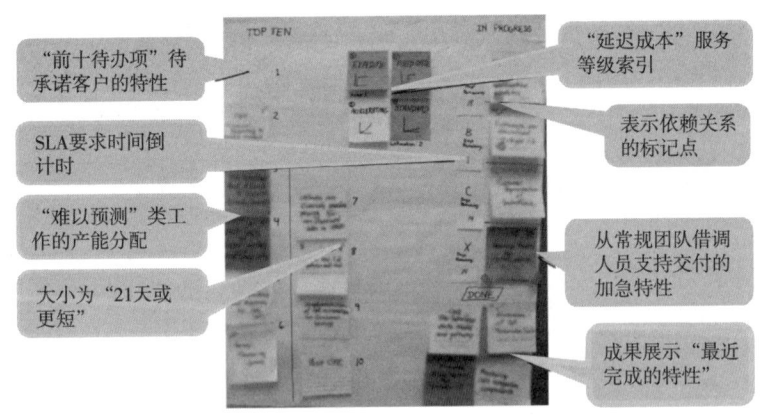

图 9-2　Posit Science 的需求填充会议看板展示板

"前十待办项"展示了输入队列。在本案例中，它是一个从 1 ～ 10 编好号的队列，然而，实际操作中并不一定严格按照优先级顺序从队列中拉取工作。由于 Posit Science 的业务性质，他们的员工存在多样化的专业分工，提出的需求差异也比较大。因此，他们的 3 个 Scrum 团队在技能组合上是不同的。当一个团队完成一个特性，并准备拉取另一个时，队列中的第一项可能并不适合他们。他们会逐个查找队列，直到找到与自己技能相匹配的第一个特性。因此，Posit Science 实施的基本上是先进先出输入队列，而不是微软和 Corbis 所实施的输入缓冲区，输入缓冲区在一些精益文献中有时被称为"超市"。

"前十待办项"中，为"难以预测"服务等级的工作分配了 2 个卡片位置。

"进行中"区域展示了 3 个 Scrum 团队正在进行中的特性，仅用 A、B 和 C 表示，没有具体的名称。这表明在整个部门的层面上建立了内部凝聚力，大家并没有在认知上将自己与所属的小团队进行强绑定。尽管已经实施了看板方法，将计划节奏、前置时间与交付进行了解耦，也取消了固定时间盒的冲刺，但这些团队仍然被称为 Scrum 团队。

团队字母下方的数字显示了他们 21 天的 SLA 已经过去的天数。图片显示了触发填充会议的原因：B 团队已经完成了一个特性，并且从"前十待办项"中拉取了第一项。第二项至第十项现在应该向上顺移一个位置，当前的会议将选择一个新的特性放入第十的位置。

正在进行中的特性也做了标注。彩色圆圈表示存在依赖关系，颜色相同则代表必须一起交付。小荧光标签表示有阻塞问题，并提示 SLA 达成可能存在风险。

"已完成"区域实际上是成果展示区，为最近完成的工作提供了一个展示空间，也有助于团队反思和获取成就感。"已完成"区域向业务方传达了"我们最近为您完成了什么"，展现了定期交付的价值。

"图例"区域显示了各级服务类型、卡片的颜色，与每个服务等级相关的延迟成本函数草图，以及与服务等级相关的产能分配或其他相关策略。在本场景中,"加急"项被限制为 1 个,而"难以预测"至少为 2 个。

该看板上似乎有第四个团队 X,但实际上它代表了"加急"泳道。并没有专门的团队负责加急需求。相反,具有"加急"等级的特性被允许突破 WIP 限制。然而,它并没有完全中断现有工作。公司将抽调一个跨职能团队来完成该需求,这些成员可能来自 3 个团队中的任何一个。只要团队里还有剩余的成员,就会继续完成手头上正在进行中的特性工作。

在看板实施过程中并没有消除 Scrum 的每一个要素。如前所述,Scrum Master 和产品负责人这两个角色被保留了下来,每日站会也依然存在,只不过它实际上变成了每日的看板会议。

演示、回顾和产品负责人验收也保留了下来。演示和回顾仍然每 3 周举行一次,延续了之前 Scrum 冲刺时的时间和日期安排,没有变化。产品负责人验收与后文展示的看板展示板实施相关,我将在之后的内容中详细解释。验收活动仍存在,只不过变成了一个按需进行的活动,如图 9-3 所示,在看板上以一列的形式展示。产品负责人的职责也并未改变。

图 9-3 显示了新的看板系统和看板展示板设计。团队会从特性待办项列表中选出前十项优先进行交付。这个"前十待办项"队列有一个有趣的创新,即一个分阶段的异步承诺(asynchronous commitment)。在微软和 Corbis 的案例中,承诺是同步的,会议上客户和交付团队代表均在场,双方达成了共识。客户说:"我希望下一个被交付的需求是这个。"交付团队回答:"既然这样,那我们接下来就做这个。"但 Posit Science 的设计取消了这种同步承诺。相反,在填充会议上,业务方可以从待办列表中挑选新的特性放入"前十"队列,而交付团队不需要对其中任何特性做出承诺。承诺点发生在 Scrum 团队将一个特性拉入看板展示板的设计/详细说明时。只有在这时双方达成一致的承诺才生效,此时 21 天的 SLA 开始计时。

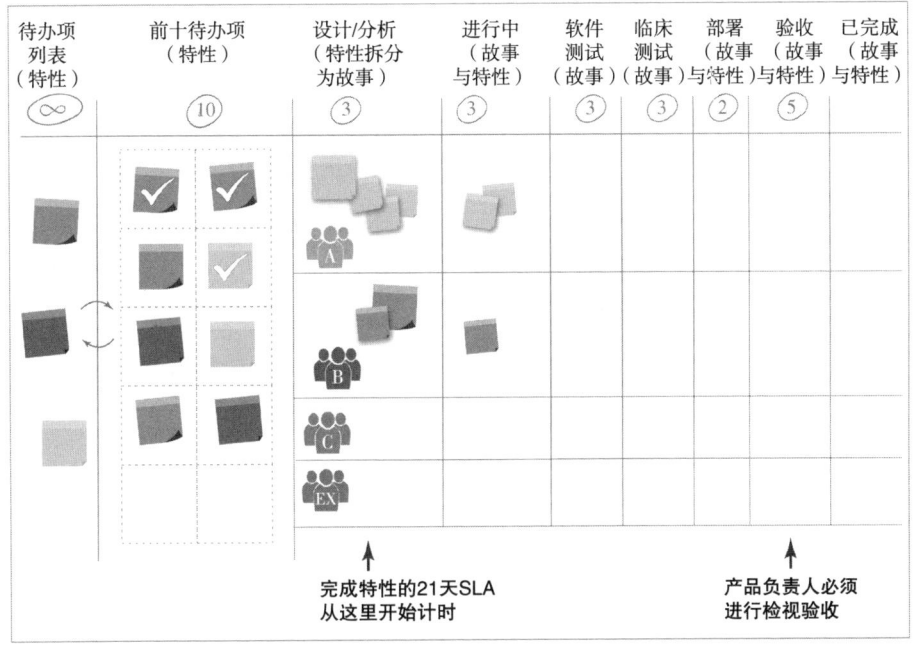

图 9-3 Posit Science 的"流动系统"看板展示板设计

异步承诺具有一些优势，尤其是在涉及所有利益相关方的会议很难组织时。然而，**异步承诺通常代表着低社会资本文化，人们之间的信任程度较低，合作性也较差**。我们发现，在看板成熟度模型中，异步承诺是 2 级成熟度向 3 级成熟度过渡的组织的典型特征。如果无法让上游和下游的人员聚在一起就具体承诺达成一致意见，那么前文描述的某些看板魔力可能就不会发生。

Posit Science 的交付速率大约是每周一个特性。因此，进行中的工作加上前十待办项大约是 3 个月的工作量。有些需求可能要等待 10 周或更长时间，才会被选中并拉到看板展示板上。一旦被选入前十特性待办项后，就有望被交付。因此，进入前十待办项可以作为市场营销、公共关系等部门进行观察的前瞻信号，也是开始计算交付准备前置时间的信号。但这些进入前十待办项的特性依然是没有被承诺的，对下游不产生任何影响。因此，在填充会议期间，前十特性待办项的业务方还可以调整清单，将其中一些特性换成他们认为更紧急和更重要的其他特性。

因此，前十待办项在避免完全承诺的同时，又展示了前置信号，也就是同时实现了提前通知和延迟承诺。随后在其他的项目实施中也出现了围绕输入缓冲区的异步承诺概念。萨米·洪科宁（Sami Honkonen）在他的报告中提到了一个案例[①]，他使用了可视化日历来展示将在未来13周内的某一周开始的工作。

现在用于企业服务规划的动态调度系统，其前身就是围绕输入缓冲区的异步承诺，该规划是一套用于企业级看板实施的依赖管理方法。

Posit Science 的看板展示板为每个 Scrum 团队设置了一行，并额外提供了一行，用于处理"加急"需求。这里的看板是特性-用户故事双层体系。一个特性占据一条泳道，但是一个特性会被拆分成多个用户故事，在看板上用更小的卡片展示，特性与用户故事呈现出父子关系。用户故事在看板上流动，一旦完成软件测试，通常整个特性功能就会被拉入临床测试阶段。

回想一下，Posit Science 曾面临与微软相似的问题：他们的员工在交付已承诺工作的同时，又要进行上游需求的分析工作，不停在工作流中的各个承诺点上并行处理多个任务。但在新的设计中不会再出现这种情况，因为用户故事的分析被推迟到了承诺之后。这实际意味着 Posit Science 的团队正在采用我们之前在微软看到的"不做估算"的方法。

这自然会带来一个问题，即特性可能会太大，无法在21天的 SLA 内完成。同样地，我们再次发现 Posit Science 采用了我们最初在微软看到的"信用卡欺诈"解决方案。微软选择让可能过大的需求进入系统中，并希望能在一两天内迅速发现他们。但与微软不同的是，Posit Science 在前面设置了一个小小的信息收集环节，以降低出现太大特性的可能性。在微软，这种可能性在历史上只

[①] 很遗憾，萨米已经删除了具体的博客文章，并且没有可靠的替代参考资料。

有 2%，已经可以忽略不计了。因此，没有必要提前设置信息收集环节。而在 Posit Science，某个特性在 3 周内无法完成的可能性远远大于 2%。因此，有必要在承诺之前收集更多的信息。

我们注意到，图 9-3 展示的前十待办项队列中，一些卡片带有勾选标记。这表示交付服务团队的软件开发人员认为该特性可以在 21 天内完成。当然，这种方法不会百分之百可靠，但搞错的比例很小，大概和微软案例中的 2% 过大需求比例相似。因此，与微软一样，如果开发团队在开始工作后发现某些特性太大，也可以标记出来。

与微软不同的是，微软有一个不可动摇的管理规定：任何太大的需求都必须转到资本性支出预算的重大项目中，而 Posit Science 对于大型特性的处理给出了 3 种选择：

- **无论如何都要做（Do it Anyway）**：我们的确需要这个特性，并且还具有一定的紧迫性。就算交付时间超过 3 周我们也能接受；
- **缩减规模（Trim it down）**：邀请业务方检视这些分析过的故事，评估其中是否有一些他们认为不需要的内容；
- **退回（Throw it back）**：将其退回待办列表，并要求业务方重新考虑更简化的需求。

图 9-4 是 2009 年修订的特性需求表，业务方用它来提交新的特性需求。此版本新增了延迟成本分级部分作为必填项，并将过去的特性价值信息部分降级为可选项。如此并没有要求业务方放弃他们现有的做事方式，只是要求他们再额外提供一些简单且有价值的信息，不会增加太多负担。这种方法是演进式变革：延迟成本是进入环境的新物种，而投资回报评估是现有的物种，它们在相同环境下竞争，最终决出哪一个是更适合的解决方案。我们可以预见更适合的解决方案会生存下来并繁荣发展，而不适合的解决方案将会衰落并被逐渐淘汰。

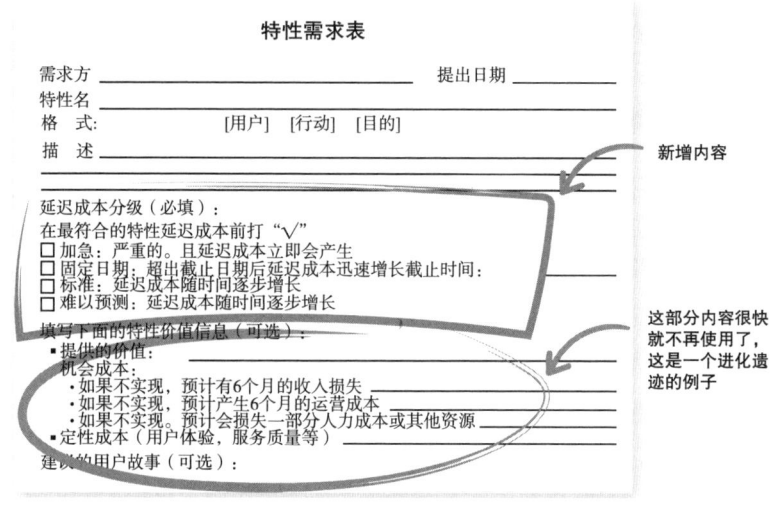

图 9-4　Posit Science 的特性需求表（2009 年年中）

在做出调整后不到 6 周，就不再有任何业务方填写表格中可选的投资回报部分内容。延迟成本信息以及大约每周一次的填充会议上的讨论，足以让人们做出高质量的优选、排序和排期决策。表格的下半部分已经成为 Posit Science 工作流的一种进化遗迹，就像一个退化器官！一年后，当我们从文档库中找到该表格作为本案例研究证据的一部分时，它的下半部分仍然存在。就算已经有一年时间未使用，也没有人将其删除，甚至没有讨论过是否要删除。演进式变革往往会留下一些证据，就如同这种已不再使用、未来还可能会变得难以解释的事物。

图 9-5 是 2009 年拍摄的 Posit Science 实际使用的看板展示板照片。照片上加了注解，以突出显示看板系统，以及板面设计与实施的一些有趣元素。

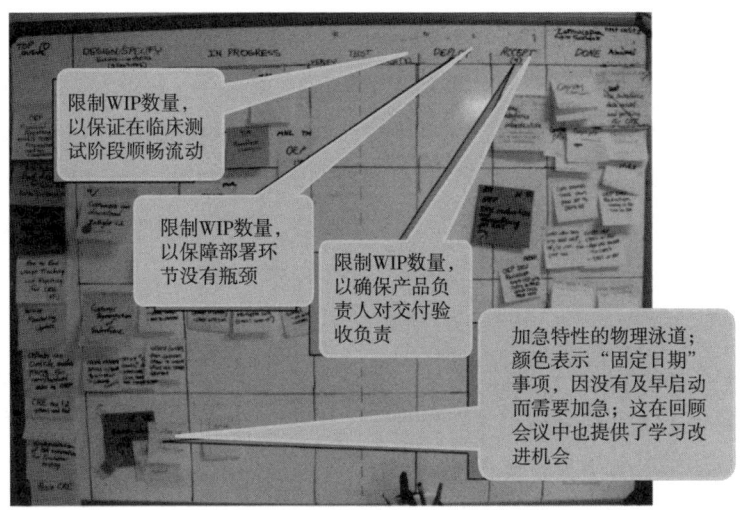

图 9-5　Posit Science 带注解的看板展示板（2009 年年中）

在"加急"泳道上的特性是一张橙色的卡片，代表服务等级为固定日期。值得注意的是，它最初并不是一个加急需求。因为卡片被放置在加急泳道上，其所处位置向每个人传达了这个特性必须加急处理的信息。因此在实际操作层面上，加急泳道的卡片颜色并不重要。相反，保留原始的橙色卡片，而不是换一张白色的加急卡片[①]实际上传达了这样一个信息："这个特性必须加急处理，因为我们无法在时间充裕时启动它。"这是一个非常有力的指导信息，很可能会引发改进讨论。这正是看板方法所提倡的，利用温和的压力促进持续改进。

在看板上标记为"质检"（QA）的临床测试列有 WIP 限制。这告诉我们临床测试是一个共享服务，服务 3 个 Scrum 团队，并且在有应急团队时也为其提供服务。如果临床测试人员以 Scrum 规定的跨职能方式嵌入 Scrum 团队，那么该列就不会有 WIP 限制，而像软件测试列一样。

---

① Posit Science 实际上使用粉色作为"加急"的标识，但这并非常规做法。在用这个案例做培训时，我们将其改为白色，将粉色保留用于表示阻塞问题。从以往的经验来看，虽然这也不一定准确，但可以避免让新接触这个方法的人产生混淆。

我们还能看到，部署列也有 WIP 限制。代码打包也是一项专业工作，公司只有一名员工有权限将代码发布到生产环境。对一些年轻读者来说，可能很难理解"金色代码"（Gold Code）的概念，它指的是把代码发布在一个可重写的金色 CD-ROM 上，然后用专门的生产设备制成 CD。生产的交易成本很高，因此在生产之前，光盘上的配置必须完美无缺。所以部署环节是 Posit Science 一个潜在的瓶颈，设置 WIP 限制是为了避免该环节超负荷。

在"产品验收"列，我们同样设置了 WIP 限制。霍夫曼在 Scrum 流程中担任产品负责人。产品负责人要做的事情很多，其中之一就是验收交付的产品，并参加每次的冲刺回顾会和演示会。然而，Posit Science 正遭受"全球变暖"问题，资金即将耗尽，相关事项占用了管理人员的大量时间。因此，霍夫曼未能参加回顾会议并验收已完成的工作。这给开发人员发送了一个非常不好的信号，令团队士气低落，他们觉得高层似乎并不关心自己的付出。这些人工作尽职尽力，经常付出超出常人的努力，牺牲自己的社交、家庭生活，甚至个人健康，只是为了兑现承诺，助力公司获得成功。但到头来却发现高层似乎并不在意。这时，霍夫曼也开始意识到这一点，并明白这是一种不好的行为。

打个比方，霍夫曼是个中年男人，他意识到自己的身体状况已经不如 20 多岁时那样好了。他意识到自己超重且健康状况不佳，所以买了一张健身会员卡。起初还挺好，但渐渐地，他去健身房的决心减弱，并且发现自己的体重又开始增加了。为了克服不自律的问题，他决定找一个私人教练，私教每节课 80 美元，每周两次。他在工作日程上预留了健身安排，并在前后各预留了半小时，用于走路往返健身房、更衣、淋浴等。这时，他开始确保这段时间不会被打扰，且每次都准时去参加健身课程。为什么？因为一旦错过了，每次都会损失 80 美元！

由此霍夫曼理解了向开发团队传递正确信号的重要性，于是向贾尼丝寻求帮助，请她协助自己提高自律性，验收已完成的工作。贾尼丝与他讨论了交付验收是否真的有必要，以及霍夫曼是否需要去核准已完成的工作。这是看板方法中一个重要概念的另一种应用：验收是一个明确的规则，但贾尼丝正在质疑其有效性。我们在 XIT 维护工程团队的故事中看到杜米特留也提出了类似的质疑。然而，经过深思熟虑，他们一致认为验收在许多方面仍然很重要，并且出于治理、风险管理和员工士气等原因，应该将其保留下来。

解决方案是为验收过程设置 WIP 限制。这是一个简单却非常有效的方法。简单中蕴含着巨大的能量！

如果霍夫曼未能及时验收已完成的工作，渐渐地，看板展示板上会积累大量的工作。WIP 限制会阻止团队拉取新的特性，从而使团队逐渐处于闲置状态。当整个团队都处于闲置状态，而看板展示板上却堆满了被阻塞的各种工作时，就会出现"末日场景"。对有外部依赖的工作施加 WIP 限制，就有可能出现这种"末日场景"。之所以称之为"末日场景"，是因为接下来可能会发生一些尴尬的对话，而变革推动者、看板方法倡导者可能会被迫收拾自己的工位并寻找新的就业机会。在有外部依赖的工作项上设置 WIP 限制是一个危险的选择。如果外部不配合，出现了末日场景该怎么办？因此，对于初学者来说，不适合在有外部依赖的工作项上设置 WIP 限制。然而在这个例子中，贾尼丝有一个有利因素，即外部依赖方霍夫曼是配合的。他不想让任何人失望，所以末日永远不该发生。WIP 限制及其后果的存在是为了给霍夫曼施加轻微压力，督促他及时行动。而且，霍夫曼每天从办公室去拿咖啡的时候，都必须经过看板展示板，他每天会多次看到这块看板展示板，这样就不会忘记待处理的特性验收。毫无疑问这个设计如设想般起了作用，团队的社会资本得到大幅提升。

Posit Science 以平均每周一个的节奏，将新特性逐个交付给业务方。每成功交付一个特性后，就会拉取新的工作，一切顺利进行。这对贾尼丝来说是一场真正的胜利，也让她从 3 年来的混乱生活中获得极大解脱，不再因无法改善这一切而感到内疚。她一直觉得问题不在于科学家、开发人员和临床测试员等个人，而在于他们工作的系统，原来的系统与他们所处的环境根本不适配。她也非常庆幸每 3 周举行一次的可怕的计划会议已经取消了。引入看板方法使她能够在生活中取得更好的平衡,让她从压力和焦虑中解脱出来。

及时转变的决策战略和投资选择

2009年初夏,人们期待已久的梅奥诊所研究结果终于发布。令人振奋的是,研究人员发现Posit Science的软件增强了大脑的功能,且与训练无关。参与者不仅仅简单地学着复述他们练习的内容,而且在一系列大脑功能测试上的分数都有所提高。Posit Science所取得的成就实在令人瞩目。同年夏天晚些时候,他们推出了"DriveSharp",其中一款游戏叫作"Road Choice",后更名为"Double Decision",其效果尤其明显。当时关于脑类游戏能否真正提供开发人员声称的好处的争论正日益增多,而这个游戏获得了赞誉。

贾尼丝原本规划了许多进一步的改进,但她没有机会尝试了,Posit Science的现金流增长不够快,因此不得不进行大规模裁员。尽管博士级的神经科学研究员保留了下来,但整个产品开发团队都被解雇了。贾尼丝也转投加利福尼亚州伯克利的另一家游戏初创公司。

Posit Science一直拒绝进军消费市场。作为制造医疗级产品的科学家,他们的身份主导了他们的决策、战略和投资选择。与此同时,他们的竞争对手Lumosity则积极拥抱消费市场,投入了更多的营销预算,这对于销售尚未被消费者充分理解的产品至关重要。他们还开发了一款基于网络的产品,并以大众负担得起的订阅价格提供给消费者,迅速风靡市场。

Lumosity的创始人和Posit Science的一样,最初假定自己的主要目标客群是步入老年的婴儿潮一代。但当他们分析用户数据后,发现游戏更受二三十岁的千禧一代的喜爱。早早意识到这一点后,他们开始针对该群体展开营销,结果每年都能吸引数百万新用户。

但 Posit Science 也展现出了适应性。裁员的决定做得很及时，使他们避免崩溃，生存了下来。他们大幅削减成本，并在几年后通过推出自己的网络平台 BrainHQ 恢复了元气。如今，这个平台提供适合更广泛受众的各种游戏，价格也更加实惠，通常以"白标"（white label）①方式推向市场，通过 AARP 等其他品牌进行销售。

虽然贾尼丝不得不离开大脑锻炼行业，但她从未离开看板领域。看板方法改变了她的生活。2011 年，她搬到西雅图，创办了看板大学。这是一家有许可资质的培训机构，不久后她又接手了看板大会（Kanban Conference）②和相关活动的策划业务。由于在 2008—2018 年这 10 多年里的杰出贡献，贾尼丝在看板社群一直备受尊敬。

---

① 类似于贴牌，即某种产品或服务被一个公司生产或开发，然后由另一家公司以自己的品牌进行销售。——译者注
② 看板大会经历了几次名称变更，最早是 2009 年的"精益 & 看板大会"（Lean & Kanban Conference），然后是"精益软件和系统会议"（Lean Software & Systems Conference），后又更名为"精益看板大会"（Lean Kanban Conference）。

- 如果看板方法的概念会引发抵触情绪，可以考虑不将其称为看板方法。直接用你的提案解决情绪痛点，并继续推进。解决情绪上的问题是打动他人并引导他人行动的一种手段。

- 填充会议要按需进行，没有固定的节奏，每个特性都会被单独拉取。

- 为确保难以预测等级的工作能够得到处理，要专门为其预留产能。

- 特性填充采用了异步式两段承诺。使得开发人员可以从输入缓冲区拉取工作，不再需要回头询问业务方。异步承诺是看板成熟度模型中 2 级成熟度向 3 级成熟度过渡的组织的典型特征。

- 在看板实施过程中，并没有消除 Scrum 的每一个要素。Scrum Master 和产品负责人这两个角色保留了下来，演示会和回顾会也被保留，并同样按照每 3 周一次的节奏进行。

- 看板上为"加急"等级的工作增加了一个额外的泳道，但并没有专门的团队来处理这类工作。如有需要，会从 3 个专门的团队中抽选人员来处理"加急"需求。

DISCOVERING KANBAN

第二部分

看板方法的持续进化

第 10 章

服务交付经理，看板方法的关键角色

2005年4月9日午餐时分，我们准备离开皇居东御苑去用餐。这顿午餐也让我对看板方法有所顿悟。那天是我的生日，我的家人打算用寿司宴来庆祝。我们穿过东门，跨过护城河上的桥，走到两个街区外的大手町站，然后乘坐地铁前往日比谷。

我们从日比谷站的有乐町北口出站，穿过一排办公楼，找到了目的地所在的大楼。与东京市中心商业区的其他大楼相比，这座大楼看起来没有什么特别的，但里面有一家信誉可靠、品质上乘、以中产为主要消费群体的寿司餐厅。它既不会过于昂贵，也不会显得寒酸，同行的家人一致认为在这里给作为妹夫的我庆祝生日非常适合。我们走进中庭，乘坐自动扶梯来到地下，我记得那里似乎比白天还要明亮。墙上有一个好几层楼高的水景装置，从地下最底层一直延伸到地面上的中庭，似是由日光灯管照亮，散发出温暖、好客、愉快的光芒，装置传来的水声也令人放松。地下二层的天花板较低，走廊的光线没有那么明亮，但以室内商场或美食广场的标准来说已经足够了。这里集中了所有的餐厅：一个大约 4 米宽的长走廊在我们面前延伸开来，沿着走廊两侧每隔大约 10 米就有一家餐厅，各种美食琳琅满目。右侧的第一个橱窗里陈列着一些蜡制寿司模型，一个倾斜 45 度的摆台上放着一份菜单。就是这里了，我们拂开悬挂的帘子走了进去。

"欢迎光临！"店里传来欢迎我们的声音。

一位鞠躬行礼的年轻女士上前接待我们。她上身微曲，微笑着伸出一只张开的手朝向门外。她解释说店内目前堂食已满，但欢迎我们在外面等候。片刻之前，我们刚刚路过一排靠墙的餐椅，在门口朝着扶梯的方向摆放着。她递给我姐夫一份菜单，然后我们都坐了下来。由于我的小女儿一直被我挂在胸前，所以我很高兴此刻能够卸下"负担"，我把她交给了她的妈妈。我的大女儿坐在我旁边，一遍遍地重复着："我们现在要吃寿司吗？""这是那家餐厅吗？"

我们等了相当长的一段时间。后面又来了三位年轻女士，坐在我旁边的座位上等候。我的妻子和她的姐姐、姐夫花了很长时间仔细查看寿司菜单。这份菜单实际上只是一张记录卡，顾客可以在上面做记号，表示想要多少块寿司。他们详细研究了这张卡片，就像在研究一场赛马比赛的形势和赔率一样。每一个选项都经过充分讨论才最终决选出优胜者。幸运的是，这种娱乐形式帮我们消磨了等待的时间。

大约过了 20 分钟，第二位女士出现在店外，告诉我们现在可以就座了。我们跟着她走到餐厅一角的一张桌子旁。每张桌子都由折叠的纸屏风隔开，提供了私密空间。严格来说，我们坐的位置并不在角落，但感觉就像坐在一个角落里一样。我们总共 6 人，4 个成人，一个两岁的幼儿和一个婴儿。座位共有 5 把椅子，桌子两侧各两把，第五把在过道一端，桌子另一端抵着墙。我们坐了下来，小婴儿坐在妈妈的腿上，大女儿挨着她妈妈坐在靠里的椅子上。我坐在过道的座位上。毕竟，我是寿星，是今天的焦点人物。我的亲人们送给我一份礼物，是一套精美的日本书写纸。也许他们在提醒我再次开始绘画？这是一份非常棒的礼物，颇具东京特色。它小巧轻便，易于携带和存放，也不容易损坏，质量很好，可能价格也不菲。"我们现在要吃寿司了吗？"角落里传来了一个细小的声音。

还没有人来为我们点单。菜单似乎只是供我们消遣的。我的姐夫仍然拿着它，就像拿着一张赛马投注票，但比赛因起跑门故障导致一匹马被卡住而暂停，赛事监管人员正焦急地试图解救被卡住的赛马，并重新开始比赛。一位年轻女士给我们递来水和毛巾。又过了至少 5 分钟，一个高高瘦瘦，看起来大约大学生年纪的年轻人走了过来，轻轻鞠了一躬，提出要为我们点单。我的姐夫把菜单递给他，简短地说了几句，指了指他用片假名在菜单杂项部分写上的"加州卷"。服务员点点头，然后离开了。随后，送水的女士给我们端来了两大瓶札幌啤酒和 4 只小玻璃杯。

"干杯！"叮当、叮当、叮当、叮当。

时间飞逝。

啤酒一杯接一杯。大酒瓶不断将小玻璃杯倒满。

又过了一段时间。

"寿司准备好了吗？""我想要我的寿司！"

寿司店的多任务处理策略

有人开始感到饿了，现在离上午在皇居东御苑的野餐已经过去了很长时间。我们一家人有不少事可以聊，边聊天边等待，在等待中不断拉升期待值。

"我的寿司快来了吗？我想要我的寿司。"

终于！一名工作人员端着一个白色的大方盘上菜了。我们为之清理出了一块空位。服务员将寿司盘从我肩旁放下。这时，我注意到盘子上没有加州卷。

当他转身离开时，家人们看着盘子，好像有些不对劲。我太太的姐姐转向她的丈夫，说道："这只有一半，对吗？"她说这句话的时候，用了一种比较女性化的日语表达方式。

对初学者来说，日语是一门非常难学的语言，它有复杂的语法和3种不同的字母表，各种不同的说话方式也令人困惑。有敬语、特别敬语，还有与皇室成员交谈的特殊用语，以及与天皇交谈的专用语。此外，还有通俗的日常用语和用来与儿童交谈的说话方式。在日常用语中，男性和女性的说话方式也不同。

"是的，确实如此！"我的姐夫回答时使用了男性用语。

我们点的寿司只上了一半，这让我们很惊讶，所以叫来了服务员。一位非常有礼貌的女服务员赶紧走了过来，深深地鞠了一躬。她解释说，所有的寿司师傅现在都忙得不可开交。今天是周六，他们没有预料到会这么忙，现在人手有些不足。他们也知道客人们很饿，所以为了尽可能让顾客用餐愉快，暂时给所有客人都先上了其订单一半的食物。

鉴于当前的情况，这显然是一个明智的策略。他们清楚知道，在餐厅提供的价值里面，至少有一部分来自上菜的速度。通过先提供一半的食物，他们可以更快地将一部分价值传递给顾客。

实际上，这是一种多任务处理策略，在大多数专业服务情境下其实并不是一个好主意：这意味着有更多工作在同时进行。如果我们将一顿午餐视为一个客户项目，那么每个项目就需要更长的时间来完成，因为员工需要在不同的项目之间进行任务切换。一般而言，以严格的优先级或依赖顺序，通过单件流的方式安排项目或项目任务，会完成得更好。这样完成任何一个任务或项目的时间会更短。

例如，如果寿司师傅只专注于我们的订单，他们会很快完成，而其他订单则要等待。下一桌可能会等一会儿，直到整个订单被完成。再下一桌可能要等待更长时间。没有人希望成为最后一桌被服务的客人。总的等待时间可能已超出顾客容忍范围，这无法契合目的。

先满足一半订单内容，这样的策略让任何一个订单的初始交付时间都减少了一半。一个原本可能需要等待 50 分钟才能得到完整订单的客人，现在在 25 分钟内就能得到一半的菜品。在这种情况下，这个策略是有效的，因为餐厅了解顾客及其容忍水平。顾客并不需要一次性得到整个订单：享受餐点的第一部分需要一些时间，只要另一半菜品在顾客准备享用前及时送达，这种半份交付的策略就会奏效。这种小批量作业，并按需进行客户交付的策略非常有效，它最大程度地减少了等待处理的库存量：分成两个较小的批次在需要时为顾客提供更新鲜的寿司。

现在，想象一下，我们发放了与厨房中寿司师傅数量相当的看板卡片。要处理一个订单，必须与一个看板卡片关联，其他订单按照先进先出顺序排队等候。当一位厨师完成一个订单后，他会接手下一个订单，并将刚刚完成的订单的看板卡片分配给从先进先出队列中取出的新订单。看板卡片方法可以避免多任务并行，也避免了同时准备太多餐点的可能性。看板系统则通过避免过多的多任务并行，缩短了任一订单所需的准备时间。类似系统在快餐行业中很常见。一个快餐厨师一次只能准备这么多汉堡或早餐三明治，而其他订单则按照先进先出方式排队，通常通过绳子或线轮连接。这让厨师可以处理单一任务，缩短了前置时间，并确保为顾客提供新鲜的食物。整个餐厅的节奏取决于厨师翻汉堡、煎蛋或者切寿司的速度。

"我要我的寿司！"我两岁大的孩子叫喊着。对这个年纪的她来说，寿司就是加州卷，她的世界里没有其他类型的寿司。此时，她非常清楚盘子里没有加州卷。因此，对她来说，端上来的并非寿司，仅仅是一盘盖着鱼肉的米饭。

她感到恼怒和沮丧，并反复高喊："我要寿司！我要寿司！"万幸她是用英语喊的。她用握紧的拳头敲打着桌子。由于餐厅的背景噪声和屏风的阻隔，没人注意到这个隐藏在角落里的小顾客即将情绪崩溃。

我相信每个身为父母的人读到这段文字都会感同身受。这个场景太熟悉了。一读到这段，你就会不禁为接下来要发生的事情感到紧张不安。

与此同时，这是一家严谨的寿司餐厅。这种严谨体现在细节上。比如他们的寿司配的是姜片而不是芥末，这是为了防止外行食客加入过多的芥末而冒犯寿司师傅。寿司师傅精心准备的每一块寿司，已经用了恰到好处的芥末量。同样地，将寿司浸泡在太多酱油中也是不礼貌的，但想要不过量，需要多年的练习才能掌握技巧。因此，如果食客在吃之前用酱油浸泡寿司的话，仍然有可能冒犯寿司师傅。

我们给刚会说话的小家伙吃了玉子烧寿司，因为这里面不会加芥末。她又错误地把切成方块的煎蛋片认成了奶酪。"我不要奶酪。"她把"奶酪"从寿司顶部剥下来递给爸爸。"你吃我的奶酪，我不要奶酪。"好吧，至少米饭让她开心了一小段时间。

我们的盘子上摆满了各种不同种类的手握寿司：有鳗鱼和烤鳗鱼的；一份专属于我的生日特别款的三层鳗鱼寿司；还有汶鱼、金枪鱼、章鱼和鲭鱼的。虽然听起来很多，但对我们 4 个成人来说还是不够。

啤酒喝完了。因为是午餐时间，我们就没有再续，转而点了绿茶。

我们吃光了盘子上的寿司，却并没有吃饱。我们聊个不停，打发时间。等另一半寿司上桌似乎花了和等前一半一样长的时间。如果你仔细思考一下寿司餐厅使用的排队机制，就完全可以理解这种情况。与此同时，我的大女儿满怀期待。她整个假期里一直在谈论这次寿司之行。和大多数孩子一样，吃是她生活的核心，食物一直都是所有旅行中的亮点。当你问："动物园怎么样？"她会回答："我们在咖啡厅里吃了美味的沙拉。"当你问："这次飞行怎么样？"她会回答："空乘人员给了我巧克力。"当你再问："日本怎么样？"她会说："我们去了一家寿司餐厅，但他们没做我的寿司！"

等待时间太长，是因为没有足够的寿司师傅完成如此多的订单。为了给餐厅所有的餐桌准备寿司，即使是半份订单，所花时间也超过了客人的容忍度。餐厅管理层完全没有预料到暴涨的需求量。然而，考虑到它邻近皇居东御苑，并且周边树木繁花盛开，其受欢迎程度完全是可以预见的。当天是周六，管理层本可以安排与繁忙的工作日相同数量的员工，但他们却没有这么做！由于寿司师傅的人数配备低于满足需求所需的水平，他们无法迅速为完全满座的餐厅供应足够的寿司。

在这种情况下，餐厅实际上有两种管理选择：一是开放所有座位，最大限度地满足需求；二是只开放与厨师数量相匹配的餐位。换句话说，只有当理论上的看板卡片可用时才接待一桌客人。后一种选择让寿司师傅在客人入座后可以提供更好的服务，但可能需要客人在外面等待更长的时间，进而导致一些客人选择去其他等待时间较短的餐厅消费。而尽力接待所有人这一选项，可以避免客户流失的风险，但却会让他们面临服务不佳的声誉风险，因其对短期利润的关注超过了客户服务质量。

最后，另一名服务员出现了，手上端着与之前类似的盘子：白色、方形，大小也差不多。到现在为止，我们见到了多少名员工？4名？5名？我已经记不清了。到底有多少员工在这儿工作？我并不清楚，因为我无法看到餐厅全貌。餐厅里似乎也没有谁为谁提供固定服务的规定，我感觉我们见到了整个服务团队。

新来的服务员放下了盘子。我的大女儿屏住呼吸期待着。在盘子碰到桌子之前，她大声喊道："我的寿司呢？"然后失控地放声大哭，安慰也没用。服务员目瞪口呆。他年纪太小，还没有自己的孩子，完全不明白刚刚发生了什么。我的姐夫透过尖叫的背景声向他解释了情况，他匆匆离开了。我们这一桌现在成了整个餐厅的焦点。

另一名服务员回来了，我确定他是最初帮我们点餐的那位。他频频鞠躬、道歉，并做了一些解释。我的姐夫为我翻译了一些内容。他们不能，或更可能是不愿意，为我们制作加州卷。

经过一番协商后，服务员离开了。他们同意为我们制作一种替代品，类似紫菜卷那种。寿司师傅为了弥补他们的错误，正加急处理我们的订单。由于我们已经知道他们非常忙碌（而我们漫长的等待也证明了这一点），我们的加急需求意味着其他客人将不得不等待更长的时间。客户服务再次受到了影响。

我的大女儿现在冷静了下来，我们请她再等一会儿，并向她保证寿司马上就要来了。坦诚地讲，这次是真的要来了！

我们继续享用美食。

日本人吃寿司有一套固定的就餐顺序，先是手握寿司，即单独的寿司块，然后是寿司卷，还会用味噌汤来搭配寿司卷。由于这是一家严谨的寿司餐厅，他们知道我们会按照这个顺序来品尝，所以第二盘寿司主要是各种寿司卷，从简单的黄瓜卷到更有挑战性的生鱼卷，比如金枪鱼卷。

一个小盘子被端了上来，里面有一份类似加州卷的东西，卷里有牛油果和鱼肉。厨师在寿司上挤出一条蛇形的蛋黄酱花纹，仿佛是在抗议，这是他对那些外行行为的最后反抗！

我们刮掉了蛋黄酱。对我的女儿来说，蛋黄酱看起来很陌生，她以前从未见过带黄色酱汁的寿司，起初还保持着怀疑态度。最后，她手里拿着寿司，不停咀嚼着，脸上露出了灿烂的笑容。

缺乏服务交付的自组织

那么，日比谷那家严谨的寿司餐厅是怎么回事？谁在负责我们的午餐？答案很简单：没有人！这家餐厅是自组织的！

寿司师傅可自由地进行自组织。他们使用记录卡来管理订单队列，不接受任何人的指导，只是按照一些基本规则来接受订单并制作寿司，比如先做手握寿司再做寿司卷。他们是寿司制作的执行者。

在这家餐厅中，有人负责安排客人就座，有人负责点饮料，有人负责点菜，也有人将菜品送到顾客桌子上，还有其他人负责清理桌子上的餐具。餐厅团队由一组完全定义好的职能组成，每个职能都自行组织，并由特定信号触发行动，比如安排排队等待的客人就座，或者将寿司订单夹在寿司吧台旁的旋转机上。所有任务之间有明确的分工：安排座位、提供饮料、制作寿司、清理餐桌。但缺失了顾客下订单的前后衔接，没有人真正关心向顾客提供的价值，也没有人费心去理解为什么会有一个特殊的加州卷订单。即使他们理解了，这个信息也几乎肯定会在各个部门之间的交接中丢失。没有任何方式来传达顾客的意图或者与订单相关的任何业务风险。加州卷不在菜单上，它是一个特别的订单。他们很少接待只吃加州卷的两岁孩子，没有人预料到它的重要性。因此，当那个孩子最终情绪崩溃时，没有人理解为什么。

真正的问题在于，没有人对我们的午餐项目负责或承担责任。没有人对服务的交付负责。组织中缺乏服务交付的概念。

组织中需要有人代表客户发声，需要有人负责向客户交付价值，需要有人负责理解客户需求的背景。在看板方法中，我们将这个角色称为服务交付经理。

我的第二个关于看板方法的顿悟，与第一个同样来得出其不意。这次是在同年 8 月一个美丽、温暖、明媚的傍晚，在西雅图海滨的安东尼 66 号码头餐厅。将在安东尼的服务与我在东京所经历的服务进行对比，揭示了看板实施中需要的一个明确的角色：服务交付经理。

不可或缺的服务交付经理

那天我有一些访客：布赖恩·奥伯恩（Brian O'Byrne）和马丁·霍根（Martin Hogan）到微软来拜访我，他们来自都柏林的初创公司 Statesoft。同时，来自 Version One 公司的罗伯特·霍勒（Robert Holler）和迈克尔·利兹（Michael Leeds）也在这一地区进行销售拜访。Version One 有一款非常受欢迎的工具，可以在应用 Scrum 敏捷方法时追踪完成的工作。我与奥伯恩相识于 1999 年我在都柏林工作期间；我与霍勒在 2005 结识于敏捷软件开发的在线论坛，后来有了更深入的了解。那年，我们一起闯入丹佛敏捷大会上 Rally Software 的派对，该公司是 Version One 在 Scrum 跟踪领域的主要竞争对手，所以霍勒并没有受邀参加派对。在 2005 年的夏末之夜，我答应和他们四人共进晚餐，因为我觉得两位初创公司的创始人都在销售开发管理工具，应当有很多共同话题。当我在城里有客人要招待时，安东尼餐厅是我的首选之地。在这样一个夏日晚上，从那里可以俯瞰艾略特湾（Elliott Bay），欣赏渡船和游轮往来之景。如果天气好的话，还可以看到海拔 4 300 多米的雷尼尔山（Mount Rainier），即使在夏天，这座山的山顶仍然被积雪覆盖着，山前是市区的摩天大楼，以及供西雅图海鹰队和西雅图水手队比赛的体育场馆。当太阳落山时，西边的普吉特海湾

（Puget Sound）上空会有壮丽的晚霞，映衬出奥林匹克山脉的剪影。安东尼餐厅是一个绝佳的用餐地点，但仅凭景色本身还不足以打动我。要不是服务和食物一直保持很好的水准，我也不会一直去那里。

那天阳光明媚，上午11点，我在办公桌旁给餐厅打了个电话预订当天晚餐的座位。接电话的年轻女士询问我的预订时间，我想要预订下午6点的座位。她回答说："抱歉不能预订6点的座位，但5点45分和6点15分可以预约。"我选择了6点15分，并告诉她我们一行有5人。随后我通过电子邮件给朋友发送了餐厅预约信息，他们会在晚上6点左右在餐厅的酒吧里等我。

那天晚上，我第一个到达餐厅。我从主入口走上楼梯，来到位于楼上的餐厅前台。3张微笑的脸庞向我问好。我报上名字，他们确认了我的预订。我知道自己来得有点早，所以在酒吧里找了个座位坐下。我望向餐厅的桌子，里面并没有坐满。服务员们也不太忙碌，大部分时间只是在吧台旁闲逛。我有些疑惑，为什么他们不能在6点给我们安排座位呢？我点了一杯金汤力，坐在酒吧里。过了10分钟，Version One的人到了。我正准备为他们点饮料时，其他朋友也到了，于是我们走回餐厅前台。服务人员将我们带到预订的位置，是一个位于角落窗边的漂亮的大圆桌，可以180度俯瞰壮丽景色。

"晚上好，先生们。我叫安迪，今晚将由我为大家服务。"服务员看着我问道："您来自哪里？"显然他察觉到了我的口音。我开玩笑地回答："巴拉德！"这是位于西雅图的一个社区，就在餐厅以北大概8千米处。他又微笑着问我家乡在哪里。他环顾整个桌子，这桌客人的地域多样性给他留下了深刻的印象：一位来自加州，一位来自佐治亚州，还有两位来自爱尔兰。

"那你们今晚是什么聚会呢？商务晚宴吗？"

"他们都是来这里出差的，但今晚我们只是朋友小聚一下。"

"那太好了，这将是个愉快的夜晚。而且你们拥有绝佳的餐位，请尽情享受吧。"

他凭记忆为我们详细介绍了当天的特色菜。我们点了一些葡萄酒。几分钟后，一名侍酒师端上来一瓶华盛顿当地的霞多丽。安迪稍后回来，询问我们感觉怎么样，对所选葡萄酒是否还满意。然后他为我们点了菜。我与利兹商量决定一起分享前菜的泰国贻贝。这是安东尼餐厅的特色菜，非常美味！

随着时间推移，我们发现每隔大概 15 分钟就有几桌客人入座。餐厅里总是有空桌子，几乎每桌都在不同的用餐阶段。这是怎么回事呢？餐厅管理层很清楚他们的约束条件：厨房和厨师。因此，他们以 15 分钟的间隔安排客人到达。每 15 分钟只安排 2～3 桌客人，这就将厨房的工作量限制在了厨师可以承受的范围内。他们在任何时刻都在需求和供应之间进行平衡，并以丝滑的就餐流程安排客人到达和入座。他们让前台工作人员负责调节功能，就像长船上的鼓手一样。前台每隔 15 分钟敲一次鼓，整个餐厅系统都按这个鼓点节奏运行。

安东尼餐厅避免了我在东京寿司餐厅所经历的所有错误。服务员安迪全程负责我们这一桌。安迪理解我们的来访背景和需求。他花时间稍微了解了我们的一些情况，知道我们来自哪里，以及为什么来西雅图和安东尼餐厅，然后制定提供给我们的服务策略。安迪明白我们光顾的目的，并从中推断出我们对一顿成功晚餐的期望标准。他接收了我们的订单，发现其中有一些微妙之处，比如我会与利兹分享作为开胃菜的贻贝，因为一人吃一半的量已足够了。安迪确保了我们的晚餐得以成功，我们也给了他丰厚的小费。餐厅的服务始终非常迅速，几乎每道菜都在前一道菜的盘子被收走后便上了桌。

安东尼餐厅的运营体系非常高效精简。服务员代表客户诉求和利益，而后厨从未超负荷工作。安迪是我们当晚的服务交付经理。餐厅通过预订排期系统限制了客流，每隔 15 分钟安排客人就座，就不会一次性涌入太多客人。结果是餐厅以一体化的系统运行，具备足够能力和容量，确保提供良好的端到端顾客服务。安东尼餐厅组织得当，能够迅速提供高质量的餐点。这使得他们可以一整晚不断翻台，不停地接待客人。通过顺畅的流程，在输入点控制需求，以及快速、高效、准确的服务，安东尼餐厅成为声誉卓越的热门餐厅。截至我在 2023 年写下这章内容时，距离上述夜晚已经过去了 18 年，安东尼餐厅仍然是一家稳健且持续盈利的企业。

这两家餐厅的故事告诉我们，**仅靠职能化的自组织是不够的，我们需要了解上下文，知道客户是谁，以及他们选择我们的服务的目的是什么**。上下文信息有助于我们排期、确定优先级，并精准交付客户真正的需求。敏捷软件开发社区在过去的 20 多年中一直痴迷于自组织。然而，它并不能孤立存在。自组织在有上下文的情况下才能发挥作用，也就是通过了解客户的需求、愿望、期望、适应性指标以及对变化和错误的容忍度，对客户的目的达成了共识。没有上下文和客户的意愿主张，自组织可能会变得自私自利。

理解客户的目的，有助于我们了解他们对交付时间和其他服务的容忍度，比如他们是想要一个健谈的服务员，还是想要谨慎、安静的服务？通过了解客户光顾的目的，服务员可以决定合适的批量大小：客户是希望所有菜都一起上，还是希望每道菜分开上？他们是否赶时间？或者，他们会更愿意享受闲适一点的节奏，有时间聊天、品酒，也许还会再点一瓶葡萄酒和甜点？

有人需要为交付客户价值负责，并对价值链中的流动负责。我们看到，安东尼餐厅明显重视流程，并通过控制客人的到达速度，以及每 15 分钟最多只接待 3 桌的方式，来平衡需求和供给的能力。

在看板方法中，理解客户价值，根据客户期望对流动和交付负责，是服务交付经理这个角色的职责。如果没有人扮演这个角色，看板方法实施往往会浅尝辄止，或者实施规模较小，仅限于个别团队或职能部门，也很少能对端到端流动进行可视化。当服务交付经理角色存在时，客户的需求会被理解，客户的目的以及与该目的相关的风险将成为看板系统和板面设计的核心考虑因素。有了客户上下文，我们可以看到看板拉取系统的深度实施，客户会参与需求填充会议，WIP 限制贯穿整个看板，并在系统设计中应用产能分配、风险评估和服务等级等先进理念进行风险对冲。

在本书中，我没有描述任何角色。看板是"从现有做法开始"的方法，不需要新的角色、职位或工作头衔。然而，我一直没有强调要有服务交付经理，这是因为在我们所有的参考实施案例中都存在这个角色：杜米特留在微软 XIT 维护工程团队中担任了这个角色；戴维斯、科洛米耶茨和丹尼尔·瓦坎蒂（Daniel Vacanti）在 Corbis 担任了这个角色；林登-里德在 Posit Science 担任了这个角色；兰德斯在罗伯特·博世公司担任了这个角色；哈撒韦在 IPC 媒体公司担任了这个角色。直到很久以后，当我们看到了许多浅层次的、团队级别的看板实施后，才开始寻找缺失的元素。最终，克里斯托夫·阿丘伊安茨（Christoph Achouiantz）在山特维克（Sandvik）的案例研究提供了硬性证据，他在那里实施了超过 50 个团队级别的看板方法，但没有任何端到端的流动。最终，阿丘伊安茨意识到山特维克的团队隔离非常严重，仅识别客户并在看板卡片中传达客户上下文信息是不够的，他必须创造一个角色来关注工作流和服务交付，这个角色就是服务交付经理。

因此，本书有了一条新的指导方针：**如果团队已经有了一个人负责承接客户订单，并确保流动顺畅和及时交付，那么在引入看板系统时不需要新的角色。但是，如果团队里没有人负责并确保从客户订单到服务交付的端到端协调，那么就需要这样一个角色来实现深入、有意义且功能完整的看板系统，这个角色的名称就是服务交付经理。**

在敏捷软件开发社区，以及在一定程度上的 DevOps 社区，面对类似日比谷餐厅案例中描述的混乱场景，第一反应是建议进行跨职能团队的重组。如果遵循这个建议，那么日比谷餐厅将被组织成"午餐项目团队"，每个团队将包括 1 名接待员、1 名服务员、1 名清理员和 1 名寿司师傅。也许我们可以对服务员进行交叉培训，让他们既能安排座位，又能清理餐桌，然后将每个团队简化为一个简单的搭配组合：面向客户的前台，负责安排座位、点餐和清理；后台，也就是寿司师傅。为了避免各寿司团队对桌子的争夺，以及因安排客人入座产生的资源抢占问题，我们可以为每个寿司团队分配固定的桌子。团队将一起工作，一次只处理一个午餐项目，或者在产能限制内同时服务几张餐桌。

首先，当你以这种方式描述时，很明显，"组建跨职能团队"的建议在某些情境下是荒谬和毫无意义的。不会有任何餐厅以这种方式组织运营。因此，这不是通用的指导原则。

其次，这根本不是看板方法的做法。看板方法是利用可视化并促进个人和跨职能之间的合作，以提供客户价值。团队可以围绕一个共同目标组建，但这种组建可以是动态的、虚拟的和短暂的，并且不需要任何正式的重组或重构。看板是"从现有做法开始"的方法，不是"从重新组建跨职能团队开始"的方法。**与敏捷软件开发方法不同，看板方法不追求组建跨职能团队。看板方法的基本理念是，通过传达目的并创建一种鼓励合作并朝着共同目标努力的环境，就可以驱动协作，没有必要重新组织团队**。服务交付经理的角色就是使其发挥作用的关键因素。只要有"安迪"作为客户代表，也就是我们晚餐项目的服务交付经理，就可以进行有效的工作协同，确保流动顺畅，提高客户满意度，并实现契合目的的服务交付。

别再搞组织架构调整了！一定要围绕共同目标进行合作。让服务交付经理成为这一目标的管理者！

看板方法论

- 看板方法将组织架构调整视为变革和改进方式的最后手段，它更倾向于在现有组织形式内促进以服务为导向的协作。

- 了解客户的目的或目标，将其透明化，并体现在客户需求的工作项里，是看板方法的核心。

- 通过理解客户需求目的，能够实现在涉及多个职能的工作流中的统一和对齐。

- 在某些情况下，如果没有人负责接收客户订单，并确保订单按照客户的期望在需求目的范围内进行推进和交付，那么就应引入服务交付经理的角色。

- 在理想情况下，服务交付经理应由现有员工担任。在极端情况下，服务交付经理可能是一个新的职位，或冠以类似"交付领导""交付经理""交付总监"这样的头衔。

- 在团队或部门层面的自组织，不足以确保良好的客户服务和对客户需求的充分满足。

- 看板方法不像敏捷软件开发方法那样追求组建跨职能团队，它更倾向于促进跨职能的协作，以实现共同的目标。

第11章

无法之法，看板方法背后的哲学

2009年5月，乔·坎贝尔（Joe Campbell）发表了一篇篇幅不长的博客，对看板方法及其社群的发展方向产生了深远影响，他建议："看板方法应该如水一般。"这句话引用了曾在华盛顿大学学习哲学的已故武术大师、电影明星李小龙的哲学思想和学说。巧合的是，李小龙在中国武术领域的研究与我在看板领域的研究存在一些有趣的相似之处。

如水一般流动

传统意义上来说，中国武术以一系列动作进行传授，被称为"套路"（kata），每个套路都要单独练习。一组套路即为一个门派，通常还会有一个名称。这个名称实际上就像是一个品牌，或者说一个标志，用来描述这组动作以及与创立人（即宗师或师傅）相关的格斗风格。维基百科列出了100多种中国武术的门派，分为传统风格和现代风格，传统风格通常有 2 000～3 000 年的历史，而现代风格主要在近 150 年发展而成。它们有着各种名称，如南派螳螂拳、蛇拳、黑虎拳和猴拳等。引申到看板方法，类似地，一种武术门派可以与一个明确定义的过程或方法论相比较，一组套路则类似于一系列实践、角色、责任和工作流的组合。

李小龙用水来作比喻，它可以呈现任何形态，可以根据环境变化而变化。如果你把水倒入杯子，它就变成了杯子的形状。而水又是流动的，可以变成任何形状。他希望他的追随者拥有一种流动的、适应性的风格，以灵活的思维方式来对待武术，不遵循某种固定模式，而是适应和发展出自己独特的风格。从这个意义上说，李小龙的哲学理念与看板方法完全契合。与其遵循预设的流程或方法，不如从当前所做的事情开始，调整和优化流程，来实现特定的目标或服务于特定的目的。

通过看板方法，我希望人们能够摆脱"组织应该采用并适应某种流程和软件开发方法"的观念。相反，组织应该构建自己独特的工作流，以便根据自己的实际情况、正在管理的风险以及期望得到的结果，来调整形成最适合组织实际情况的解决方案。与其遵循预设好的框架，不如演进出一种契合目标的工作方式，使组织能够满足客户以及业务方、监管机构等其他利益相关者的期望。

2002 年，我在 Sprint 担任经理时得到的启示是，我们业务单元中的每个部门都有其独特的客户群，并管理着一套独特的风险，因此要求 4 个面向客户的开发团队都遵循相同的流程是毫无道理的。他们使用的技术和开发工具是否类似并不重要，重要的是工作的性质、紧急性、延迟成本以及其他业务风险都是不同的。很明显，让每个部门都遵循"标准流程"是不合适的。遵循什么流程应该由业务风险决定，而不是工具和技术！因此，可以看出我们的思想是如此相似，李小龙的武术指导面对的是大约 3 000 年的传统和既定的"最佳实践"，而我的建议冲击了 40 多年的软件工程传统和既定的"最佳实践"，也许还有 90 多年的工业工程和质量保证流程的既定思想。

"无法之法"

李小龙去世后，他的妻子琳达出版了其哲学思想集《生活的哲学》(*Striking Thoughts*)，其中专门有一章节论述水。他观察到，水会绕过岩石流动。岩石是其路上的障碍，但水并没有撞击或试图推开岩石，而是简单地绕过它。岩石在此比喻抵抗：对李小龙来说，这个抵抗来自战斗中的对手。他的建议是，不要使用过多的力量直接攻击对手，而是要绕过这块"岩石"，避免正面对抗。如流水一般，化解对手的进攻或防御，采用迂回的方式来应对。读到这儿，如果你曾是一名军官，可能会发现这与大规模战斗中使用的作战原则和方法有相似之处，这些原则和方法基于任务式指挥、机动战等军事管理理念。

对于我们来说，"岩石"代表对变革的抵制，常见于当个人感到流程和工作方式的变更，对其身份、社会地位、能力、尊严，或在同行和专业社群中受到的尊重构成威胁时。传统的做法是采用已明确定义好的过程或方法，这样总是会引起反感，并激发人们天然的情感防御，导致顽固的抵制和惯性。相反，这种"从你现在所处位置开始"的哲学，可以让流程演进得更适应其情境、更符合其目的，降低变革阻力，同时避免容易引发的情感抵制问题。

李小龙将武术分解为几个基本原则，包含 4 种格斗形式：

- 踢法（Kicking）
- 拳法（Punching）
- 诱制 / 设陷（Trapping）
- 擒拿（Grappling）

还有攻击五法（Five Ways of Attack）[①]：

[①] 李小龙后来又增加了第六种攻击方式，将"单一攻击"一分为二，变为"单一直接攻击"和"单一角度攻击"两种方式，但是"攻击五法"已经成为一个专有名词，因此名称保持不变。"攻击五法"实际上有 6 种攻击方式，这也是演进式变革的一个例子。作为专有名词的"攻击五法"就是一种进化遗迹。

- 单一直接攻击（Single Direct Attack，SDA）
- 组合攻击（Attack by Combination，ABC）
- 渐进间接攻击（Progressive Indirect Attack，PIA）
- 封手攻击［(Hand) Immobilization Attack，HIA］
- 诱敌攻击（Attack by Drawing，ABD）
- 单一角度攻击（Single Angle Attack，SAA）

李小龙鼓励他的追随者从任何他们认为合适的地方借鉴学习。他也以身作则，从击剑中借鉴了防御策略。在这种情况下，李小龙故意选择了一项欧洲体育项目，并将这些外来的实践融入中国武术，他刻意打破了常规，在一个非常传统、保守的社群中展示了开放行为。

李小龙继续以水为灵感，这次他用半杯水作比喻。他会倒掉一些水，告诉人们"吸收有用的东西"，然后丢弃剩下的部分。**换句话说，如果你发现了有用的、你喜欢的或对你有效的做法，那就保留下来；如果有些做法无法产生你期望的结果，且你觉得难以执行、应用起来比较困难、代价高昂或不可靠，那就舍弃它们。** 每位武术大师都应该发展出自己独特的风格，形成自己的格斗方式。他们不应该受模式化风格的限制，也不应该被约束遵从一套固定的做法。

李小龙在西雅图的朋友和学徒请求他给自己的拳法取一个名字。起初，李小龙拒绝了这个请求，他说这是"无法之法"。换句话说，这是一种发展式格斗风格方法，不遵循任何模式化风格，可以理解为"无限制即是限制"，可采用新招式或世界各地其他已有的武术方法。因此，李小龙认为不能给自己的拳法起名字。他担心给它起名会导致练习者以模式化风格的固定思维方式练习并试图复制它。相反，他希望人们能自己思考，做出自己的选择，形成自己独特的风格。在西雅图，他的方法通常被称为"街头格斗"，但这不适合作为商业品牌进行传授推广。最后，李小龙将他的拳法命名为截拳道（Jeet Kune Do），即"拦截拳头的方式"，这是他特别喜爱的一种格挡动作。然后，他又巧妙地引导大家转变思想，建议学习者即使将拦截拳从他们的练习中去掉，也是在遵循截拳道。因为截拳道是"无法之法",其限制就是没有限制。

这与看板方法的相似度之高实在令人难以置信。看板建议从当前正在进行的工作开始,但不要将自己与任何具体实践(Specific Pratice)绑定在一起。你可以摒弃那些对你无效的实践,采用其他可能更有效的实践。看板方法要求你将所做的事情分解为以下这些基本要素:

- 以服务为思考单位。
- 将你的组织视为一个相互依赖的服务网络。
- 确定工作类型:每个服务需求代表了可交付给客户的工作类型,也就是工作项类型。
- 绘制工作流,以识别那些用于发现新信息或新知识的活动系列或活动序列,这些新信息或新知识表示每个服务的增值工作流。
- 识别决策点:认识到知识工作流主要由一系列决策组成,而做决策需要信息。因此,工作流由一系列信息收集步骤组成,用来帮助决策。当花费更多的时间和精力来收集信息,却并不能显著改善决策或改变结果时,就会出现边际收益递减的情况。
- 了解每个服务处理工作的产能:了解你在容量、前置时间、质量和可预测性方面的产能,并将需求与供应能力匹配或平衡。
- 识别规则:了解用于指导和做出决策的规则,包括根据与每个需求相关的风险进行工作项选择决策,例如延迟成本。正是这些决策控制了流程。
- 建立分类要求:有能力决定现在立即要处理的工作,哪些应该等到以后再处理(如果是以后,那应该是何时),以及什么工作根本不需要做。形成根据价值和风险来制定决策和拒绝不必要的工作的能力。

根据你自身独特的情况,经过演进和适应的发展,你的变革应包括以前的实践,同时也有最近采用的实践,这些实践代表了以上基本要素中的一个或多个。例如，测试实践会产生信息。这些信息可以用来决定工作项的质量是否足以进入工作流中的下一个步骤。

到了 2009 年，这种用于改进服务交付的独特的演进过程和工作流方法，使用了一个由虚拟看板系统、可视化呈现方式、度量指标和反馈机制组成的框架。此时，它也需要一个名称。如果要传播这个方法，要教授、学习、采用该方法，并能稳定实施，那么它也需要一个品牌名称，或者一个可以引用和描述它的标识。在写"小蓝书"时，我确定了这其中独特的元素，是我们正在做的事情中让人们能记得住的"粘性"元素，或者说其中令人印象深刻、让人感到惊讶和新奇的元素，就是使用了虚拟看板系统。在日常交流中，人们已经开始简单地将这些概念和方法称为"看板"。如果要用一句话来表达，更为精确的说法是"为了改进 IT 服务的产能，我们使用了虚拟看板系统"，然而，人们采用了更简洁的说法："我们在 IT 服务中使用了看板。"因此，我将我们所做的事情命名为"看板方法"，合情合理。

- 与其遵循规定好的过程或方法，不如从现有实践出发，进行调整和演进来服务或实现特定目标。

- 看板方法要求你将工作分解为一些基本的元素：将组织视为相互依赖的服务网络；确定工作类型；绘制工作流；识别决策点；了解每个服务处理工作的产能；识别规则；建立分类要求。

第 12 章

看板方法的认知升级

我们已经进入了故事的下一个阶段,现在要正式对这种方法进行规范化,这样其他人在进行复制的时候,更可能获得相似的成果。故事发生在 2009 年,就在我开始撰写"小蓝书"时。那时,我问自己:看板方法究竟是什么?

什么是看板

"看板"既是一个中文词汇也是一个日语词汇。它在日语中可以有好几种含义,取决于如何进行书写。日文有 3 种字母系统:日文汉字源自中文;平假名为原始的日文书写方式;片假名则是一种更现代和偏角形的平假名,用于表达从外语引入日语的词汇。用汉字写成的"看板",意思是标志牌或板。在美式英语中,其字面意思是"招牌"(shingle)[①],通常指中世纪商店或工匠作坊

[①] "to hang out your shingle" 这个表达在美式英语中仍然很常见,可理解为"开门营业"的意思。但这种用法在英式英语中却很难理解。

外挂着的牌匾。在中文表达中，只有汉字这一种形式，它通常作动词，因此可以翻译为"看某块牌匾（或标志）"。从这个层面理解，菩坚·罗伽（Pujan Roka）绘制的插图，如图12-1所示，对于中国读者来说含义很清晰，不过他们可能会思考为什么图上的人看向了别处而不是那块板。

图12-1　"小蓝书"封面插图

当以平假名书写时，かんばん指一种小型手持式令牌。在美式英语中，差不多对应的是"计数"（tally）这个词，该词在排队系统中很常用，比如在汽车渡轮的等待区。大野耐一创造了这些令牌或信号卡，并于20世纪40年代末在丰田应用，限制工厂的库存并根据客户需求信号来生产。这项技术创造了我们熟知的看板系统。直到20世纪60年代初，当丰田接受戴明奖（Deming Prize）评审时，才将"kanban"作为术语提出。本书中讨论的看板，指的是后一种平假名表达的意思，该含义是我们的灵感来源。

在看板方法中，我们所做的事情，更准确地说应该被称为"虚拟看板"。之所以说是"虚拟"，是因为在软件领域，为了实现软件开发或信息发现过程中的 WIP 限制，我们会用显示出所谓的看板限制数量，同时展示出软件中的工作对象，用这样间接的手段，来"虚拟"出上游活动发出的信号。在这种情况下，软件代码交付也能实现工作流程中特定步骤的看板限制。

尽管看板这个词有很多不同的含义，但在过去的 15 年里，这种混淆似乎也没造成太大影响。早在 2007 年，看板展示板就已经演化成为看板方法的核心内容。尽管看板系统中的虚拟看板信号卡或令牌出现得更早，但看板展示板和信号卡这两种工具都被证明是有用的，如今也被认为是整个方法的核心。因为看板的这两个重要含义紧密相关，争论哪个更重要似乎并没有意义。

什么是看板系统

系统的产能由一定数量的看板信号（或卡片）表示，并进行流转。每张卡片代表一项工作。每张卡片也充当着信号机制。只有当有可用的卡片时，才能开始新工作，这张空闲卡片将被分配给一项新工作，并随着工作进展在系统中流动。当没有更多的空闲卡片时，则无法启动额外的工作。任何新工作都必须在队列中等待，直到出现可用卡片才能启动。当某项工作完成时，卡片将与工作分离并回收。如此便产生了一张可用卡片，可以开始队列中的新工作了。

前面提到的机制被称为拉取系统，因为只有在有产能处理新工作时，才会将其拉入系统，而不是基于需求将其推入系统中。如果根据流通中的信号卡数量设置适当的产能，拉取系统就不会过载。

在第 1 章中讨论的皇居东御苑，花园本身就是系统：游客是进行中的工作，产能由流通中的门票数量限制。只有当有可用来发放的门票时，新到的游客才能入场。在平日里，这从来不是问题。然而，在旺季，比如节假日或樱花季的周六，花园很受大家的青睐。当所有门票都发完后，新的游客必须在园外的桥上排队，等待工作人员从离场的游客那里回收卡片。看板系统通过限制进入花园的人数，提供了一种简单、成本低廉且易于实施的控制人群规模的方法。这使管理者能够保持花园的良好状态，避免因过多的人流和拥挤造成破坏。

什么是看板方法

看板方法是一种为专业服务而设计的系统化管理方法，旨在提高客户服务和满意度；还是一种旨在实现制度性变革的进化方法，促使组织在文化、成熟度以及业务和经济产出方面进行可持续的改进，并且这些改进能经受住职员、管理者、高层和客户变动带来的考验。

我们发现通常采用看板方法的组织会有以下 3 种动机：

- 可持续性
- 服务导向
- 生存能力

可持续性

这是为了避免人员和组织超负荷，实现可持续的工作节奏。这样的关注通常来自内部，目标常是缓解问题，例如员工超负荷、员工流失、质量差、员工参与度不高以及工作环境紧张等，同时提高工作满意度。

服务导向

这种动机通常源自外部，更利他主义和以目标为驱动。采用看板方法的目标是设法满足当前不满意的客户，满足他们的期望并实现契合客户目的的服务交付。你意识到自己领导的是一个服务型企业，重要的是要以服务为中心进行思考，将组织视为相互依赖的服务网络，并认识到对于这个网络中的每个服务，你都可以通过部署看板系统来改善服务交付。

生存能力

我们发现这种动机往往来自家族企业和私营企业的高层，这些企业的职业经理人的任务是保护企业财富，以传给后代。他们希望打造一个文化更开放、更愿意冒险并重视变革和现代化的创新型企业。鉴于大规模变革对企业中短期生存可能带来重大风险，高层认识到组织需要具备在快速变化的环境中随之演进的基因。因此，他们更愿意进行增量、演进式变革，而不是剧烈的、经过设计和管控的变革。这是一种尊重历史，尊重当下参与业务者的人道主义变革。

人道主义变革

看板方法提供了一种人道主义变革路径。一个组织采用看板方法，是因为它重视客户，希望能够满足他们的需求，同时也重视并尊重员工。采用看板方法的组织相信，可以创造一个三赢的局面：满意的客户，高度自主、高度熟练和充满目标感的员工；令投资者或其他利益相关者（如捐赠者或纳税人）感到满意的卓越的经济成果。同时在组织内建立机制，用于演进、适应、保持竞争力，并在多变的市场和高度的经济不确定性下不掉队。

看板系统是演进式变革的核心

看板方法使用看板系统作为驱动或促使变革的核心。看板系统可以实现可预测的服务交付，与此同时，它们也会产生一些压力和紧迫感，从而激发变革。看板节奏也是看板方法的关键组成部分，由看板系统与一系列用于反思和行动的反馈机制构成。看板系统是一种可重复系统，可以在各种专业服务和知识型工作者行业实现业务敏捷性。

将看板方法应用于专业服务工作

使用"看板展示板"是 20 世纪末至 21 世纪初极限编程敏捷软件开发社区采用的一种技术,具体如图 12-2 所示。这些"极限编程员"将他们的软件需求,也称为"用户故事",写在索引卡上,然后将它们固定在一个板子上或墙上供所有人查看。展示这些"故事卡"的板子被称为"卡片墙"。正如在第 4 章中讨论的那样,自 2007 年开始,我借鉴了极限编程,将卡片墙引入看板方法并进行了适应性改造。看板展示板可以使人们更深入地了解工作流,以及流程的运作方式。看板展示板与极限编程的卡片墙的关键性区别便是工作流。极限编程只有一些简单的状态,如待办、进行中和完成,而看板展示板通常包含了整个服务交付工作流程,或是信息发现步骤中的多个活动。

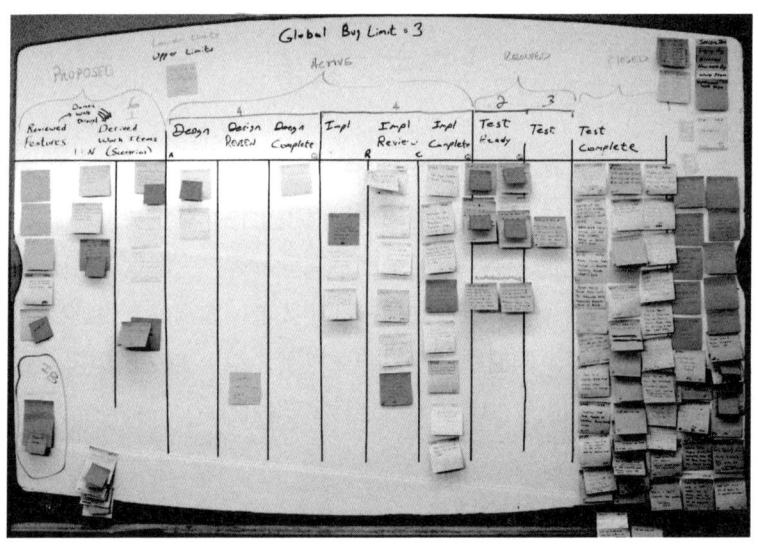

图 12-2　看板卡片墙(由 SEP 机构提供)

大家已经知道日语中 kanban 的含义是标志牌或板,这样就能轻易理解为什么我们现在基本不再使用"卡片墙"这一术语。某些用于跟踪知识工作活动的软件工具,比如微软的 Azure Devops,只是简单将它们称为"boards"(展示板),并将其子产品称为 Azure Boards。展示板上的每张卡片代表一项工作。

看板方法的 6 个好处

采用看板系统有如下几个好处，每个好处都有一个简单可解释的原因和影响。

防止过载

为了防止员工负载过大，我们使用看板系统来设置 WIP 限制，以反映合理的产能。通过避免在完成或丢弃现有工作之前就开始新工作，有效防止 WIP 的增长，进而平缓工作流中的需求，使之与完成速率保持平衡。这意味着可持续的工作节奏，需求输入与交付完成工作的能力保持了平衡。

员工得以专注于一项或少数几项服务需求，压力减轻了，工作质量通常也会提高。团队成员也可以实现工作与个人生活的平衡，这使他们能够以稳定的节奏持续高质量地工作。看板系统实现了我在 21 世纪初期所寻求的可持续节奏（见第 1 章）。

延迟承诺

看板系统还使我们能够延迟承诺。通过限制 WIP 的数量，看板系统鼓励我们在确信客户真正需要交付时才启动工作，而 WIP 限制带来的稀缺性鼓励我们仅在临近交付前不久才启动工作。其影响是，我们得以尽可能地延迟承诺，这使我们能够选择其他更紧急的工作。看板系统鼓励采纳精益文献中所称的"最后负责时刻"。延迟承诺意味着，待办的工作在收到信号表明有产能可以启动新工作之前，都保持为待选择和未承诺状态，收到信号后才将其纳入系统。

延迟承诺在知识型工作者行业具有颠覆性影响。通常，工作者不仅抱怨负载过度，还抱怨不断变化的优先级，新加入的工作显然比现有工作更重要，但随后优先级再次改变，更多新的工作又开始了。看板系统迫使组织停止这种行为。延迟承诺意味着要求业务利益相关方非常仔细地考虑是否真的需要某些东西。这意味着一旦承诺并被纳入看板系统，工作就不应被丢弃或退回到待选择的可选需求池中。这种转变显著改变了科技企业的风险管理方式，并将讨论集中在如何选择要开发和交付的工作项上。

将问题可视化

正如你将看到的，看板系统还有助于迅速排除那些妨碍工作流并损害服务绩效的问题。看板系统促使组织专注于解决这些问题，保持工作的稳定流动。通过对质量和流程问题的可视化，它清楚地展示了缺陷、瓶颈、变异性的影响，以及批量移交的交易和协调成本的影响。通过看板简单限制 WIP，鼓励提高质量和绩效。通过改善流程、提高交付质量，有助于缩短前置时间，提高可预测性和准时交付率。通过建立定期的发布频率并保持按期交付，看板系统有助于与客户建立信任，也有助于与整个工作流中的其他部门、外部供应商和下游合作伙伴建立信任。

有助于文化发展

通过这一系列实践，看板系统将有助于组织文化的演进。通过暴露问题、让组织专注于解决问题、消除问题带来的后续影响，完整的看板方法有助于形成一个高度协作、高度信任、高度授权并不断改进的组织。

提升客户满意度

看板方法已被证明可以定期、可靠、高质量地交付无形产品，如软件、建筑计划、广告活动、设计资料、照片、蓝图、网站代码、编辑文稿等，提高客户满意度。它还被证明可以提高生产率和质量，同时缩短前置时间并提高及时性。此外，有证据表明，看板是推动打造更敏捷、灵活的企业的关键因素，因为它建立了一种逐步成熟的演进能力，使企业能够随着市场变化和经济状况波动而快速行动、转变和调整方向。

推动持续改进

看板系统之所以引人注目，有几点原因：一是能够消除超负荷，二是控制工作流中变异性的影响，三是由延迟承诺带来诸多好处，四是通过改变对工作选择、资本配置和资金支出的方式，改变了管理风险的方式。看板系统可以更好地改变企业的运作方式，单这一点就足以成为采用看板系统的有力论据。然而，在 2007 年，我并不知道看板系统在推动渐进式流程改进方面的声誉。当时我并不知道，丰田生产系统的创始人之一大野耐一曾说过："丰田生产系统的两大支柱是准时化生产和带有人文关怀的自动化，或者称为自动化与自主化相结合的生产方式。运行该系统的工具就是看板系统。"换句话说，看板对于丰田的持续改善文化至关重要。它是推动持续改进的机制。我也认识到，这对应用于专业服务和知识型工作者活动的虚拟看板系统同样成立。

看板方法的 6 种通用实践

为了在组织内创建实现演进式变革和改进服务交付的机制，看板方法定义了一组高层次或抽象的实践。这 6 个通用实践，提炼自 2007—2009 年间在多个组织成功实施看板方法的案例。很明显，这 6 个通用实践是一致且必要的，并且足以产生有信心和可预测性的积极结果。它们包括：

- 可视化
- 限制 WIP
- 管理流动
- 明确规则
- 实施反馈机制
- 应用模型和科学方法，协同改进，实验演进在具体实施过程中，会应用独特的可视化、限制 WIP 和管理流动的实践，还会配有一组独特且明确的规则和反馈机制。这些独特设置的灵感来自经典的看板节奏通用示例集。此外，具体实施中还会有独特的方法来识别改进机会、实施改进。

在 2008—2010 年间出现的一些他人早期研究和著作，主要关注了前三个通用实践：可视化、限制 WIP 和管理流动。这带来了许多仅侧重于服务交付的浅层次实施。在这些实施中，演进式变革和持续改善文化往往不会出现。

看板系统的目标之一，也是实现业务敏捷性所必需的，是赋予员工自主权，让他们自主行动并自行决策。如果一个组织希望快速行动并具备敏捷性，那么授权是不可或缺的元素。因此，有必要培训管理者以系统思维的方式思考，并作为领导者来设计工作系统，使员工能够自行做出许多决策。那些只遵循前三个通用实践的浅层次实施中缺少的，便是创造授权所需的系统思维，这会让管理行为的变革没办法发生。因此，我将最初的 6 个通用实践分为两组，每组 3 个通用实践：一组为操作实践，旨在由员工自主执行；一组为管理实践，为回答"管理人员做什么？"这一问题提供指导。

操作实践包括：

- 可视化
- 限制 WIP
- 管理流动

管理实践包括：

- 明确规则
- 实施反馈机制
- 应用模型和科学方法，协同改进，实验演进后一组实践是推动演进式变革所必需的。管理者的任务是创建一个能应对突发行为并不断适应和演进的系统，直到其能够持续实现契合目的的服务交付。

看板方法的 3 个原则

在我接触看板方法之前，正如在第 1 章中所说的那样，我一直在努力整合一些想法，将特性驱动开发（Feature-Driven Development）、TOC 制约法、精益产品开发（Lean Product Development）相结合。或者用另一种方式来说，我正在整合彼得·科德（Peter Coad）、杰夫·德卢卡（Jeff De Luca）、艾利·高德拉特和唐·莱纳特森等多位思想领袖的工作。此尝试的最初成果体现在我 2003 年的著作《软件工程的敏捷管理》中。在接下来的一年里，我不断完善这些想法，陆续加入了 W. 爱德华兹·戴明（W. Edwards Deming）的工作成果，以及来自统计过程控制社群（Statistical Process Control Community）其他人的成果，如唐纳德·惠勒（Donald Wheeler），并通过我的博客或大会演讲发布这些新的综合性方法。正如莱纳特森在推荐序中提到的，他当时首次接触到了初步完善的版本，他建议我关注批量大小及其减少，或者干脆限制批量规模，同时建议我关注 WIP，并认为看板系统是控制不必要的变异性的有趣方式。

我开始发展出一组支撑我的思想和管理哲学的原则。多年来，我一直在培训课程中教授这些原则，却没有明确命名它们。同样，我在 2010 年时也没有想到要把它们编入"小蓝书"中。现在，时间来到 2023 年，似乎是纠正这个遗漏的好时机。这些原则是看板方法后续发展的根基，我将它们称为"流动原则"（The Flow Principles）和"服务交付原则"（The Service Delivery Principles）。

流动原则

20 多年来，流动原则一直支撑着我在管理理论和实践方面的工作。这条原则基础到我一直认为早已发布，实际上却并没有！我直到最近才尝试将它们写下来或系统化。这些原则是我第一本书《软件工程的敏捷管理》中的思想基础，我在其中综合了莱纳特森《管理设计工厂》（Managing the Design Factory）一书中的思想和高德拉特的著作《目标》（The Goal）中的 TOC 制约法，以及特性驱动开发方法（Feature-Driven Development，FDD）。最后这种开发方法是一种轻量级的 SDLC 过程，被认为是最初的"敏捷"方法论之一。看到无形商品、专业服务和知识型工作活动的流动，为改变现代工作世界的新管理方式打开了大门，这远远超出了看板方法的应用。

流动原则包括下面两个方面。

- 无形商品（专业服务）业务，可以以某种类似于有形商品业务的方式进行管理。
- 用有形的工件来代表无形商品：将不可见的工作和工作流可视化。
- 控制和限制无形商品的"库存"。

服务交付原则

看板方法由核心原则驱动，其目标是改善服务交付，以及实现制度化的变革，这种变革稳定持久，即使过了管理重视和干预期，在个人和管理层发生人员变动的情况下，也能够持续存在。当管理者离开或改变关注重点时，他们所做的改变也能保留下来。这就是"制度化"的概念。另外，在总结看板方法及其指导方针，并推动其在全球范围内推广时，我采用了下面一些原则。

在微软的 IT 部门，改善服务交付是采用看板系统的最初动力。如果交付不稳定、不可预测、质量差，或者需要太长时间，并且工作流效率较低，那么看板方法应该会有所帮助。

服务交付原则包括：

- 了解并专注于客户的需求和期望。
- 管理工作，让人们围绕工作进行自组织。
- 演进管理规则，以改善客户满意度和业务结果。

变革管理原则

从 2002 年开始，我一直在寻找一种演进式的变革方法。演进式变革需要一种刺激或压力来引发讨论并激发变革。它需要一种反馈机制来评估问题并提出变革建议，同时需要领导力行为来冒险实施变革，并坚持足够长时间以确保其成功。

我们现将其称为演进式变革模型（Evolutionary Change Model）：

- 压力源
- 反馈机制
- 领导力行为

虽然有许多实践都可以作为压力因素，但通过看板系统限制 WIP 是引入这种压力的一个绝佳方法。累积流程图和交付时间直方图等度量方式，以及看板节奏中的服务交付检视等实践活动，已提供了反馈机制。因此，看板方法将演进式变革所需的 3 个要素中的 2 个进行了系统化和规范化，同时提供了鼓励采取领导力行为以推动改进的机会，这些机会包括会议和检视。正是看板方法中的管理实践推动了演进式变革。

我们可以在"小蓝书"封面插图中看到：这个团队显然正经受着一些压力，工作并未在流畅进行。从他们的谈话中可以看出，其服务交付情况并不顺利。他们在看板展示板面前召开看板会议来反思事情的进展，这是他们的反馈机制。然后第四个人采取了领导力行动，他说："我们该做点什么了！"，这就催生了看板魔力，从而催化了变革，采取主动行动并付诸实施。这是"小蓝书"

中的一个疏漏：我未能认识到领导力对于推动演进式变革的重要性，因此没有在书中讨论这一主题。如果说"小蓝书"中有什么失败的地方，那就是未能认识到领导力的必要性，没有花费篇幅论述它，使其发挥出应有的作用。

> 彼得·圣吉说："人们不会抵制变革，他们抵制被改变。"
> 蒂普·奥尼尔说："所有的政治都是地方的。"
> 大卫·安德森说："如果所有的政治都是地方的，那么所有变革都是个人的。"

认识到组织、协作和领导力是社会学现象，以及在业务中完成任务需要一群人协作，这就可能会忽视一个事实：所有的变革，即使发生在群体身上、发生在组织中，也是由个体感知和解释的。研究个体如何应对变革是社会心理学的一部分。

在与变革相关的情况下，个体可能处于以下 4 种状态之一。

- 稳定性（Stability）：满意，没有改变的动力。
- 惯性（Inertia）：不满意，但对变化感到恐惧，抗拒变化。
- 渐进式或演进式（Incremental or Evolutionary）：只要改变不影响社会结构和等级制度，愿意接受实践和做事方式的常规性变化。
- 剧变性或结构性（Dramatical or Structural）：对身份、角色、社会地位、尊严、尊重或认可的改变；引发心理危机，导致抵制，带来惯性。

几乎所有传统的变革管理，尤其是那些规定了新的流程、角色、职责和合作方式的软件工程过程方法和敏捷方法，都会破坏社会结构。并且由于感知到的身份威胁，还会产生心理危机。我们在看板方法中的目标是克服惯性，并通过被视为常规的小变化引领渐进式、演进式变革。我们的目标是避免身份威胁和剧变性的社会结构变革。如果我们能做到这一点，就能取得进展。就像任何一个优秀的运动员，比如杜米特留在早年可能会告诉你的那样，"每一个小的改进都是一种进步"。

正是因为明白看板方法应该"如水一般流动"，认识到"水会绕过岩石"，也知道这里的岩石是由身份威胁，以及剧变性社会结构变革引发的情感抵制而产生的，我才制定了看板方法的变革管理原则。

变革管理原则包括以下几个。

- 从现有做法出发：了解当前的实际流程和实践；尊重现有角色、职责和职位。
- 达成通过演进式变革追求改进的一致意见。
- 鼓励各个层级的领导力行为。

有效变革领导的本质

我还意识到，如果人们无法复制我的看板方法成果来有效引领变革，那么这一切都毫无价值。受我在20世纪90年代末的老板杰夫·德卢卡（特性驱动开发方法的提出人以及重要IT项目的出色领导者）的启发，我确立了看板大学的品牌精髓：务实的（Pragmatic）、可执行的（Actionable）、基于实证的指导（Evidence-Based Guidance）。这是我的重要事业。

- 务实：可以做到的。
- 可执行：知道该做什么。
- 基于实证：我们教授的内容、提供的指导，都已经过验证，确保其有效性。

这些核心价值观从一开始就指导着看板方法的发展。我认为看板方法的稳健性及其在市场上的有效性，很大程度上归功于这些基本价值观。看板方法之所以有效，是因为我们始终专注于推广务实的、可执行的、基于实证的指导。实际上这很难做到，因为收集证据需要时间。指导是从现实世界的经验中提取和抽象出来的。为了总结看板成熟度模型这样的大规模指导内容，历经了大约 15 年的时间，需要许多人花费大量时间和精力来进行实验、收集证据、报告研究结果、讲述经验、撰写研究案例，并提供经验报告，然后由其他人来分析这些内容，寻找重复的模式，找到共同的要素，最终将它们系统化、规范化。对变革管理领域的改变是一个漫长且耗时耗力的过程，需要极大的耐心。

看板方法的 34 个价值观

2013 年 1 月，迈克·伯罗斯（Mike Burrows）发表了自己的观察，他认为看板方法是一个以一系列价值观为基础的方法，是一种信条。这些价值观描述了让看板方法可以蓬勃发展的组织文化。伯罗斯的工作改变了看板方法，也改变了他的职业生涯，因为他将思考集中在以结果为导向的变革和通过价值观来推动文化变革上。这引导他提出名为"议程式转变"（Agendashift）的组织变革领导方法。伯罗斯明确描述了与看板方法关联的 9 个价值观。最近，通过对 KMM 的研究，我和特奥多拉·博热瓦一起增补了这个清单，以反映实现组织成熟模型中的 7 个级别相对应的成果所需的企业文化。与看板方法相关的完整价值观清单如下：[1]

- 成就（Achievement）
- 协作*（Collaboration）
- 透明*（Transparency）
- 主动性（Taking Initiative）
- 领导力行为（Acts of Leadership）

---

[1] 价值观右上角标 * 表示的是迈克·伯罗斯 2013 年定义的 9 个初始看板价值观，详见他 2014 年出版的书籍《从内部观察看板》（*Kanban From the Inside*）。

- 客户意识（Customer Awareness）
- 演进式变革（Evolutionary Change）
- 流动*（Flow）
- 叙事（Narrative）
- 尊重*（Respect）
- 理解（内部）*［Understanding（internal）］①
- 共识*（Agreement）
- 平衡*（Balance）
- 客户服务*（Customer Service）②
- 契合目的（Fitness for Purpose）
- 各层级的领导力*（Leadership at All Levels）③
- 短期结果（Short-term Results）
- 理解（外部）［Understanding（external）］
- 统一和对齐（Unity and Alignment）
- 聚焦业务（Business Focus）
- 竞争（Competition）
- 客户亲密度（Customer Intimacy）
- 数据驱动决策（Data-driven Decision Making）
- 更深层次的平衡（Deeper Balance）
- 公平性（Fairness）
- 领导力发展（Leadership Development）
- 法规合规性（Regulatory Compliance）
- 机会平等（Equality of Opportunity）
- 实验（容忍失败）［Experimentation（tolerance of failure）］
- 完美主义（Perfectionism）

---

① 最初被记录为"理解"，后来分为"内部"和"外部"两个子类别，反映了在不同成熟度级别的组织中观察到的同理心水平。
② 最初被记录为"客户关注"（Customer Focus）。
③ 最初被简单记录为"领导力"（Leadership）。

- 社会流动性（Social Mobility）
- 一致性（Congruence）
- 长期生存能力（Long-term Survivability）
- 宽容和多样性（Tolerance and Diversity）

为了达到理想业务结果，需要不断提高组织成熟度、扩大企业规模、帮助组织提升长期生存能力，这个扩展的价值观列表中呈现了我们认为需要的组织价值观。这个长列表超越了仅仅拥抱看板方法所需的内容。

伯罗斯基于看板方法研究提出的 9 个组织价值观的简要解释，请参阅附录一。

伯罗斯基于对看板方法的观察和实践，回顾总结了他的看板价值观清单。它们是观察到的事实，而不是一个理论实验。它们不仅提供了关于看板方法的目的和意义的洞察，还提供了一种判断其在组织中是否被恰当采用的方法。你、你的团队、你的部门、你的业务单元和你的更大范围的组织中，是否也存在这些价值观？如果不是全部存在，那么有多少个？采用看板方法的组织所拥有的价值观与看板方法本身价值观的一致性，是变革成功的预测因素，也是评估可能实现的实施深度的先导指标。你与看板方法共同的价值观越多，采纳该方法就应该越容易，可期望的收益也越大。

这一观察结果引出了看板成熟度模型的准则：

结果源于实践，
实践源于文化，
文化源于价值观，
因此，以价值观为先导。

领导力是秘密武器

"小蓝书"的封面插画旨在完整展现看板方法的本质。它清晰地展示了可视化的特征,也许还可以更清晰地表现 WIP 限制?不过这被漫画家菩坚·罗伽简化省略了。回过头看,这也产生了有趣的结果。这幅画实际描绘了原型看板的实施。它反映了我们现在说的从成熟度 2 级过渡到成熟度 3 级的组织。虽然初版的"小蓝书"的目的是指导组织在成熟度 3 级的水平上实现契合目的的、可靠的和可预测的服务交付,但实际情况是,行业的实施水平更浅一点,这幅画更准确地反映了 2010 年的典型工作场景。

我们看到一个小团队正在讨论工作流,这暗示着工作流是有管理的。很明显,有一些控制工作的规则。其中一些规则可能是明确的,例如,颜色的使用肯定表示了工作相关的一些要素,以及这些工作所需的处理方式。然而,这也暗示了一些规则是隐性的,或许可以被改进。画中的测试成员是空闲的,这表明缺乏灵活的工作规则,而需求分析师似乎有太多的并行工作,也许一些规则没有得到遵守,或者执行得不够充分。整幅插画和正在进行的会议都展示了一整个反馈闭环。看板展示板上显示的工作,以及对话框中的内容都表明开发是瓶颈,因此,我们被迫引入模型来更好地理解工作流及其所面临的问题。

这幅插画非常巧妙地捕捉了看板方法的 6 个通用实践,但插画右侧的角色向我们展示了看板方法发挥作用所需的最重要的东西。通过建议"我们该做点什么了!",他展示了一个小小的领导力行为。他并不满足于听取同事的汇报。也许这些汇报在过去的几天或几周内已经重复出现了多次,在今天的会议上,他已经听够了,是时候采取行动了。真正有趣的是接下来会发生什么,这就是"会后讨论"。这种自发性会议最终引发了改进工作流的行动,在正式的精益文献中这被称为"自发质量循环"或"改善事件"。

一群感兴趣的人,可能来自不同的职能部门,将会聚在一起讨论他们所看到的情况。他们可能会质疑为什么测试人员处于空闲状态；可能会确认开发人员是否一直在忙碌，没有空闲时间；也可能会观察到已完成分析正等待开发的工作的积压情况，从而得出开发能力是瓶颈的结论。接着，他们可能会质疑现有的规则；可能会询问开发人员是否有一些工作可以由他人完成，也许他们会愿意让测试人员做一些风险较低、较少创新、重复性的工作。然后，他们可能会同意让空闲的测试人员协助完成开发工作，比如处理蓝色卡片，这些工作卡代表的工作风险足够低，专业的开发人员也能接受来自其他职能部门的人来协助完成它。换句话说，这种改变不会威胁到他们的身份或社会地位，不会影响开发人员的地位、所受到的尊重和认可，也不会伤害被要求做较低风险开发任务的测试人员的尊严。由此规则逐渐发生了改变，职能之间的障碍和角色之间的分界线被逐渐消除。员工通过掌握多种技能而变得更加灵活，系统中工作人员的社会资本（或信任）水平也在增加。

在会后讨论中发生的事情展示了知识型工作服务交付的复杂性，以及在充分实施看板方法时常见的影响。

- 采用看板方法的组织通常有 3 个共同的动机：可持续性、服务导向和生存能力。

- 看板方法的名称来源于其使用的看板系统，该系统限制了 WIP 数量，并营造了积极的紧张氛围，从而催生了变革。

- 看板系统由看板信号（或卡片）组成，一个看板卡片代表系统内一个产能单位。

- 看板系统的 6 个好处：防止过载、延迟承诺、将问题可视化、有助于文化发展、提升客户满意度、推动持续改进。

- 看板方法有 6 个通用实践：操作实践包括可视化、限制 WIP 和管理流动；管理实践包括明确规则、实施反馈机制以及协同改进，实验演进。

- 看板方法基于 3 个原则。

  - 流动原则，无形商品业务可以像有形商品业务一样进行管理；可视化无形工作和工作流程；控制和限制无形商品的"库存"。

  - 服务交付原则：了解并专注于客户的需求和期望；管理工作，让人们围绕工作进行自组织；演化管理规则以改善客户满意度和业务成果。

  - 变革管理原则：从现有做法出发，了解当前的实际流程和实践，尊重现有角色、职责和职位；达成通过演进式变革追求改进的一致意见；鼓励各个层级的领导力行为。

- 演进式变革模型包括压力源、反馈机制和领导力行为。

- 要在世界上产生影响并实现持久性变革，看板的指导必须是务实的、可执行的和基于实证的。

- 看板方法的 9 个价值观：协作、透明、流动、尊重、理解、共识、平衡、客户关注、领导力。

- 看板成熟度模型准则：结果源于实践、实践源于文化、文化源于价值观。因此，实施看板方法时要以价值观为先导。

- 领导力是推动改进所必需的，是看板方法的秘密武器。

第 13 章

看板成熟度模型

我与特奥多拉·博热瓦一起工作时意识到,有许多不同的看板实施模式,通过案例研究的证据、经验报告、社群轶事和访问客户时的观察,我们发现看板实施的复杂程度与组织的成熟度之间存在一定关联。[①]

看板成熟度模型的 3 个支柱

图 13-1 展示了看板成熟度模型(KMM)的 3 个支柱,关注结果,结果通过实践实现,而这些实践又受文化的影响,三者都由演进式变革的管理方法驱动。组织成熟度模型围绕可观察到的结果构建,后文将通过客户体验加以说明。

[①] 本章内容初次出现,是在大卫·安德森和阿列克谢·泽格洛夫(Alexei Zheglov)的著作《契合目的:综合客户体验和战略以加速业务成果》(*Fit for Purpose: Synthesizing Customer Experience and Strategy for Accelerated Business Results*)的附录中。

图 13-1　KMM 的 3 个支柱

组织的成熟度模型

我们建立了一个组织成熟度模型，并且证明了看板方法实施受到组织成熟度的影响。看板系统、看板展示板和卡片的设计都受组织需求的驱动，而随着组织成熟度的不同，这些需求也变得多样化。随着组织成熟度的提高，会涌现与业务行为、领导力、风险管理、组织文化有关的变化，且与不同成熟度水平相关的业务结果最终也会随之变化。看板方法的实施始终反映了实施它的组织的成熟度。如果组织非常关注风险管理，那么看板展示板及其卡片的设计将反映出可视化风险信息和对冲风险的需求。

我们的组织成熟度模型是对业内早期工作的升级和演进。这些早期工作的来源包括菲利浦·克劳士比（Philip Crosby）、杰拉尔德·R. 温伯格（Gerald R. Weinberg），以及卡内基梅隆大学的 SEI 的能力成熟度模型集成，和其后续的能力成熟度整合模型。我们的模型有 0～6 共 7 个成熟度级别，其中 0 代表最低或最浅的级别，6 代表最高或最深的级别。一般来说，我们更倾向于使用由浅到深，而不是由低到高的标签。但以前的文献往往使用由低到高的标签。因此，这两套标签都很常见。我们倾向于将模型从上到下、由浅到深绘制，而由低到高的可视化最好从底部向上绘制。

正如模型所显示的，大多数企业必须努力达到 4 级成熟度，以展现出具备适应性、稳健性和风险管理的能力，从而为自身长期生存提供有力保障。

接下来是对模型中 7 个级别的简要概述（见表 13-1 至表 13-7），我们将以一个比萨餐厅可能的表现为例进行描述。因为 IT 服务业常与看板方法联系在一起，所以此处特意选择了与 IT 服务截然不同的服务行业为例。下面我将会展示从 0 级～5 级的典型看板图，以说明看板方法的实施模式。

我们要认识到是组织在逐渐成熟，看板实施只反映组织的成熟度。看板实施反映了他们所重视的事物、管理的风险以及决策的性质。在较低的成熟度级别上，这往往是简单和同质的，而在较高的成熟级别上，它往往会变得复杂，包含了显著的多样性。

表 13-1　看板成熟度模型 0 级

0 级成熟度	无知无觉
特征描述	"我的方式"，每位顾客都有他们偏爱的服务人员
领导力	放弃了领导力
领导者的性格特征	本真的
文化价值观	个人成就
服务	团队由知道如何制作比萨的员工个体组成
流程	员工之间会相互竞争来获取顾客订单，并争夺柜台空间、食材和烤箱使用权等资源
客户体验	取决于接单和制作比萨的个人，客户对餐厅业务系统缺乏信任

这家餐厅的员工基本都独立行动，每个人都知道如何制作比萨。员工彼此竞争来接待顾客的订单，然后争夺柜台空间、食材和烤箱使用权等资源，以便完成订单。顾客的体验完全取决于接待他们的员工，顾客往往会偏好特定的团队成员，并选择他们作为自己的专属比萨制作人。顾客会向他们偏好的厨师下订单，因为他们对餐厅的运营系统没有信任。此情况下的个人看板展示板，如图 13-2 所示。

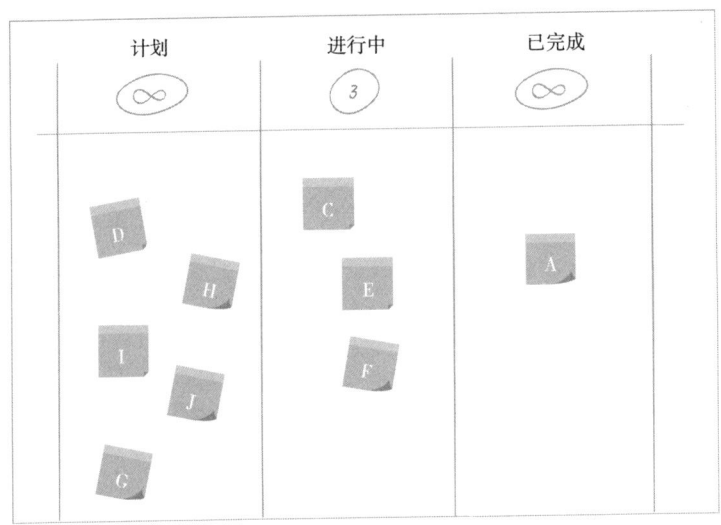

图 13-2　个人看板展示板（0 级成熟度）

表 13-2　看板成熟度模型 1 级

1 级成熟度	以团队为中心
特征描述	从不以同样的方式做两次
领导力	自私的
领导者的性格特征	自信的
文化价值观	协作、主动、透明
服务	高度依赖涉及的团队成员：准备、烘烤和交付的方法存在差异；订单准确性、味道和质量都可能存在一些问题
流程	正在发展但不稳定：可能会备错比萨类型，或者缺少配料；或者在送达时质量较差；或配送时间偏差到了无法接受的水平
客户体验	这家餐厅不可靠，不值得信赖

在这家餐厅工作让人感觉像是团队的一员。然而，准备、烘烤、比萨配送、订单准确性，以及比萨的质量和口感高度依赖制作比萨的个人。这家餐厅的流程正在发展，但尚不稳定。经常会出现比萨类型不对、缺少配料、送达时质量不佳等问题，或者配送时间很大程度上取决于送货的人。顾客体验后的结论是这家餐厅极不可靠。该团队的看板展示板如图 13-3 所示。

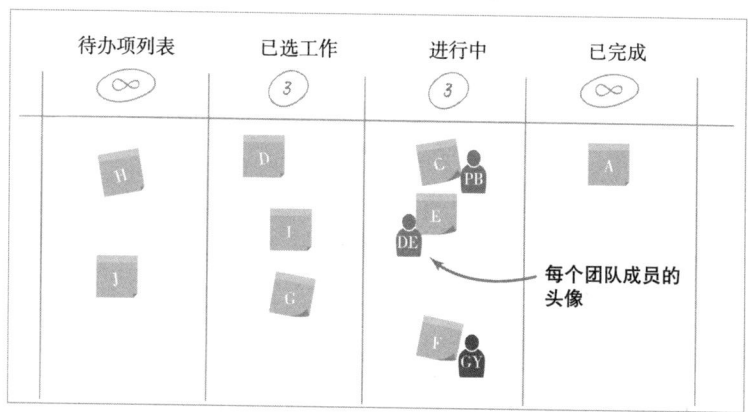

图 13-3　典型的团队看板展示板（1 级成熟度）

表 13-3　看板成熟度模型 2 级

2 级成熟度	客户驱动
特征描述	永远不会有两次相同的结果
领导力	有集体意识的
领导者的性格特征	有魅力的
文化价值观	顾客意识、演进式变革、流程、领导力、叙述、尊重、对内部流程的理解
服务	取决于当值主管、经理或老板：交付的比萨可能存在少许质量问题，偶尔可能上错比萨类型、略有烤焦或者缺少配料
流程	被一致遵循的定义好的过程
客户体验	完全取决于当值的主管

这是一家不断成熟的比萨外卖企业，以客户为中心。准备、烘烤和配送的方法现在变得一致，规定的程序得到了一贯的执行。然而，所配送的比萨质量很大程度上取决于主厨或经理是否参与了制作流程。如果他或她不在，可能会配送错误的比萨类型，缺少一些配料，或者略微烤焦。因此，顾客的感觉是，餐厅的可靠性取决于值班主管。顾客也会根据值班主管调整他们的选择。该等级的看板展示板如图 13-4 所示。

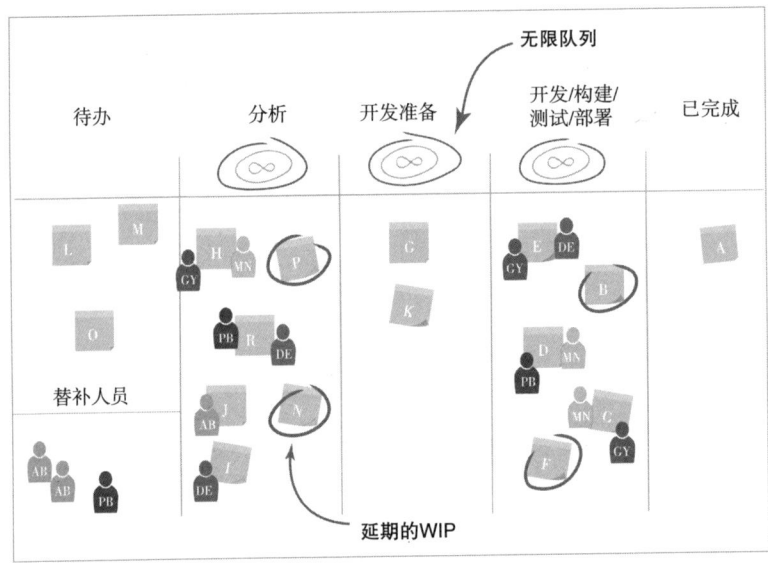

图 13-4　服务工作流看板展示板（2 级成熟度）

表 13-4　看板成熟度模型 3 级

3 级成熟度	契合目的
特征描述	永远让顾客开心；"不再指望英雄人物"
领导力	目的驱动
领导者的性格特征	利他主义
文化价值观	共识、平衡、顾客服务、契合目的、各层级的领导力、短期业务结果、理解外部供应链和顾客需求、团结和对齐
服务	稳定：所提供的比萨符合期望，类型、配料准确无误，几乎总是热乎的、美味的，且在送达时质量良好 思考改进：有时间和空间考虑调整菜单、满足特殊饮食需求、开设新分店，以及制定特别优惠
流程	无论是哪位员工或主管在任何一天或任何班次当值，都始终遵循明确定义好的流程
客户体验	可靠且值得信赖的，但尚未对顾客有深刻的共情，也不了解他们光顾的原因

这家位于繁华市中心的比萨餐厅提供堂食与外卖服务。无论哪个工作日，或者谁值夜班，甚至经理是否在岗，他们准备、烘烤和配送比萨的方法都是一

致的，都遵循着明确定义好的流程。

服务稳定、送达的比萨与订单保持一致、质量不错，且符合服务预期。顾客能感知到这家餐厅是可靠且值得信赖的。因为流程和结果是一致的，餐厅老板有时间考虑扩展业务，在其他地方开设分店，为有特殊饮食需求的客人提供比萨，或者制定特别菜单，从而使这家餐厅与竞争对手区别开来。

然而，尽管这家达到 3 级成熟度的组织能够在预期内完成订单，但他们还不擅长了解顾客选择他们的原因，以及顾客可能还有哪些期望。他们销售大量普通的玛格丽特比萨，周四下午 5 点后送货上门，但没有人费心思考或询问为什么。他们尚未实现与顾客的亲密互动，也没有发展自己预测需求和期望的能力。此等级下的看板展示板如图 13-5 所示。

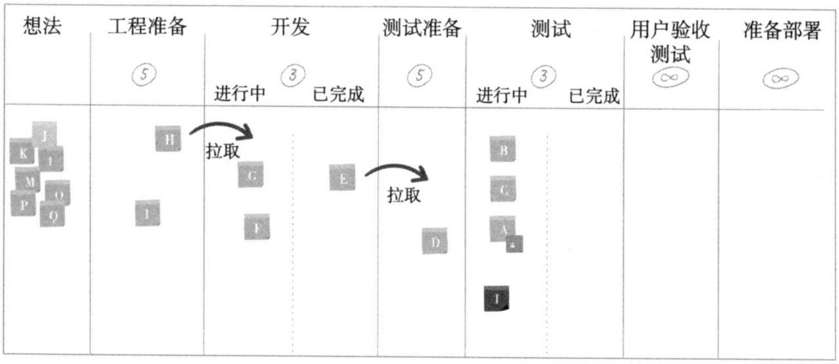

图 13-5 采用端到端的虚拟看板系统的服务工作流看板展示板（3 级成熟度）

表 13-5 看板成熟度模型 4 级别

4 级成熟度	风险对冲
特征描述	每个人都开心；能优雅地应对突发事件
领导力	风险管理者
领导者的性格特征	共情、务实、正直
文化价值观	业务为重心、竞争、顾客亲密关系、数据驱动决策、深度平衡、公平、领导力发展、合规性

续表

4 级成熟度	风险对冲
服务	• 满足顾客不同需求和风险的几种不同服务类别 • 人员配置合理 • 经济上成功 • 有预见性
流程	• 优雅地应对需求的波动 • 严格控制成本，且不影响产能或顾客满意度 • 具有可预测的稳定经济表现
客户体验	• 顾客满意度是看不见的，它一直存在，顾客已经开始认为这是理所当然的 • 企业能预测顾客的需求，理解顾客光顾的原因和目的 • 享有良好声誉的品牌

这是一家带有外卖服务的成熟比萨餐厅。它已成功扩展到多个区域。老板运营着一家经济上成功的企业，提供多种不同类别的服务，比如快速配送菜单。他的门店成功地应对了需求的起起落落，并理解了其业务的周期性特点。大部分时间里，他们的员工配置得恰到好处，成本得到有效控制，同时还没有影响配送能力或顾客满意度。他们拥有备受尊敬的品牌，并且有着可靠的盈利能力。

他们在周四下午 5 点后会卖掉大量的基础款玛格丽特比萨，他们也知道原因：周四是同事们一起下班后聚会的日子。周五人们有周末的计划，但在周四晚上，他们可以一起多待一两小时。玛格丽特比萨与啤酒或苏打水是完美搭配，足以在一天工作结束时缓解饥饿。正因为他们知道顾客点餐的原因，所以能够预见这种需求，这并非运气！他们还能预计需求何时会减少、完全消失，或转移到其他工作日晚上。如果他们因为之前使用的奶酪不再生产而必须引进新类型的奶酪，他们会先研究顾客的偏好，为他们提供几种不同奶酪的比萨，以找出他们最喜欢的类型。

在 4 级成熟度下，顾客的满意度是无形的，它总是存在。顾客开始习惯将其视为理所当然，此等级下的看板展示板如图 13-6 所示。

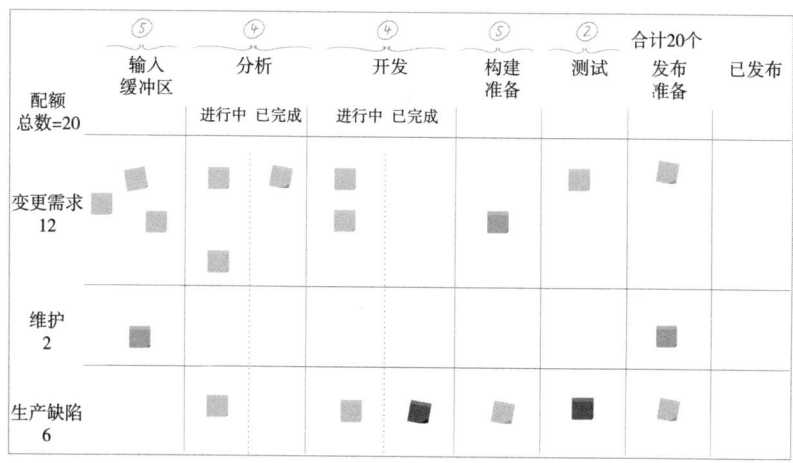

图 13-6 基于工作项类型实现风险对冲产能分配策略的
多服务工作流看板展示板（4 级成熟度）

表 13-6 看板成熟度模型 5 级

5 级成熟度	领先市场
特征描述	只做最好的
领导力	不懈追求完美
领导者的性格特征	谦逊
文化价值观	机会平等、实验、完美主义、社会流动性
服务	按地理区域、语言、民族/文化区域，或按业务部门、垂直行业、技术等分类，在对应市场排名第一
流程	最好的设计、最好的实施模式、最好的服务交付和客户体验
客户体验	顾客会对产品和服务进行宣传，主动介绍给他人

这家餐厅现在被普遍认为是整个地区最好的餐厅。当地居民向游客宣传它，他们认为去尝试这家餐厅或点比萨外卖是一种必要的仪式。他们在设计上非常出色：他们有最精美的菜单；在制作上也非常出色，他们的面团和面饼非常经典，始终烘烤得完美；他们的外卖服务也是最好的，配送高效，配送员有礼貌、经过良好培训、穿着制服，并能确保比萨每次都完好无损地送达，此等级下的看板展示板如图 13-7 所示。

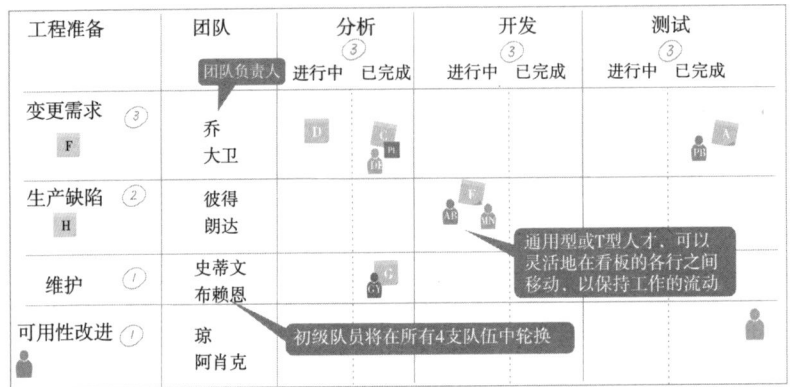

图 13-7 实施了复杂的资源池流动策略，同时具备风险对冲、多服务工作流程的看板展示板（5 级成熟度）

表 13-7 KMM 成熟度 6 级

6 级成熟度	基业长青
特征描述	管理再造
领导力	文化黑客和身份管理者
领导者的性格特征	责任感
文化价值观	一致性、长期生存、宽容和多样性
服务	面对灭绝级事件或新技术的颠覆，高层深入思考企业的身份、目的及其持续存在的核心动力
流程	通过进行横向或相邻领域的变革，强化现有能力，接受新的身份或改变使命来实现重塑。这需要企业对自己是谁、为什么存在、什么让他们快乐、什么让他们满足有深刻理解
客户体验	同样的品牌，有着相似的价值观，同样高水平的服务；但它又有着新的、不同的产品和服务；辨识度高，熟悉度高，但又与众不同。顾客忠诚度依然存在

这家连锁餐厅因新冠疫情而被迫关闭。因此，在面临灭绝级事件时，老板深切思考了其业务的身份定位和目的，以及他创办这家企业的核心动机。他得出结论，这家企业的存在目的是提供异国风味的美味比萨，采用最优质的当地新鲜有机食材，并搭配新鲜的活发酵面团制成的最佳饼底。这时，他意识到可以改变配送模式。

大都市区的其他许多餐厅已转型为美食市场和熟食店，餐厅老板觉得不能简单地追随这样的步伐。然而，也许这些餐厅为他提供了一个新的分销渠道。也许他可以与这些餐厅合作，分销比萨？

老板决定重整业务，推出美食比萨套餐。每个套餐包含了新鲜面团和在家烘烤比萨所需的配料。

这并不是一项全新的业务，而是对他们现有经营模式的重塑。他们开始向这些新市场提供自制比萨套餐。同时拍摄视频，由副主厨示范如何将面团做成薄饼底，如何铺撒配料，以及如何设置烤箱来完美地烘烤比萨。他们的套餐食材新鲜、保质期短、不适宜储存，必须在购买后两天内使用。

凭借对自己是谁、为什么存在，以及做什么业务能使他们感到愉快并带来满足感的深刻理解，这家连锁餐厅成功实现了转型，成为全美最受欢迎的自制比萨优质品牌。

看板成熟度模型架构

看板成熟度模型架构，简称 KMM 架构，定义了模型 3 个支柱之间的基本关系（见图 13-8）。在大多数情况下，该架构形成了一个二维矩阵，将组织文化和通用实践映射到列上，将组织成熟度 7 个级别映射到行上。表中的每个单元格都包含了与通用实践和成熟度级别相对应的、特定级别的特定文化价值观或特定的看板实践。

该架构显示了 3 个关键组成部分：文化、看板实践和结果，分布在 3 个相邻的区域。架构的纵向则是不同级别的组织成熟度。

图 13-8 KMM 架构图

文化			范围	组织成熟度等级	类别	看板实践						结果	
领导力	价值观	关注点				可视化	限制WIP	管理流动	明确策略	反馈闭环	提升改进	行动	契合目的
自我的	英雄主义的	我是谁	任务	0. 无知无觉	巩固实践							混乱的	不合适的
身份驱动的	英雄主义的	我们是谁	交付	1. 以团队为中心	过渡实践							无序的	不合适的
利他主义的	共同目标	我们为什么存在	物品/服务	2. 客户驱动	巩固实践							保守主义的	不合适的
目标驱动的	共同目标/一致性	我们为什么存在	单一业务单元下的产品线和服务	3. 契合目的	过渡实践							可说明的	不可持续的
谦虚的	一致性/对齐	我们做什么	单一业务单元下的产品线和服务	4. 风险对冲	巩固实践							可说明的	不可持续的
责任驱动的	对齐	我们怎么做	多业务单元	5. 领先市场	过渡实践							期待变革的	可持续的
责任驱动的	整体思维	挑战是什么/为什么出现/怎么应对/谁负责	多业务单元	6. 基业长青	巩固实践							一致的	可持续的

看板的特定实践

每个通用看板实践都可以通过一个或多个特定实践来实施。这些特定实践可能具有不同等级的精确度，通常与组织成熟度的深度有关。因此，特定实践的名称和编号既反映了其精确度，也反映了实施该实践的组织的成熟度深度。

举例来说，"应用反馈闭环"有以下特定实践：

- FL2.1 召开内部工作流填充会议
- FL3.1 召开填充会议

这实际上是相同实践的两个不同版本，具有不同的精度。

FL2.1 的重点是内部，与会者通常是参与服务交付工作流的员工。新工作的选择由员工决定，他们直接从预定义的待办列表中拉取。这在 2 级成熟度的组织中很常见。

对于 FL3.1，会议如今还包括了客户在内，通常基于客户或所有在场的利益相关者的共识做出选择。不管哪种实施方式，会议的目的都是相同的，但成熟度水平更深，人们认识到客户的存在，必须加以管理的风险存在，以及必须满足客户的期望。通过将客户纳入填充会议，使他们能够影响工作的排序和排期，风险被推向了上游更熟悉如何适当管理风险的人员那儿。因此，风险管理得以改进。我们也认识到填充会议（FL3.1）是内部团队填充会议（FL2.1）更深层、更成熟的变体。这反映了组织的运作达到了 3 级成熟度。

每个成熟度级别中定义的特定实践，都是根据实地观察到的模式得出的，源于那些展现出相应成熟度级别组织的对应行为及其产生的结果。

为了确保组织顺利演进，1 级成熟度到 6 级成熟度的特定实践被分成两大类别：

- 过渡实践（Transition Practices）
- 巩固实践（Consolidation Practices）

当组织渴望实现下一级别成熟度所对应的结果时，便可以增加过渡实践。这些实践通常会给运营注入一些压力，并充当催化剂，推动演进式变革的过程，正如演进式变革模型中定义的那样。只要有实现下一级别所定义结果的动力，采用和实施这些实践就应该没有或仅有极小的阻力。

巩固实践则是实现某个成熟度级别的结果所必经的实践。然而，除非先进行一些准备工作，否则低级别的组织往往会对这样的实践产生抵制或排斥。

避免看板方法中的两种已知失败模式

通过对全球各地多行业约 15 年的观察和经验总结，我们识别了实施看板时常见的两种失败模式：虚假高峰和过度追求。

看板成熟度模型的前身是看板深度评估框架（Depth of Kanban Assessment Framework，DKAF），诞生于 2012 年，目的是评估欲采纳的看板实践与组织准备情况的匹配度。我们普遍认为 6 个通用实践可以以不同程度的精度实施。如果看板应用失败，通常是因为选择了不恰当的实践，要么过于简单，未能推动组织提高绩效水平；要么过于具有挑战性，引发抵制而无法顺利应用。

进行看板方法导入时所需的辅导或咨询技能与体育教练的工作类似：了解规则，并将其映射到现有的技能水平和能力上。目标是给予组织适当压力，以激发它实现更高的绩效，但不应过度延伸以致实施受阻，反而让绩效回退到较低水平。看板成熟度模型相对其前身来说，有了很大的进步，它对 150 多种特定实践进行了规范化，并将其映射到对应的成熟度级别上。因此，对于如何采用适当的实践，看板成熟度模型提供了广泛的指导，同时在了解组织的准备情况上，它走得更远，对组织文化、领导力和可观察的业务成果进行了更全面的关系映射。

看板成熟度模型作为辅导工具，如果能被正确使用，就可以避免已知的两种失败模式。使用看板成熟度模型了解组织成熟度，以及看板成熟度模型如何影响看板方法的实施，已经成为看板辅导实践的重要组成部分。

失败模式 1：虚假高峰

虚假高峰的出现源于一种自负的信念，即组织已经采用了看板，因此他们已经体验到了它的所有好处。通常我们会听到这样的回应："我们已经实施了看板！它帮助了我们……"这通常来自底层、自下而上的倡议，他们列举了一些实践，比如使用看板展示板，并列举了一些他们享受到的与 1 级成熟度对应的好处，比如：

- 从超负荷、高压和糟糕的工作环境中解脱出来；
- 提高了透明度；
- 改善了协作；
- "为我们提供了所需的东西"。

从某种程度上说，KMM 的存在，是为了表明这些浅层次的应用已经留下了许多额外的好处，组织可以将看板方法进一步发扬光大。

失败模式 2：过度追求

过度追求通常会导致应用的失败。问题根源在于过渡计划过于雄心勃勃，比如在组织处于 0 级或 1 级成熟度时，尝试实施 4 级甚至 5 级成熟度的实践。

这个问题通常由"房间里最聪明的人"引发。这个人可能是一名顾问或教练，他由于心理或社会压力，想要展示知识和专业能力，或者过于简单的乐观和雄心勃勃。也可能是有一位负责人或高管，对新的、"闪亮的"事物过分崇拜，而这个"闪亮的"事物指代某种神奇的商业转型的涅槃。4级成熟度对高管来说，非常吸引人，他们可能急于达成这样的水平。

在这两种情况下，"房间里最聪明"的顾问或"着迷于闪亮的事物"的高管，他们都不可避免地会面临压力，放弃演进式的改变，转而设计一个复杂的、通常规模较大的4级成熟度解决方案，并按照传统的管理变革方案尽快着手实施，以加速达成目标。但这其实是2级成熟度的高层的行为。组织成熟度始终受高层成熟度的限制。因此，急于冲到4级成熟度，这一激进且英雄式的管理行为注定会失败。这一举措让组织承载了过重且过快的压力。所以，我们首先要做的是发展高层的成熟度。同时还应该认识到，要想变革成功，让企业得以生存和繁荣，变革必须以渐进的方式在演进中推进。

对于初学者，或者对于文化不成熟、已有行为模式或支持性实践的组织来说，如果要推行的实践相对现状过于先进，结果往往是新的实践根本无法持续。通常，人们无法理解新实践的好处。例如，如果每个工作项都是一个任务，那么在不同类型的工作项之间使用WIP限制进行产能分配以规避风险又有何意义？在一切都是同质化的世界中，风险对冲的概念是无法被理解的。在1级成熟度的组织中用4级成熟度的语言交流，实质上就像在用外星语交流。

据说，当第一批欧洲移民抵达北美海岸时，美洲原住民"看不见那些船只"[1]。相反，他们只看到了岸边的一小支远道而来的划艇队。他们能理解小船、独木舟、皮艇等概念。但他们不理解大海有多大，也不知道可以用大型远

---

[1] 经简单的网络搜索，并未找到确切的学术研究或证据证明这种说法是真实的。不过，约瑟夫·班克斯（Joseph Banks）在记录库克船长1770年的澳大利亚之行时，确实记录了澳洲原住民对库克的"奋进号"船只毫无反应。因此，这个故事可能已被改编，或者成为探险家和移民到"新世界"的一种"常识"。

洋船只航行。尽管他们的眼睛能看到地平线上的这些船只，但他们无法理解自己所看到的东西，所以他们"看不见那些船只"。船对他们来说是无法理解的。他们的大脑无法解析眼睛所看到的东西。当你在浅层成熟度的环境中使用深层次模型中的概念时，就像在用一种外星语与他人沟通。他们看不到工作项类型，他们看不到风险，对这些毫无概念，因此也就没有必要将其可视化或标记这些概念。

KMM 存在的部分原因，是为了提供一个路线图和一种方法，来解释和评估组织成熟度，并检视组织对于特定看板实践的准备情况。一位称职的教练可将该模型作为指南，提出最合适的下一步建议，避免过度追求。其目标是逐步前进，持续取得进步，并通过每一次的微小改进，为下一次改进创造一个新基础。

- KMM 的存在是为了说明看板方法的实施模式和常用的特定实践如何映射到组织成熟度的不同级别。

- KMM 采用了 7 个级别的组织成熟度模型。这 7 个级别是：无知无觉、以团队为中心、客户驱动、契合目的、风险对冲、领先市场、基业长青。

- 组织会不断成熟，认识到这一点很重要。看板方法的实施只是反映了组织的成熟度，反映了组织成员的价值观、关注点以及他们做出决策所需的信息。

- KMM 架构中包括将组织文化价值观和通用实践映射到 7 个级别的成熟度上。

- 看板的具体实践被分配到相应的成熟度级别中。它们被分为过渡实践或巩固实践。

  - 过渡实践有助于引发并借助惯性，脱离现有成熟度水平的舒适平衡状态，同时引入足够的压力来催化演进提升。

  - 巩固实践是为了巩固行为，为下一个成熟度级别打基础。这些实践往往会遇到阻力，需要一些准备和指导才能够推行，并使其制度化。

- 在实施看板方法时，通常存在两种常见的失败模式：虚假高峰、过度追求。

- KMM 可以作为一种辅导工具，帮助避免以上两种常见的失败模式。

第 14 章

提高组织成熟度的领导力路线图

在总结看板成熟度模型的过程中,我们深入研究了组织在引入改进实践时会遇到什么困难及其原因。企业文化往往被认为是阻碍实践的首要原因。但文化是行为和举动的产物,行为和举动又被价值观所引领。想要改变企业文化,就要先改变价值观;要改变价值观,就要有领导力。缺乏领导力才是导致企业能力难以提升、绩效难以改进的核心要素。

缺乏领导力的企业,常常有以下借口:"领导力本就难得""领导力要求大家勇于冒险。勇于冒险的前提是大家具有心理上的安全感,但我们的企业文化让大家缺乏心理上的安全感……""领导力可不是轻易能培养出来的",还有"你不可能像变魔术一样,打个响指就变出领导力"等。人们对此深感无奈,认为"因为缺乏领导力,所以企业面临的情况根本不会改善"。

让员工担责，为结果负责

大多数组织忽视了一点，虽然提升领导力是一个深奥且颇具挑战性的议题，但只要让员工承担起责任，为结果负责，就可以在很大程度上催化组织中各层级的领导力行为。想要激发组织潜在的领导力、推动企业文化变革，并最终提高组织敏捷性、组织适应性、客户体验以及营收结果，担责至关重要。

这份领导力指南旨在帮助企业驱动组织内部的担责意识、提高信任度和社会资本、改善组织协作，从而提升敏捷性、客户满意度、组织适应性，并最终促进创新。

- 目的驱动
- 制定以客户为中心的指标体系
- 应用反馈闭环
- 让员工担责

下面我们依次展开阐述这几点。

目的驱动

明确定义出那些能体现业务成功的、有意义的目标。思考公司、各业务单元、各项目团队的使命都是什么？作为一家企业，存在的意义是什么？目的是什么？为什么客户要选择你？选择你的原因是什么？客户自己的目的又是什么？客户有什么期待？他们想要的成果是什么？想要组织以结果为导向，就要明确定义想要的结果是什么，并根据这些结果的达成情况来评价绩效。

每个人都应该理解自己所做工作的目的，以及这些工作应该产生什么成果。这些成果不仅对公司使命的达成有意义，对客户也有意义。也就是说，客户应当能够意识到，企业努力追求的结果对他们而言也是有价值的。

制定以客户为中心的指标体系

考虑客户的目的与期望，试想他们会关心什么？他们关心交付是否准时？是否快速？是否质量过硬？还是可负担性？便利性？易用性？可选择性？或是适应性和可重构性？这些都是常见的客户关注点。但你自己的客户关心什么呢？要明确定义想要的结果，就要考虑客户重视什么。创建反映客户关注点的度量指标，努力满足客户期望。

我和阿列克谢·泽格洛夫一起撰写的书籍《契合目的——综合客户体验和战略以加速业务成果》，现已推出了第三版。这本书主要介绍的是，如何定义正确的目标、设定恰当的指标体系，从而驱动组织发生预期的转变。在这一过程中，目标和指标体系能够推动组织中的各个单元进行协作，共同达成客户期待。

应用反馈闭环

如果没有人检视制订的指标，拿当下实际的能力和绩效去对比目标和客户期望，这些指标就不会起到应有的作用。为了让组织中不同层级的人都能担起责任，为结果负责，看板方法设计并定义了几种检视方式。具体如下：

- 价值流检视 / 服务交付检视
- 运营检视
- 战略检视

在看板方法中，还有一些其他的反馈机制，它们的作用仅次于前面列出的几项，在确保大家共同担责方面同样有着重要作用。

- 填充会议
- 看板会议
- 交付计划会议
- 风险检视

我观察到，组织中的许多不足之处其实都可以弥补。方法就是，用正确的指标体系对关键点进行度量、应用反馈闭环检视度量和指标体系的表现，同时让团队担责。我经常听到这样的声音："我们践行敏捷方法已经好多年了，但客户仍然抱怨我们交付太慢且不可预测。"

"你们是否持续追踪从承诺客户到交付上线的前置时间指标？"
"不，没有。"
"那你们建立反馈闭环了吗？就是针对客户期望交付时间和实际交付时间的差距，进行检视或者回顾。"
"不，也没有。"
"那高层会对能否达成客户期望这一结果而担责吗？"
"这是什么意思？什么叫高层为结果而担责？"

度量和报告客户关心的事项，应用反馈机制来反映现有能力，同时让高层担责，这个简单的方案就能解决大部分问题。既不需要进行组织架构调整，也几乎不需要引入敏捷框架或方法论。只要从现状出发，在现有流程上做一些改进即可。

让员工担责

我们的欧洲办公室设在西班牙的毕尔巴鄂，那边的同事告诉我"担责"（accountability）这个词很难被翻译成西班牙语，它直译过来是"对什么事情负责的人"。因此，在西班牙语、葡萄牙语，甚至整个拉美文化中，负责、担责其实都是一回事。在其他的语言中也有这种情况，比如同样的问题也存在于德语和斯拉夫语系（如俄语、乌克兰语）中。在很多文化和语言中，"担责"这个概念似乎都很难被准确传达。但这个问题只要稍动脑筋就能解决。负责某项工作、某个活动，甚至负责产出，都不同于对结果负责。这就是担责的本质，即对结果负责。要让人对结果负责，首先要讲清楚想要的结果或者目标是什么，然后才能让这个人对达成的结果来负责。

用体育比赛来类比，球队的球员负责参与比赛并且进球得分，但是球队经理或者主教练要对比赛的胜负结果担责。

你的组织要以结果为导向。要明确定义出符合客户需要、业务使命的结果目标，在结果的指引下制定度量指标体系、发布指标达成情况，应用反馈闭环检视目标与实际达成间的差距，让组织的各个层级都对自己应该达成的结果担责。

提高组织成熟度的领导力路线图

假设你接管了一个团队、一个部门、一个产品单元或者一个业务单元，总之这个组织要负责某项职能、响应更高层次的使命或目标。你发现，这个团队运作散乱，组织成熟度低下。你希望能迅速做出改变，并产生实际的成果，让所有人相信这些变化不只是一时的好转，而是可持续地改进。在你的职业生涯中，是否也有过像我这样的经历？

你可能会意识到，像前文说的那样提升领导力需要时间，变革总有个过程。你需要耐心等待指标体系、反馈闭环产生效果。但肯定不是所有人都能和你一样持有相同的耐心，也不是所有人都和你抱有相同的信念，相信担责是催化奇迹发生、促进正确解决方案浮现的秘诀。你想要快速推动有益的变化，实现速赢，并展示一些实质性的进步，来增强大家对改进路线的信念。

2010 年,"小蓝书"列出了下面 6 个建议步骤作为成功秘诀[①]:

- 注重质量
- 减少 WIP
- 频繁交付
- 平衡需求与产能
- 进行优先级排序
- 消除变异性的根源,提高可预测性

以上 6 步存在执行顺序。这 6 步的诞生时间比 KMM 要早好几年,然而令人惊异的是,这些步骤或者说管理动作的执行顺序,也反映了成熟度模型的思路。借助 KMM,我们将修改这些建议。但在此之前,让我们一起回顾 2010 年我是如何解读这几点的。

提升组织成熟度的管理行为

首先,我们必须专注于质量。质量只受职能经理(如软件开发经理、测试经理)或其主管(如工程总监)的控制和影响。再依次看向后续步骤,从"减少 WIP"到"进行优先级排序",对于单一职能来说,越来越不可控,也越来越需要与上下游的团队协作。管理优先级显然是业务方、市场营销部门或客户的工作,而不是服务交付组织的。也就是说,管理优先级不是技术或服务交付经理的责任。不幸的是,业务管理者常常放弃了自己的职责,让下游的交付经理来确定工作优先级,最后又指责他们做出了糟糕的选择。

如前文所述,看板系统、WIP 限制和延迟承诺都将风险管理的决策交给了上游的业务方,这是业务方本该承担的职责。排在最后的是"消除变异性的根

[①] 感谢唐·莱纳特森给我提供了此方案中的前两步以及最后一步的建议。本书的推荐序中也提及了他在 2005 年给予我的有益建议。这些建议历经多年检验,历久弥新。

源，提高可预测性"，这是因为要减少某些类型的变异性，就要改变行为，而让人们改变行为是一项艰巨的任务！所以，要先实施前面的步骤，取得一些成效后，再着手处理变异性才能取得更好的效果。有时候必须要对变异性的源头进行处理，才能实施前面的步骤。这种情况下，从易到难，优先从小处、团队容易接受的地方推动行为改变

关注质量最为容易，因为这是职能经理自己就能推行的技术规范要求。后续的步骤则更具挑战性，因为它们都依赖与其他团队的约定和协作情况。推动后续的步骤所需的技能包括表达能力、谈判能力、心理学与社会学知识，以及情商。想要平衡需求与产能，最重要的是建立共识。如果有一些事情你能直接控制，并且这些事情对组织绩效和你负责交付的业务结果都有好处，那么自然要推动这些事情先落地。俗话说得好，律人先律己。在抱怨别人、抱怨合作问题之前，先解决好自己的问题，有序推进自己直接管理的事项工作。

想要完成更复杂的任务，就要和组织里的其他团队建立更好的信任关系。如果交付的软件缺陷少、质量好，便能够提高信任度。如果能够定期、有节奏地交付高质量产品，信任关系还能进一步提升。随着信任度提高，你作为管理者获得了更多的政治资本，如此就有条件继续推进后续的步骤。最后，你的团队赢得了足够的尊重，建立了对业务方、市场营销团队甚至业务赞助商的影响力，促使他们改变行为，并协作将最有价值的工作优先用于开发。我们在第 4 章和第 5 章 Corbis 的案例中已对此进行了阐述。

要消除变异性的根源，提高可预测性，颇有难度。在团队达到较高的成熟度水平之前，不应贸然推进该步骤。建议的前 4 步将对组织产生重大影响。你作为新任管理者，将由此获得成功。然而，要真正创建创新和持续改进的文化，必须从流程和工作流上消除变异性的根源。因此，建议中的最后一步是额外的加分项：这是杰出技术领导者与一般管理者的分水岭。

在"小蓝书"出版 13 年后，再次审视这些内容，我本以为成功秘诀这一

章完全可以直接删掉。之前就有读者觉得，这一章和书中的其他内容不大适配，且看起来和看板方法关系也不大。就好像是我将这一章内容硬塞进了书里，不然它们就无处可去了一样。这样看来，在做内容删减时，这一章应该被优先考虑。然而，在如今这本书中，我提高了这一章的重要级别，对内容进行了重新撰写、扩展和更新。至于我为什么这么干，要对比看板成熟度模型来检视这些建议。

在看板成熟度模型的 0 级、1 级和 2 级，核心主题都是缓解过载，包括减轻个人、团队和整个工作流的过重负载。通过减少 WIP 来改善工作过载，还有一个额外的好处，那就是改善了质量。如果在交付上疲于奔命，团队是不会真正关心质量的。因此，建议中的前两条，都是针对较低成熟度水平的建议。

频繁交付的初衷在于建立信任。随着成熟度的提升，信任和社会资本也会随之增加。要推动超越服务交付组织的行为改变，就需要政治资本，而政治资本则来自社会资本。要达到 3 级成熟度，需要建立信任才能推动相应的变化。建立信任的途径是提高质量、频繁交付。这也为平衡需求与产能打下了基础。

为了实现需求和产能的平衡，就需要有能力驳回需求，也就是要有对需求说"不"的能力。组织要建立需求分类规则，把需求划分为 3 类：一是现在要做的；二是以后要做的，如果是以后要做的，还要知道具体该何时做；三是根本不会做的。要做到这一点，前提是用频繁、高质量的交付建立信任。如果能实现这种平衡，就将彻底减轻交付组织的工作过载，团队也将达到 3 级成熟度。到了 3 级成熟度，由于不存在交付过载，交付的可预测性也提升了。

一旦有了可靠、可预测的产能，关注的重点就可以转向如何交付更高的价值，这时对工作内容的选择就变得至关重要。首先，要分清楚哪些工作现在就要做，哪些可以以后再做，哪些根本不用做。其次，一旦产能稳定且可预测，那么对工作项的选择、排序和排期就开始变得更重要。再次，明确已经开始流动的工作的优先级和服务等级也很重要。最后，要做到前面 3 点，就要理解并有效应用延迟成本,来做出优化产能的决策。以上 4 点被统称为"优先级管理"。这些实践将在 3 级成熟度开始出现,并结合其他风险管理与风险规避策略,在 4 级成熟度中进行强化。

"消除变异性的根源,提高可预测性",这一建议的重要性,比我在 2010 年时认为的,还要高。那时提出这一点,主要是出于统计过程控制的考虑,以及受戴明相关学说的影响。这是一种优化策略,一般适用于沃尔玛、丰田这样的市场领先企业。也就是说,对那些渴望达到 5 级成熟度的组织而言,这样的策略才是合适的。

"小蓝书"引用了沃特·休哈特(Walter Shewhart)的理论,将变异分为可归因变异(assignable causes)和机会致因变异(chance causes)。优化的目标是降低机会致因变异,也就是戴明说的一般致因变异(common-causes variation)。这需要改变工作方式、提高技能水平,使用新工具并加强自动化。这些事都不容易,且经常需要花费大量成本,是需要具备高成熟度的组织才能推进的事项。然而,消除可归因变异对于实现可预测交付、达到 3 级成熟度也非常必要。如果根源是障碍、阻塞、依赖关系等可归因变异,那就要尽早消除。甚至在达到需求和产能的平衡之前就要行动起来。我们也必须意识到,减少 WIP 也是消除变异性的手段之一。因为批量大小、库存、批量移交都是机会致因变异的根源。因此,"小蓝书"对于变异性的解读有些简单,给出的指引也不够精细。

那么,《看板方法 2.0》要怎么改写成功秘诀呢?我们以看板成熟度模型为指引,所有的管理干预手段和行为变化都直接指向提升组织的成熟度:

- 注重质量
- 减少 WIP
- 专注于流动
- 频繁交付

- 提高可预测性（削减长尾！）
- 制定分类规则
- 关注延迟成本

新版建议路线直接关联看板成熟度模型，做到以上几方面，基本就能达到4级成熟度。和这些建议相关的看板实践可以查阅《看板成熟度模型》(第二版)。要达到4级成熟度，我们要知道如何实现规模化，同时理解现有的企业级业务敏捷方法为何失败。

- 缺乏领导力是组织在提升产能、改进结果方面迟迟没有进展的核心原因。

- 要推动落实结果导向的担责能力，提高信任和社会资本，改进组织内各单位间的合作，提升整体的敏捷性、客户满意度、组织适应性和创新能力，就要：目的驱动、制定以客户为中心的指标体系、应用反馈闭环、让员工担责。

- 为了让组织里不同层级的人都能担责，看板设计并定义了 3 种检视方式与 4 种反馈机制：价值流检视 / 服务交付检视、运营检视、战略检视；填充会议、看板会议、交付计划会议、风险检视。

- 以 KMM 为指引，管理干预手段应该直接指向提升组织的成熟度。为了达到 4 级成熟度，需要：注重质量、减少 WIP、专注于流动、频繁交付、提高可预测性（削减长尾！）、制定分类规则、关注延迟成本。

第15章

流动系统对企业级业务敏捷的重要性

与 Scrum 等传统的敏捷方法相比,采用看板系统进行连续工作流交付,在支撑企业级业务敏捷方面具有显著优势。我将此称为看板方法的非耦合节奏:填充工作的节奏可能与典型的服务交付前置时间不同,而典型的服务交付前置时间又可能与完成工作的交付节奏无关。在 Scrum 等敏捷方法中,填充任务、开发周期和交付这3个概念都被绑定在同一个节奏中,即被称为"冲刺"的时间盒。

除了少数被时代抛弃的方法论之外,敏捷软件开发方法都使用固定时间增量的概念,这个概念常被误称为"迭代"[1]。在 Scrum 中,"冲刺"指的是一个

---

[1] 迭代意味着某些内容需要再加工。在敏捷方法论问世之前,软件工程中早已有了迭代方法,如巴利·玻姆(Barry Boehm)的螺旋模型(Spival Method)。敏捷方法采用渐进式开发,也就是在已有内容的基础上构建新内容,而不是重新加工已完成的工作。虽然借助敏捷方法也可以用后一种方式提高功能交付精确度,但这种实践并不常见,特别是在 Scrum 中。

固定时间段，团队要在这段时间内承诺[1]完成特定范围的工作内容。最初，这个时间段固定为 4 周。大约在 2004 年，这个默认建议的时间段被修改为 2 周。**总的说来，敏捷性的高低，与客户或业务方的互动频率及交付频率都有关联。更短的时间盒也意味着更高的敏捷性。**

一般说来，软件质量与批量大小以及完成工作的时间有关。但这种关系往往被认为是非线性的，也就是说，随着批量变大、完成时间增加，缺陷率反而会更快增加。因此，较小的批量、较短的完成时间，能大大减少缺陷。理论上来说，较小的工作批量更为理想。

两种实现小工作批量的方法：时间盒或 WIP 限制

我们可以通过两种方式来限制工作批量的大小：一是通过限制完成工作的可用时间，这样就只能在给定时间内完成少量需求；二是直接限制工作项的数量，也就是进行 WIP 限制，限制需求的批量大小。尽管所有主流敏捷方法都使用时间盒，通过限制可用时间来间接限制批量规模，然而，看板方法却采用了 WIP 限制来直接限制批量大小。

如果组织规模不大或成熟度较低，选择哪种方法都可以，因为他们都能见效。如果想要让团队成熟度从 0 级提升到 1 级，Scrum 方法非常合适。然而，如果追求更好的成效、面对更大的组织规模，时间盒方法就失效了。比如，面对 150 人的产品团队，甚至 300 ～ 1 200 人以上的业务单元，还想始终面向客户稳定交付，满足客户期望，就需要提升组织成熟度，才能更好地管理风险、处理依赖关系，并进行规模化协作。用团队级别的时间盒根本无法促进组织级的成熟度提升，也无法实现组织级的规模化敏捷。下面我们将说明为什么不行。

---

[1] Scrum 指南已经用"预测"（forecast）来替代"承诺"（commitment）一词。尽管大多数组织仍然使用"冲刺承诺"这个词，客户也将其理解为一个承诺，但官方指南的修改让我们将其理解为一种"软承诺"，也就是说，它更像是一个指引，而不是硬性的承诺。

缩短时间盒带来的 3 种挑战

小批量交付的优势很明显，能提升质量、让客户和交付组织之间交互更频繁，通过更早交付价值还能降低机会延迟成本，从而带来潜在收益，因此各个组织都承受着不断缩短时间盒和冲刺周期的压力。我曾受邀在英国一家知名信用卡公司的内部会议上发表主题演讲。在我登台之前，该业务单元的副总裁发表了简短的演讲来介绍本次活动。他在演讲中称赞这个大概 400 人的业务单元实现了每周交付新软件的目标。虽然现在团队已经取得了一些成绩，但他希望未来能实现每日发布。这个团队遵循 Scrum 框架。根据 Scrum 指南，Scrum 是不可变的。也就是说，只要你放弃了其中一项实践，那就不是 Scrum 了。那么，如果既要追求每日发布，这个 400 人的业务单元还要坚持应用 Scrum，将面临什么样的挑战呢？

表面上看，缩短时间盒是好事。因为更小的时间盒，意味着更小的冲刺待办列表事项。然而，更小的时间盒也会带来 3 种难以应对和适应的挑战：第一，为了在更小的时间窗口内完成更小批量的工作，就要进行更精细的需求分析和开发，撰写更精细的用户故事；第二，面对更小的时间窗口，想进行更务实的承诺，就要进行更精确的估算；第三，如果某项工作有依赖项，那么这些依赖项就要进行跨团队、跨冲刺待办列表，甚至跨冲刺边界的跟踪和管理。如果无法应对这其中的任何一个挑战，时间盒方法就会瓦解并失效。在推行规模化时，时间盒方法本质上是脆弱的。现在让我们深入探讨其中的原因。

挑战 1：需求分析

我们总抱有这样的理想，探索出更新、更好的需求分析技术，提高需求分析能力，这样就能达到颗粒度的要求，确保拆分出的工作项足够小，从而完美适配较短的时间盒。但现实是，就算我们对所采用的需求分析方法充满信心，实践起来也非常难。时间盒极短的冲刺所面临的挑战是，即便敏捷理念与方法发展了 20 多年，对于怎么编写大小一致、详细深入、小颗粒度的用户故事，仍然几乎没有形成任何扎实的指南。即使你的团队使用的需求分析方法很好，团队很适应，那也很有可能遇到这种情况：在制订冲刺计划前，需要提前进行大量的需求分析，又因为小规模的需求可能无法交付价值，对客户来说就丧失了意义，所以拆分出来的小需求就出现了同级依赖或父子依赖管理问题。同级依赖的意思是，如果一个小需求与其他同级别的需求有相关性，它们就必须全都一起交付发布才能实现价值。父子依赖的意思是，如果某个小需求是多个同属于一个父需求或容器需求的子需求之一，那么只有完成整个父需求的交付才能实现价值。一旦团队由于产能限制，无法在一个冲刺内交付所有同级别需求，问题就会变得尤其严重。

短时间盒冲刺意味着需要进行小颗粒度的需求分析，这就在敏捷方法论中引入了依赖管理问题。换句话说，由于缺乏需求分析方法的强有力指引，对于短期冲刺的焦虑可能会给团队行为带来一些负面影响，比如，团队可能会把故事按信息发现活动拆分成功能单元，出现"架构故事""设计故事""开发故事""测试故事"。而真正的用户价值可能跨越了多个冲刺，故事间的同级依赖还要进行跨冲刺的跟进管理。这种故事拆分没有提升用户价值，也没有提高质量，甚至可能降低了用户价值和质量，完全背离了缩短时间盒的初衷，还营造了一种虚假的敏捷感。如果不对客户前置时间进行度量和追踪，就会掩盖这个问题，敏捷团队将错误地只关注局部和自身，忽视了他们并没有为客户创造价值这一事实。

虽然"设计冲刺"（Design Sprint）这样预承诺的上游信息发现活动，其理念已经获得一定认可，甚至还有专门的课程教授设计冲刺所需的独特要素。但不要对其抱有幻想，设计冲刺就是一种反模式，它的出现意味着敏捷的时间盒增量开发方法已经走至穷途末路。这种方法根本无法实现规模化！在时间盒增量开发方法中，如果想要实现敏捷，就需要严格遵循敏捷软件开发方法，需要保持小规模团队、小产品、小代码库。如果想用时间盒增量开发的方法来扩大规模，你需要在一定程度上放弃敏捷性，转而采用更大的时间盒。而这就是我们在规模化敏捷框架（Scaled Agile Framework，SAFe）中所观察到的情况，规模化敏捷框架通常采用为期 3 个月的大时间盒，这个大时间盒也被称为产品增量（Product Increment，PI）。

挑战 2：估算

随着冲刺周期变得越来越短，判断一个工作项是否可以在限定时间内完成变得越来越重要，也越来越有挑战性。因此，我在过去的 15～20 年里发现，敏捷社区一直在探索越来越复杂的估算方法。时间盒越短，就要提前花更多精力来估算工作能否在可用时间内完成。提前进行大量估算显然是反敏捷的。因为你需要提前对产品待办列表进行全面估算，然后玩一场类似于俄罗斯方块的游戏，试图将形状各异的、小颗粒的需求塞进冲刺待办列表中。随着时间盒的缩小，经济成本或冲刺计划的交易成本增加了，而冲刺效率却降低了。这既不敏捷，也不精益。

挑战 3：依赖

假如在我们的冲刺待办列表中，某个故事由于依赖关系被阻塞了，会发生什么？这个故事可能会无法按期交付。因此，冲刺时间盒越短，就越需要提前识别依赖关系。这就要求我们对产品待办列表中那些尚未承诺的工作进行更多的分析。那么，如果分析发现存在依赖关系该怎么办？敏捷方法用组织设计的手段来解决这个问题，也就是组建神奇的跨职能团队。理念很简单，即团队中的每个人都有能力完成各项工作，产出高质量产品，这样就不会有外部依赖了。对于任何渴望市场领导地位的公司来说，这都是不可能的。不可能依靠"通才"赢得竞争，想赢还是得靠专业化分工和专家型人才。当然，确实存在精英"通才"的小圈子，但同样地，它不成规模。一个 500 人的 IT 部门或 600 人的业务单元，全由精英通才组成，完全不现实。简单来说，就没有这么多精英通才，即使有，也雇不起。

我观察到一些组织的情况和我在培训课程中经常引用的一个典型案例很类似。案例中有 5 个开发团队、3 名数据库管理员，以及 2 名用户体验设计师。在这些限制条件下，能产生什么结果呢？一种结果是，你可以将 2 名用户体验人员分配到 2 个团队中，将 3 名数据库管理员分配到另外 3 个团队中，这样就得到了 2 个前端团队和 3 个后端团队。做冲刺计划时，可以让不同团队专注于前端故事或者后端故事。结果呢，糟糕！现在的团队与用户需求描述的功能失去了直接联系，公司前后端故事之间又产生了依赖。另一种做法是，你也可以将数据库管理员和用户体验人员作为共享服务。同样，还是会产生依赖关系。

除非是非常小规模的软件开发，或是由什么都懂一点的"通才"完成的平庸水平的开发，依赖都是无法回避的现实情况。任何规模化，或任何提升市场地位的努力，都需要专业化分工和专家型人才，也必然会产生依赖。敏捷运动一直在否认这个基本的事实，想要敏捷，要么接受规模化的平庸，要么接受无法规模化！

规模化，业务敏捷性与时间盒

就像前面提到的，规模化敏捷框架对依赖的处理方式，是反其道而行，放弃追求敏捷，采用被称为产品增量的 3 个月时间盒。这就将我们带回了 1994 年，回归到古老的、重量级的提前规划方式，需要提前进行大量的分析和估算，产生大量"红线"[1]，最终形成一份极易破裂的计划。这样的计划在 13 周的时间盒中的前几周内便可能停摆。在新冠疫情前，有一个德国知名品牌的惯例是，每个季度在法兰克福租用一个体育馆，邀请约 1 500 位来自欧洲各处办公室的员工参加长达 3～5 天的"红线"大会，每次会议的花费达数百万欧元。简而言之，规模化敏捷框架、产品增量及产品增量计划（PI planning）并不是真正的敏捷。为了应对全球敏捷者所面临的挑战和焦虑，规模化敏捷框架反而

---

[1] SAFe 建议在可视化看板展示板上用红线连接不同故事或功能的卡片，以便在 PI 的较长时间盒内，更清晰地跨冲刺规划管理这些故事或特性的交付，从而将依赖关系可视化。

允许大家停止追求敏捷,将所有事情放到以季度算的时间盒内完成。将时间盒扩大到 3 个月看起来是个又简洁、又高效的解决方案,可这并不是敏捷,而是敏捷的反模式,也背离了 20 世纪 90 年代末敏捷运动的前身,即轻量级方法运动的初衷。

对冲刺的约束造成了依赖管理的焦虑

如果想要实现超越团队水平的敏捷,达到 1 级以上的成熟度,必须停止用时间盒来限制批量大小。时间限制可以很好地将一个混乱的组织从无政府状态的 0 级成熟度提高为可控、可预测的 1 级成熟度,但它的作用仅限于此。时间限制下的冲刺身处演进的死胡同,你不可能用有时间限制的冲刺来实现规模化敏捷!

规模化敏捷的答案是,用限制 WIP 的方式,促进关注质量、实现短周期交付,而不要用时间约束的方式。在已有的、内容清晰的,并得到全球培训师、咨询顾问、教练广泛支持的方法中,只有看板方法提供了这样的解决方案。对于正在努力推动规模化敏捷并努力实现企业级业务敏捷的组织,看板方法提供了一种使用 WIP 限制而非时间限制,并聚焦于高质量和频繁、快速交付的新路径。

舍弃 Scrum:大规模业务敏捷之旅的第一步

我现在坚信,图 15-1 所示的模式是实现大规模敏捷的必要步骤。

对每个 Scrum 团队来说,你可以不对其他东西做任何改变,但一定要舍弃冲刺时间盒限制,也就是一旦开始交付故事,不必在 2 周内完成。限制 WIP,而非限制时间,也就是固定 WIP 数量。初始阶段,填充节奏和交付节奏可以与原有冲刺节奏保持一致。最终，可以根据业务领域的需要对这些节奏进行调整，以更好适应日益增长的交易成本和召开会议等协调成本，以及那些影响优先级、选择、和计划排期的信息更新频率。这是你在逐步深化的变革中，摆脱 Scrum 的第一步，也是向大规模业务敏捷迈出的第一步。

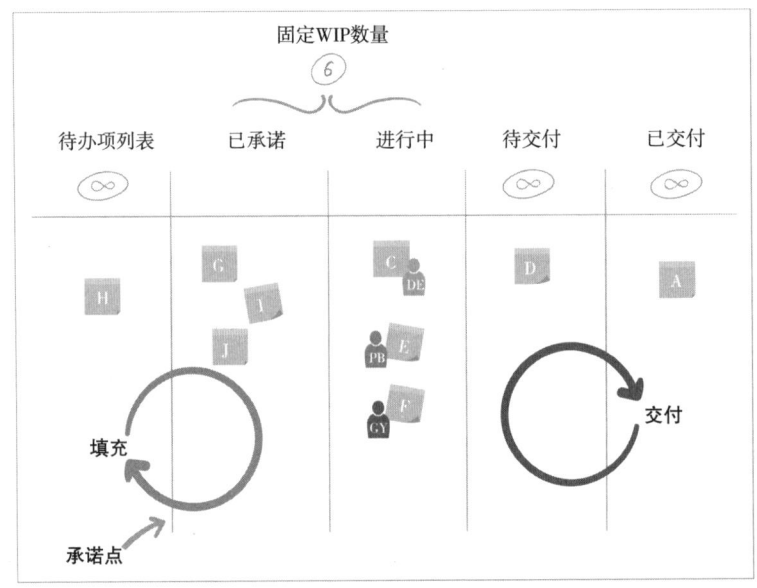

图 15-1　定义了承诺点和固定 WIP 数量的交付看板展示板

卸下时间盒的枷锁

这种从时间限制切换到 WIP 限制的转变，让你卸下了时间盒的枷锁，也摆脱了详细的前置需求分析、成本高昂的过度预估、重量级的依赖管理所带来的三重困扰。

不再困扰是否需要遵守时间盒

如果工作被允许该做多久就做多久，那么就没有必要进行前期分析以将其分解为更小的任务，也无须追踪跨团队或者跨冲刺的复杂依赖关系。相反，让交付承诺来促进工作项的自然分解。再用双层看板展示板来追踪工作进展，同时利用停车场[①]和头像来展现共享服务的参与情况。无须进行繁重且过度的前期需求分析与估算。只需跟踪工作流中的前置时间历史数据，然后使用前置时间分布图来确定某项工作在统计概率上需要多长时间才能完成。

不再困扰是否会因依赖关系而延迟

如果工作被允许该做多久就做多久，那么，就无须提前进行分析决定是否需要专业人员或专业知识，也无须不断调整组织架构来追求不需要外部支持的、完美的跨职能团队。如果识别到了依赖关系，就对他们进行可视化管理，并积极跟进。采用面向服务的方法，定义并鼓励跨职能合作的工作流看板展示板及系统。无须进行组织架构调整，组建跨职能团队，也不用试图从产品架构来主动管理依赖性。相反，从现状出发，学会熟练协调共享服务。

构建真正的依赖管理通用解决方案

为追求规模化的业务敏捷，不再用时间限制来控制批量大小、促进质量提升、管理交付时间，改为采用 WIP 限制，同时在组织内部积极应用专家共享服务。别再进行组织架构调整！务必在相互依赖的服务网络中促进工作流动！为了构建真正有效的依赖管理通用解决方案，我们要充分理解延迟交付的机会成本，要理解某一项工作的紧迫性，以及依赖项的延迟交付对其有何影响。之后将用我的 8 千米骑行带来的顿悟进行解释。

---

① 类似看板展示板中的缓冲区，专门表示在等待响应，比如等待关联团队响应、等待供应商响应等。——译者注

- 相较于 Scrum 等敏捷方法，看板系统将填充、开发前置时间、交付从有时间限制的冲刺中分离出来，在实现企业级的业务敏捷性方面具有显著优势。

- 传统上，Scrum 采用固定的时间增量来完成定义范围内的工作。这个时间增量的最初设定是 4 周，现在通常设定为 2 周。

- 用 WIP 限制约束批次大小比用时间限制更高效。

- 在较短的前置时间内完成的小批量软件开发，质量高于在时间盒内完成的大批量软件开发。

- 采用较短的时间盒，就要有更详尽的需求分析、更精确的估计，如果存在依赖关系，管理跨团队、跨冲刺边界的依赖可能会很困难。

- 规模化敏捷框架采用称为 PI 的 3 个月时间盒来管理依赖。这就要求提前进行大规模的分析和大规模估算，最后会产生极易破裂的交付计划。该计划在 13 周的时间盒中的前几周内便可能停摆。

- 为了实现企业级的业务敏捷，看板方法用 WIP 限制而非时间限制，实现了高质量且频繁、快速的交付，同时还包含了一个相互依存的服务网络。

第 16 章

看板方法的规模化落地

我稳稳地扣上脚踏板，悠然驶出车道。从主干道向北骑行，我的影子在路上飞驰。这时候我脑海中回响的声音却是："告诉我们如何管理依赖关系"。这声音来自 2015 年，我刚从西班牙巴塞罗那返回美国克拉勒姆县，这是美国本土 48 州中最西北的县。我刚在巴塞罗那参观了欧洲在线旅行公司 eDreams Odigeo（以下简称 eDO 公司），他们的竞争对手是西雅图的 Expedia。我一直在给 eDO 公司开展企业服务规划工作坊，总共 2 次，每次 5 天，有 25 名学员参加。这期间我和 eDO 公司的内部变革负责人皮特·克施鲍默（Peter Kerschbaumer）、伊万·丰特（Ivan Font）对接，每晚我们都会征集课后反馈。第二天早上，我们会分析反馈的内容，并据此调整课程表、议题和课程体系。但每天早上，我们看到的反馈都一样，"告诉我们如何管理依赖关系"。

这太令人崩溃了。

我一直相信，看板方法可以进行规模化落地，因为设计它的初衷就包括了解决规模化问题。2007 年，我们在 Corbis 也验证过，应用看板方法能够管理约 150 人规模的产品单元。实际上，我们那时候就认为这个规模还能扩大到 300 ~ 1 200 人构成的业务单元，后来的实践案例也证明了这一点。2010 年，巴西里约热内卢的石油公司 Petrobras 公司提供了成效卓著的案例。阿曼达·瓦雷拉（Amanda Varella）领导了一个约 450 人组成的业务单元，她用 10 个互相关联的看板系统进行管理。该业务单元包括 5 个产品团队、5 个共享服务（如用户界面设计），负责研发 5 款在石油与地震勘探领域应用的数据分析软件产品。

看板方法规模化的方式：扩大覆盖面

解决方案其实一直很简单。看板方法规模化的方式就是扩大覆盖面，用面向服务的方式进行拓展。用服务的视角来考虑问题，把组织看作一个由各种互相依赖的服务组成的网络。将网络中的每个节点，也就是每个服务，进行"看板化"，并使用 STATIK 方法来实施，该方法的全称是引入看板系统的系统思维方法，是我们在 2004 年第一次与杜米特留交流后，基于实际经验打造出的工作坊。

要管理依赖关系，可以使用停车场方法，用停车场卡片将待交付的外部依赖需求可视化。每个看板系统都可以将向自己提出需求的其他看板系统视为"客户"，并通过对看板系统进行设计来满足"客户"需求，包括客户的需求、到达率以及长期的需求模式。这样自然就设计出了一整套相互依赖的看板系统，不仅可以良好应对依赖关系，而且每个看板系统都可以独立运行。如果单个看板系统需要调整，无疑这种情况肯定会发生，网络级反馈机制就生效了，将针对调整情况进行风险检视和最重要的运营检视。这就给网络节点的适应和进化提供了演化的路径，从而使外部客户需求能够顺畅流动，并通过相互依赖的服务节点网络逐级传递，每个服务节点都将动用自己的看板系统。这是一个巧妙又简单的解决方案。

规模化框架，组织性疯狂之举

让我很沮丧的是，市场认为必须定义一套复杂又烦琐的流程和规模化框架来解决问题。我认为这是人类的自尊心在作祟，大家似乎无法接受复杂又棘手的问题最好用简单又巧妙的方案来解决。人们会觉得："如果是这么容易就能解决的问题，还困扰我们多年，那简直太愚蠢了。"人类需要维系这点脆弱的自尊心，好像只有庞大、复杂、烦琐的重量级解决方案才能解决问题。如此人们就会心安理得地认为："哦，问题太过复杂，一定要用这样重量级的框架才能应对，难怪渺小的我搞不定。"

还有一种可能的解释：看板方法总是要求人们承担责任，至少要有一部分人能对结果负责。在一个由自主服务节点构成的网络中，每个节点上的人都会获得授权，从而承担相应责任、对结果负责、展现领导力。对于大规模的框架来说，如果失败了，原因便能很自然地归咎于框架本身，要么是框架不起作用，要么是组织缺乏实施该框架的文化和领导力。不管怎么说，都不是人的问题。总之，要转移焦点，让受害者觉得是框架的应用问题，才导致了未能产生预期结果。这就滋生了一厢情愿的想法，如果我们的环境有所不同，那么这个框架应该会对我们有所帮助。换一批顾问、敏捷教练或高层，等到组织淡忘这些经历，一切又会再次重演。

"疯狂就是一再重复相同的事情，却期望得到不同的结果。"虽然人们误以为这是爱因斯坦的名言，但不论出自谁口，这句话蕴含的道理着实深刻。在过去的 20 年里，我们目睹了许多大型企业试图在组织内部进行规模化敏捷时做出的疯狂之举，其中大多数都失败了，然后短短几年后又再来一遍。一个知名的美国信用卡公司和银行在 15 年内 5 次尝试引入规模化敏捷，最终，在 2023 年他们裁撤了 1 100 个与敏捷相关的岗位，如 Scrum Master、产品负责人、发布火车工程师等。这次裁员占总员工数的 2%。显然，这个大获成功的企业的决策层已经恢复理智。据估计，这将为他们每年节省约 2.5 亿美元的成本。

用看板管理现有的依赖关系

我的注意力再次集中在前行的道路上：我骑着自行车进入美国之音公园，这条路通往邓杰内斯国家野生动物保护区和著名的新邓杰内斯灯塔，灯塔位于 8 千米外的胡安·德富卡海峡，在沙岬的尽头。上山路段我骑车骑得摇摇晃晃的，便干脆下车推行，行至山顶再转头向北，骑车冲下山，去往海边。

我修改了巴塞罗那周五上午的课程内容，新增了一项课堂练习：回顾本周所学，列举出可以用于改善依赖关系管理的实践内容。我在脑子里大概过了一遍，至少应该有 15 项实践[①]：

- 在卡片上用带复选框的条目列出相关专业人员的工作内容；
- 在卡片上用日期字段明确计划的集成时间点；
- 在卡片上添加装饰符号，用于表示同行依赖关系或需要一起交付的内容，代表一种集体价值；
- 在看板展示板上利用行或泳道表示不同来源的工作类型，也就是构建需求型看板系统；
- 根据看板展示板的行或不同工作类型进行产能分配；
- 表示顺序依赖关系的看板展示板，用从左到右的列展示顺序依赖关系；
- 用拆分和合并看板展示板（split and merge board）来展示集成依赖关系；
- 用双层看板展示板（two-tiered kanban）来展示父子依赖关系；
- 在服务交付看板展示板上用列来映射共享服务。也就是在双层看板展示板中的父看板展示板（parent board）的某一列上创建任务副本，该任务实际可能会在共享服务的子看板展示板（child board）上流经若干列；

---

① 如今，在看板方法和企业服务规划中，至少有 20 种被广泛接受的依赖关系管理实践。

- 创建"停车场"卡片，用来管理等待其他系统交付的需求；
- 设置阻碍卡片来展示被阻塞的事项；
- 阻塞分析，收集并分析阻碍卡片，以便更深入了解依赖性带来的风险；
- 风险检视；
- 运营检视；
- 交付计划。

粗略思考一下，就有 15 种用看板进行依赖管理的实践。这太棒了！问题解决！由于看板内置了面向服务的组织架构以及依赖管理能力，所以天然具备规模化的能力。可惜的是，eDO 公司的朋友却并未对此留下深刻的印象。他们需要明确点出一个或几个特定实践，来将看板变为适合企业级应用的看板系统。

我有些泄气。回到西雅图，我一直在琢磨还需要做些什么，才能让大家认识到看板方法能够有效支持企业进行规模化敏捷。

第一次顿悟：预订系统

我骑车来到悬崖边，调整重心，车架随之向右倾斜，车轮向东偏向海滨大道。坐在海滨旁边这么高的地方，我能清楚地看到沙岬，海峡对面就是加拿大的维多利亚市和温哥华岛。在我前方的大陆上，远远矗立着雄伟的贝克山，山顶覆满积雪。我继续骑行穿过新邓杰内斯萧瑟的小村落。这里曾是一个繁荣的小港口，几十年前由于螃蟹捕捞规定的调整，关闭了码头。而海岸线沿线的新规划限制，意味着这个小村落要慢慢地放归自然。主干道上的大部分商业建筑已转为民宅。我途经旧校舍和仅剩的一家商业店铺，这家店铺还在销售当地的农产品。我看了看手表：我已经离家 12 分钟，骑行了快 6.5 千米。我正朝南行驶在塞奎姆-邓杰内斯路上，还经过了薰衣草农场。

然后，我豁然开朗！这些人以售卖航班票务为业，他们非常了解预订系统。用看板展示板来管理预订系统不是什么新鲜事。或许最早的实践案例是在 Posit Science 使用的"前十待办项"，但最早有记录的日历式预订系统[①]是几年后在芬兰出现的。我意识到我曾在 eDO 公司见到过一个这样的实践。我不清楚是哪个部门或者哪位经理在用，但我确切记得是在巴塞罗那世界贸易中心的某座大楼顶层看到的。他们有一个按周划分的预订系统，大体如图 16-1 所示，只要把卡片放在特定的时间，就有效地表明了计划在该时间要启动卡片描述的工作。凭着我这样简单的描述，该团队后来追踪到这是财务部门一个名叫比安卡的员工在进行的实践。要知道，财务完全不是产品组的一部分，也不是克施鲍默和丰特领导的大规模企业服务计划的核心组成部分。

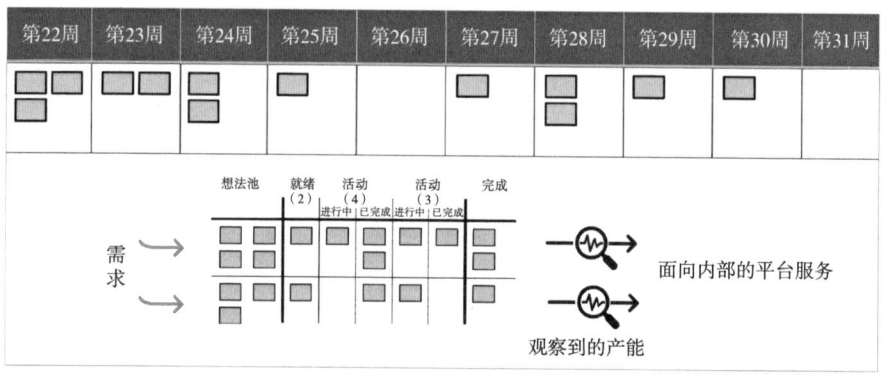

图 16-1　预订系统看板展示板

动态预订系统

然而，这还不够。航空业早就找到了管理复杂依赖的方法。这种复杂性和依赖性在于，一方面，预订系统并不是静态的，而是动态的；另一方面，航空公司不只要提供不同等级的座位和对应的不同等级的服务，比如商务舱、经济

[①] 即基础预约管理系统看板展示板，2011 年由萨米·洪科宁（Sami Honkonen）首次发布。

舱，还要提供不同类别的预订。

在航空旅行的黄金时代，廉价航空公司出现前，大家可以通过购买"候补"机票以有限预算出行。候补机票意味着旅行者在特定航班上不一定有座位，在登机过程中，他们必须一直等着，航班出现空余、未售出的座位时，他们才能登机。并且他们只能携带手提行李，不能进行行李托运，因为根本来不及在起飞前把他们的托运行李装进飞机货舱。虽然在廉价航班时代，这种候补预订已销声匿迹，但在管理复杂依赖关系时仍会用到同样的方法。一些大型枢纽机场常常受恶劣天气影响而停航，比如芝加哥奥黑尔机场。乘客会因航班延误而错过转机，相应地，下一航段的航班乘客由于晚点到达很可能会有座位空出。这时候就会给错过转机的乘客发放候补机票，让他们候补登机。虽然托运行李不能随行，但总有解决办法。21 世纪初，我就职于摩托罗拉时，公司的差旅政策要求国际航班必须经由芝加哥转机。因此，我曾多次亲身经历航班变更、候补登机，然后第二天在西雅图收到延误行李的情况。

在我看来，动态的预订系统就是额外的用于排队的看板展示板。它有几个特点：第一，按周或其他时间周期来划分；第二，产能有赖于看板系统的平均交付率；第三，提供不同类别的预订。它就是在看板中进行规模化依赖管理的解决方案。在旅游业及航班票务业务中实践这一想法最为合适。

我还要再向南逆风骑行 8 千米才能抵达塞奎姆镇我最爱的咖啡摊，这也是我骑行时的一个常用休息点。我低头加速骑行，让这个想法在我脑中反复回荡。当我到达咖啡摊时，我找了个长椅坐下，将自行车靠在一旁，拿出手机，打开备忘录，开始快速打字。

预订等级

航空公司有多种预订类别。在西班牙境内搭乘飞机时，我体验了一种新类别，伊比利亚航空公司在马德里和巴塞罗那间的摆渡票。我听说，英国航空和美国航空也合作提供伦敦希思罗机场和纽约肯尼迪国际机场间的摆渡票。摆渡票高度灵活、有效，这一点甚至比头等舱或商务舱还要好。持票人无须预订特定航班，他们只要去到机场，要求乘坐下一班飞机就可行，就像排队等公交车一样。

想象一下，有个商务人士在地中海沿岸的巴塞罗那生活和工作，但周五上午他要在马德里参加一场重要的商务会议。会上要进行棘手的谈判。如果一切顺利，午餐前就能结束工作，但如果谈判没法达成共识，会议可能会拖延至午餐时间，甚至会到下午。为了规避这个时间波动的风险，他可能需要预订一张商务舱机票，早上 8 点从巴塞罗那出发，晚上 7 点再回来。如果会议提前结束，他可能会提前到达巴拉哈斯机场，申请改签早一点的飞机。然而，由于是周五，飞机可能会满座。那怎么办？可以多花点钱，购买摆渡票。如果一切顺利，会议在 12 点结束，那他打个车 20 分钟后就能到达机场。在值机和登机处出示摆渡票，就能搭乘下一班飞机回到巴塞罗那。如此甚至还有足够的时间驱车前往科斯塔布拉瓦的高尔夫球场，在日落前打一场 18 洞的比赛。

因此，至少有 3 类常见的预订等级：标准预订确保乘客在特定航班上有座位；候补预订只有在有未售出的座位时才可以保障登机；而摆渡票确保乘客能乘坐下一班可飞航班，这甚至可能导致其他人无法登机。我们可以参考这些预订类别，创建一个精密的动态预订系统，用来进行看板的规模化实施，如表 16-1 所示。

表 16-1 预订等级

预订等级	描述
承诺	承诺在特定日期启动的工作
预约	如果在特定日期有产能，就能启动的工作
候补	如果有额外的产能，该工作要和其他上游就绪工作一起被优选。优选时，应该优先考虑该工作。如果未能入选，后续可以考虑将该工作的预订等级调整为预约级

投资回报率并非延迟成本

2016 年夏天，我再次回到家中，此时是我的工作淡季，可以暂时远离培训、会议和满世界跑的顾问工作。我在夏天的每日常规健身活动是绕新邓杰内斯和塞奎姆骑行约 32 千米，我将此活动戏称为"98382 巡回赛"，因为 98382 是塞奎姆和周边地区的邮编。此路线的大部分路程还算平坦，主要的挑战来自持续的侧风。无论什么时间、不管当时天气如何，问题的关键甚至不在于风大不大，而在于风的方向。明智的做法是时刻注意保持能量储备，以防最后 8 千米需要倾尽全力、头低背躬地在狂风中疾驰。

我脑中在考虑延迟成本问题。随着唐·莱纳特森的《产品开发流原则》（*Principles of Product Development Flow*）一书问世，以及规模化敏捷框架的提出，大量社群成员开始关注使用加权最短工作优先算法（Weighted Shortest Job First，WSJF）来计算延迟成本，并利用它来进行工作的优先级排序——诸如工作顺序、排期和优选等。莱纳特森提出的公式为：

全生命周期利润总额 / 所耗时间

这个公式已被规模化敏捷实施者修改得面目全非。然而，这两种版本我觉得都不太对。2009 年我为 Posit Science 绘制了延期函数草图，后来也进行了应用落地。但现在的公式和我的函数草图并不一致，与莱纳特森 2007 年访问 Corbis 时的观察评论也不一致。那时候我们的服务类别由延期成本划分。因此，我并不认同加权最短工作优先算法是衡量延迟成本的正确方法。

此外，不管是语言的、代数的还是几何的，我都不认同这个表达式。延迟成本意味着成本，也许是机会成本，是分子，而延迟是分母。然而，我们实际上却将利润总额或价值作为分子，而用耗时作为分母。尽管延误和耗时都以时间为单位，但含义并不一样。不仅代数表达上不一致，画成函数图形后，横轴和纵轴的标签也不一样。什么情况下耗时才能等同于延误？又在什么情况下，前置时间才能代表延误？要让前置时间等同于延误，如果有正在进行的工作项，其他工作项就不能启动。要实现这一点，WIP 限制必须设置为 1。

加权最短工作优先算法其实也不对。一些人争辩，前置时间不是耗时，只有付出努力、产生价值增值的工作时间，才能算作耗时。这样看起来，耗时是成本的替代表达，而全生命周期利润总额是价值的替代表达。如果确实如此，那么我们实际上得到的是：

价值 / 成本

这就是投资回报率的计算公式。我们在微软 XIT 维护工程团队首次实施看板时就发现，投资回报率并不是延迟成本。如果基于延迟成本来选择工作顺序，将与基于投资回报率选择的工作顺序结果不同。投资回报率不能反映工作项的紧急程度，只反映其长期收益与成本的对比。延迟导致的潜在利益损失并未被考虑在内，而延迟本就不是公式变量。

这个冲突困扰了我数年，始终未能找到一个合理解释。

第二次顿悟：延迟等同于填充节奏

就在驶过邓杰内斯旧校舍时，我灵光一现：看板系统中的延迟其实等同于填充的节奏！

看板填充会议将参考现有的看板空闲来决定启动什么工作。我们在就绪等待池的一系列待办项中选取将要开展的工作，反过来说，我们也决定了哪些工作要推迟一下，再等等。如果本周的填充会议上，我们决定暂不启动某项工作，那么最快也要到下周的填充会议才有可能再启动它。所以在每次填充会议上，我们实际考虑的是哪些要延期到下次填充会议，通常也就意味着延期一周。

我们不能控制工作什么时候做完。我们的控制点是选择并将工作拉入我们的看板系统中来启动它。交付的前置时间遵循概率分布曲线。因此，一旦我们开始了某项工作，它总会在某个由概率表达的时间窗口内完成。所以我们应该问的问题是："延期启动某项工作，潜在的延迟成本是什么？"如果我们在这次填充会议上决定暂不启动某项工作，而是留待以后，届时要损失什么机会成本或受到什么影响？

再一次，我弯腰将下巴紧贴在自行车的把手上，沿着塞奎姆-邓杰内斯路疯狂地踩着脚踏板，等我能停下来时就将这次顿悟记录在手机备忘录中。

要真的计算出延迟成本是多少，得将工作项的前置时间分布曲线与价值获取生命周期曲线进行卷积。这可不简单！需要高级的定量分析，真可怕。

我开始着迷于延迟成本问题。我花了好几天时间制作出一份包含11个不同实例的电子表格。不管我是在家里、在鸡尾酒吧、在咖啡厅或是餐厅，都在努力研究它。基于不同生命周期的价值获取曲线，我分析了延迟启动可能产生的成本，如图16-2所示。这些曲线与2009年的草图很类似，显然，可以将曲线大致分为4个等级。

现在我们有了一个完备的数学推导来验证这些2009年首次在Posit Science应用的曲线。同时还能很好地解释4个服务等级，以及不同服务等级对延迟成本的影响。这和我们大约10年前的理解高度一致。严谨的数学方法得出了与直觉一致的结论。通过2007年在Corbis的尝试，以及2009年撰写"小蓝书"时加以的改进，我们总结出一种非常简单但行之有效的风险管理技术——只需4个服务等级和4条延迟成本曲线，就形成了一个适合的分级系统，应用这个系统就能基于紧急程度进行复杂风险管理。

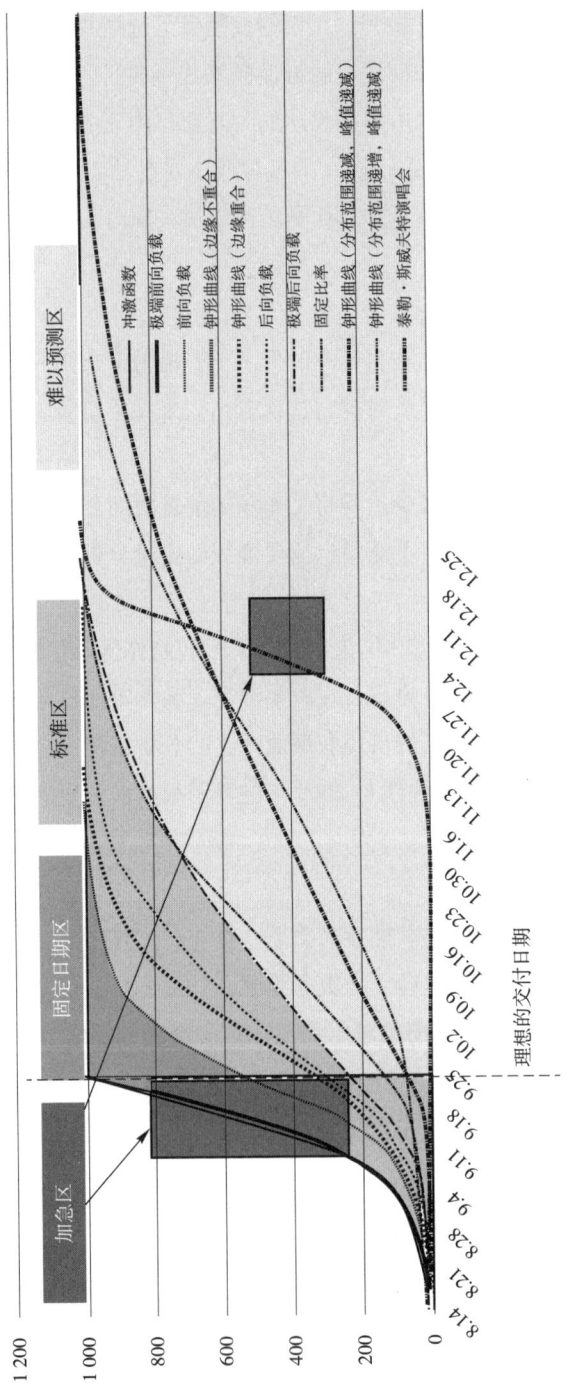

图16-2 延迟启动的潜在成本分析：4级服务功能区域划分

第三次顿悟：依赖管理分级

要形成规模化实施的完整解决方案，还需要第三次顿悟来整合前两次顿悟获得的洞察。这里最重要的问题是：客户需求中的延迟成本对依赖管理有何影响？我们现在的成果包括：建立了服务等级，定义不同服务等级的工作项如何在看板系统中流动；建立了预订等级，定义不同预订级别工作项在排队和制定计划时应如何处理。为了构建完整的解决方案，我们还需要基于延迟成本建立依赖管理的等级，从而定义一个工作项如何在多个看板系统之间流动，以及依赖需求如何通过看板系统网络层层传递。基于4种延迟成本函数，可以形成4种依赖管理策略，这可能已经够用了。但我还是决定进一步考虑那些由无法更改日期而形成的固定约束，最终形成了6级依赖管理策略。也就是在标准级别和固定日期级别下基于不同的延迟成本产生了2种变体。标准类别被分为2种，大致对应低成熟度和高成熟度，以及客户和交付组织之间的不同信任水平。在低成熟度组织中，常常使用截止日期作为目标，同时给团队施加压力。我的模型必须适应这种不健康的现实。固定日期类别也被分为2种，区别在于固定约束：一种是圣诞节或监管截止日期等硬性约束，另一种是在短时间内受到严重影响而让函数陡峭增长产生的约束。

这为我们提供了关于依赖管理的6套规则，或者说策略。在考虑是否以及如何使用动态预订系统时，这些策略明确了我们是否要进行前期分析，以验证依赖关系、级联需求、规则等。

现在，我已经准备好了 eDO 团队想要的具体操作方法，我们也可以将其视为看板方法的规模化解决方案。企业级看板方法要综合运用延迟成本、3种预订等级的动态预约系统，再基于看板系统的平均交付速率进行产能分配，以及综合考虑延迟成本和是否存在额外固定的约束（如截止日期）而形成的6级依赖管理，如表16-2所示。

表 16-2　6 级依赖管理

依赖管理等级	客户要求的卡片（工作）服务等级	被外部依赖的卡片（工作）服务等级	客户要求的预订等级	被外部依赖的预订等级	依赖管理特点
1. 无所谓	难以预测的	难以预测的	可选为候补	无	不进行依赖管理；动态的、刚好及时地识别依赖
2. 可信的可得性	有 SLE 的标准级	标准	可选为候补	无	动态的、刚好及时地识别依赖；在需要的时候为被外部依赖的工作分配产能
3. 缓解尾部风险	有截止日期的标准级	固定日期	可选为预约	候补	（以防万一）采用候补预订等级；动态的、刚好及时地识别依赖；用筛选有依赖的前置时间分布来确定启动时间和客户要求的卡片(工作)服务等级
4. 固定日期	固定日期	固定日期，启动优先级高	预约	预约	前置识别依赖，且被外部依赖的预订等级为预约级；就绪的标准应该包含前置分析，且预订等级为预约级
5. 承诺准时	固定日期，对延期零容忍	固定日期，承诺启动	承诺	承诺	前置识别依赖，且被外部依赖的预订等级为承诺级；就绪的标准应该包含前置分析，且预订等级为承诺级
6. 加急	加急	加急	无	无	不进行依赖管理；动态识别依赖；发现依赖就加急处理

如果我们能够根据延迟成本对进入看板系统的需求进行有效的服务级别标识，并确认其是否具有固定时间的交付约束，那么我们就掌握了足够的信息，可以判断是否允许该需求流经相互依赖的服务网络。网络上的每个节点都能依据简单的规则或策略独立运作。这些规则涵盖了服务等级、预订等级及依赖管理等级。在这种情况下，我们就不需要集中的管控。

这一切看似优雅、简洁、易于理解。那么，可能会出现什么问题呢？实际情况是，大多数组织还未准备好实施这些理念上非常简单的做法。我在本章中所写的内容，隐藏了许多假设。核心层面的关键假设是，服务交付是可预测和值得信赖的，前置时间的分布是细尾[①]的，也就是说极少或从未出现异常长的前置时间。由此，平均前置时间和平均交付率都是有意义的概念，便能使用利特尔法则（Little's Law）[②]。这就意味着，我们这种相互依赖的看板系统网络必须在基本达到 3 级成熟度的组织运行。3 级成熟度，意味着能进行可靠和可预测的服务交付，也意味着前置时间的分布是细尾的。没有细尾的前置时间曲线，几乎不可能满足客户期望的稳定交付。

因此，为了有效推动规模化，我们要提高组织的成熟度。要做到这一点，就要致力于培养价值导向的企业文化。要在规模化中取得成功，我们需要各层级都有足够的领导力，在网络中的每个服务节点、每个看板系统中也都要有足够的领导力。规模化不是简单的安装框架，而是要发展并赋能领导力。

[①] "细尾"本质上是指超指数增长特性的分布曲线或函数，并与大量的数据点聚合成一个广义高斯分布。高斯分布意味着曲线的头和尾都与横轴渐近，而普遍的理解是，呈钟形曲线。高斯分布的数据在数据点数量不多的情况下会向均值（算术平均值）回归。纳西姆·尼古拉斯·塔勒布将这类分布称为"庸才分布"（mediocristan），也就是无趣且低风险。

[②] 队列理论中的一个公式，它将平均到达率与平均 WIP 数量、平均前置时间关联起来。在特定的产能和交付速率下，可以用它估计 WIP 数量。然而，该法则的前提是从不太多的数据点中计算出有意义的平均值。只有当前置时间分布呈现细尾时，此法则才能实现。

- 看板方法的规模化，就是扩大其应用规模！

- 大规模框架通常效果不佳，问题往往是缺乏领导力。

- 看板方法已经有至少 15 种实践可以帮助进行依赖管理。

- 具备多种预约类别的动态预订系统可用于看板方法的规模化落地。

- 建立包含 4 个服务等级和 4 条延迟成本曲线的分级系统，支持基于紧急程度进行复杂风险管理。

- 确保进入看板的需求能根据延迟成本进行有效的服务级别标识，并确认其是否具有固定时间的交付约束，从而判断该需求是否可以通过相互依赖的服务网络流动。为网络上的每个节点制定简单的规则或策略，确保每个节点能够独立运作。这些规则应涵盖：服务等级、预订等级及依赖管理等级。

- 对于一个组织来说，要想有效推动规模化敏捷，就需要具备一定程度的成熟度，使得各层级有足够的领导力。

第17章

看板方法中的领导力与赋能

2021年10月的第一个周一,西班牙毕尔巴鄂的天还没亮,我就醒了。手机记录显示,我的小女儿给我打了3个电话。我们在第1章中提起她时,她只有3个月大,现在她已经16岁了。在如今这个年纪,只有她需要钱或者有紧急情况时,才会给我打电话。我马上给她回电。

"妈妈病得很重,现在在俄克拉何马城的医院重症监护室。"

"等等,怎么会这样?"

"她之前在参加全国网球锦标赛。可能是过度劳累,到周末就倒下了。目前正在重症监护室,我们正在赶往机场,坐晚班飞机先去达拉斯,然后明早转机赶到俄克拉荷马城。"

那是西雅图周日的晚上,远不到午夜时间。

"你明天到医院以后给我打电话,那会儿我这里是晚上。"

我已经为这一天做了 15 年的准备,但当这一天真正到来时,却发现其实永远不会有准备好的那一天。

我打了几通电话,安排那天中午与公证员[①]紧急会面,办理授权委托书。我在西班牙住了 3 年,已经有了获得银行认可的良好信用记录,并且我花了相当的时间来寻找合适的房产。最近我决定购买一座有 50 年历史、建于 20 世纪中叶的农舍,距毕尔巴鄂只有 20 分钟的路程。购房合同原定于下周签署完毕。

就在一周前,我在奥地利签订了一份公寓租约,公寓地址离我们的办公室很近,也是我们的年度看板领导力务虚会的地点。突然间,现实生活的各种戏剧性事件同时发生了。

我的旅行代理帮我预订了最早离开毕尔巴鄂的航班,这还是 2020 年 3 月新冠疫情封锁以来我首次回美国。本次出行并不顺利。由于大雾,航班无法从毕尔巴鄂起飞。所有乘客只好乘坐大巴前往邻省坎塔布里亚的桑坦德。在马德里,我又错过了转机,结果改签到了第二天。然而,由于飞机出现机械故障,第二天的航班又被取消了,我只好改订飞往迈阿密的航班。飞迈阿密的航班比原计划晚了 5 小时,导致我没法赶上当天飞往俄克拉何马的飞机,不得不在迈阿密过夜,并改签了次日早班飞机,中间还要经停达拉斯。终于,在周四中午,我抵达了俄克拉何马城的医院。两个女儿都在那里,大女儿暂时放下了在新奥尔良的医学学业,来医院照料一切。一位住院医生悄悄告诉我:"这一周全靠她在这儿。"但医生带来的消息并不乐观。

接下来的一周我们在俄克拉何马城的一个殡仪馆,通过私密的家庭仪式,向与我共度 22 年时光的妻子告别。那时正是新冠疫情肆虐之时,大规模葬礼

---

① 在欧洲,公证员是专攻行政法和合同法的律师。公证员主要负责土地所有权转让及银行贷款、抵押、雇佣合同、授权委托书等类似活动的法律文书工作。

属于非法行为。在这之后,我们等了 9 个月才得以精心安排一场真正的悼念仪式,让她的队友、网球俱乐部的朋友、之前护理学院的同事和同学、20 年的老邻居,以及老朋友来表达他们的哀悼之情。

有时,你无法控制生活中会同时发生多少事。你不能左右有多少个人危机会一起到来。当人意外离世,会有大量身后事需要处理。悲痛根本无济于事。

我带着一位情绪崩溃的 16 岁少女回到西雅图。她对整个世界充满了愤怒。她的学校非常体谅我们的情况。我向我公司的领导团队发送了一条消息:"我将暂时无法工作,归期未定,公司就交给你们了。"

"收到,交给我们吧。"

我开始处理各种法律文件。首要任务是保障生活正常运转,也就是保证家庭账单按期支付。为了缓解压力,我每天早晨都会花不少时间散步。待在家时,我会让电视开着,放一些让人安心、舒适的内容,比如足球——西班牙甲级足球联赛,看看毕尔巴鄂竞技俱乐部或皇家社会足球俱乐部的任意比赛,又或者英超联赛,看看利物浦、曼联或阿森纳的比赛。坦白说,具体哪个队的比赛并不重要,我觉得这些内容都很好。

毕尔巴鄂传来消息,承包商已经在我的新家开工。然而,房子的实际状况远比预想中糟糕。[①] 现有的电力系统既非法又危险;水管设施老旧,存在漏水和反味问题;热水供应系统的供水量不足,这个拥有 5 个卧室、5 个浴室的住宅,热水供应量仅够两个人洗澡;此外,设在硬木框架内的单层、无保温材料

[①] 对于这种情况,读者读到此处可能会感到困惑,这些问题应该在交换产权证书前的房屋检查中就能发现。然而,这种做法在西班牙甚至在欧洲并不常见。尽管也不是不可能,但卖方很可能会因为要求验房而感到冒犯,也可能压根就不允许检查。如果你想在西班牙购买房产,就不能冒着无法成交的风险来要求验房。前期我已经规避了一些风险,我曾要求让我的建筑师参观房子,以便制定内部装修方案。尽管我要求他们警惕基础设施中可能存在的问题,但未能进行详细的检查。

的窗户（1974 年最先进的技术）也需要全部替换。我在购买房子时已经接受了"按现状购买"的条款，而上一任业主也在真实居住了 48 年之后，只带走几件珍爱的家具，就直接把钥匙交给了我。现在这座房子要被完全拆除，剥离至只剩下混凝土架构，然后全部重建。

我早就知道房子需要翻新，却大大低估了它年久失修的程度，现在，解决这些问题已迫在眉睫。

我是房子的第二任业主。上一任业主是一对 70 多岁高龄的可爱老夫妇。他们在 20 世纪 70 年代初新婚时，便委托人为他们设计并建造了这座房子。老太太从她的祖母那里继承了这块地。他们聘请了一位前途无量的年轻建筑师。后来，这位建筑师成了巴斯克大学的建筑学教授，还设计了毕尔巴鄂市郊的新校区。他的职业生涯备受肯定，在全国也颇有名气。年轻的他明显在这栋房子的设计中进行了新的尝试，比如，建筑外部的螺旋楼梯是典型的苏格兰贵族风格。此外，房子还充满了工艺美术时代的特征，像是在巴塞罗那手工打造的高迪式彩色玻璃窗，还有南露台上 20 世纪中期现代单滑道开放楼梯。这一切都仿佛是从肖恩·康纳利时代的詹姆斯·邦德电影中走出来的。很容易想象，金手指身着丝绸睡袍，脚穿拖鞋，抱着毛茸茸的波斯猫，在晨光中漫步下楼，走向游泳池。"啊，邦德先生，我们一直都在等你！"显然，楼梯、石头小路，还有小路的颜色，以及其他外部景观设计，都受到了日式风格的启发。这栋房子绝对值得修复，但不是现在。我正面临太多个人危机。我的承受能力已达极限。

很快，我们制订了一个让房子短期内就能住人的翻新计划，也就是基本安全、能满足基本的生活需要。所谓"基本"，就有一些事情需要注意，比如，如果厨房的烘干机在运行，就不要同时吹头发。

关于房子施工，我一直与远在毕尔巴鄂的建筑师持续沟通。他们曾为我们位于市内的两处办公室的内部改造进行了设计：位于格兰维亚大道的大卫·安德森管理学院培训中心，两个街区之外的 Mauvius 集团欧洲办事处。目前，他们已经着手制订我新家的大规模改造计划。

我开始观看 HGTV^① 的节目。从早上 9 点到晚上 9 点，我一直放着他们的节目作为背景音。再想想西班牙要翻新的家，仿佛置身天堂的白日梦，让我暂时从房产律师、银行呼叫中心、保险公司、法律文书和一位心碎的少女带来的困扰中得以解脱。

正是 HGTV 频道的节目，让我对企业规模扩张有了最后的顿悟。如果你想了解如何扩大公司规模，你应该直接向企业家请教！

专注于质量

塔里克·穆萨（Tarek El Moussa）是一位主要活跃在南加州奥兰治县的房地产投资商。他专门购买建于 20 世纪五六十年代、破旧甚至无法居住的原子农场式房屋，将其改建为造型优美、现代化装潢的住所，再将"翻新"后的房子卖给新业主，赚取利润。他在 20 多岁白手起家，那时候几乎没有什么资金，住在妈妈的车库里，把所有余钱都投到了他的生意中。经过多年的辛勤工作，当然也进行了一些具有企业家精神的冒险，他成功创办了一家生意兴隆的房地产投资和建筑企业。

他在 HGTV 已经做了 10 多年的主持人，一开始和他的前妻克里斯蒂娜一起主持《改建重建大作战》（Flip or Flop），该节目已经播出了 10 季。最近他主持的《翻转房屋 101》（Flipping 101），也已经进入第 3 季。该节目让穆萨与年轻的、初入行的房产投资者们合作，给予他们建议，帮助他们获得成功。从

---

① HGTV 归属于华纳兄弟探索频道旗下，是一个专注于家居与园艺的有线电视频道。该频道于 1992 年由 Scripps Networks 的一位高管构想并创立。该频道的许多节目依然保留着 Scripps Networks 的版权声明。

一开始，他始终关注的重点就是如何帮助这些学徒实现扩张。要想成功，就要学会如何扩大经营规模。

想要规模扩张，穆萨的首要原则是必须停止犯错：你必须注重质量，一次做对。质量问题和不得不进行的返工会破坏客户对品牌的信任，损害声誉。纠正错误、解决质量问题需要时间，而在房地产投资中，延期会产生实质性的成本。如果投资者靠贷款来为项目提供资金，时间越长，就意味着需要支付更多的贷款利息，也就减少了他们未来本可以赚取的利润。所有可以避免的时间浪费都会带来机会成本。修正错误也会增加成本，甚至可能会冲破翻修预算。低质量会导致返工，返工会导致延期，这就意味着工程的完成时间无法预测。这样便很难预知何时能将房屋挂牌出售，何时让家具进场和布置装饰，也没法知道何时开放给买家和房地产经纪人看房。这些都是风险。缺乏预测性会导致盈利能力下降。

穆萨的建议：聘请或培养能够独立胜任工作的员工。优秀的人更贵，但从长远来看，他们将帮助你省钱。记住重点关注质量，争取一次就能做对。

提高韧性

我们家的狗也要跟着一起移居西班牙。它嘲笑我说："你们人类抱怨起飞前还要额外准备各种材料，办理各种手续，提供新冠疫苗接种证明、核酸阴性证明。你们不妨做条狗试试，我们付出的代价是人类的 3 倍，而且早在疫情前就是这样了。"它说得没错。因为不仅仅有疫苗接种的问题，还要办理由美国农业部颁发的出境许可证。棘手的是，出行前 10 天才能申请该许可，可他们承诺的服务时效是 5 ~ 10 天，而且还必须通过邮寄方式来回传递相关文件。我打了一些电话。经办人员都非常乐于帮助我。他们建议道："把文件通过联邦快递隔夜寄给我们，内附一个已预付的且写好你自己回邮地址的信封。一定要准备好所有的文件，注意盖好兽医的各种章戳，再附上一张用于支付费用的支票。对每个申请人来说时间都很紧迫，我们会紧跟进度。"我面对的是一个完全不契合目的的服务。这个系统内的人员无力改变这个状态，只能找出最佳的应对策略。幸好，我先打了电话咨询。有了他们的专业建议，我得以加快进程，3 天后就收到了所有的文件。太好了！

下一步是在机场进行检查。我购买了一款推荐给西班牙猎犬使用的航空箱。我女儿提醒我说："它的体形在这个品种中算大的，平均值相比，约超重 0.9 千克，身高也超过平均数值。"参考航空公司发布的指南，我又量了一下航空箱的尺寸，情况有点不好说，是否让它登机，可能就是几厘米之差的事。我无法承担最终无法登机的风险。因此，那个周天下午，我四处奔波，在西雅图的宠物商店到处寻找符合美国农业部批准的、大小合适的航空箱。很幸运最后总算找到一个！我们的计划依然顺利。这条狗将同我一起飞往旧金山，在那儿过夜，然后乘飞机去伦敦，我在伦敦希思罗机场给它预订了宠物酒店。在伦敦停留一站，意味着又要额外准备一次材料，并办理相应手续。英国是欧洲大陆旁的一座群岛，一直未出现过狂犬病，因此，对于旅行动物一直有自己严格的规定。这条狗冷笑着看看我的欧洲巴斯克地区新冠疫苗护照和核酸阴性检测报告："你有什么好抱怨的呢？"

两天后，我与即将在假期满 17 岁的小女儿在毕尔巴鄂重聚。我们的狗表现出了惊人的适应性，逐渐习惯了它的新家和新生活。幸运的是，我成功地将工作交给了能干的同事，让自己从工作中解脱出来，得以全职在美国处理家务事。

将自己从现有工作中解放出来

穆萨的第二条建议或许可以简单概括为："你需要将自己从现有工作中解脱出来！"如果你为了省钱而自己动手铺设浴室淋浴间的瓷砖，那么你在铺瓷砖时就无法开拓下一笔生意，无法寻找下一个待购买、整修并转售的房产。如果你一直自己动手，你的业务将会断断续续、停滞不前。你将会错失许多机遇。你没法拥有顺畅的业务流，现金流也将波动不定。

什么是"将自己从现有工作中解放出来"？

最简单的含义是，你已经培养出了自己的接班人，建立了接班计划。如果只说到这里就太浅显了，也很容易被误解为是让更年轻、更便宜的副手或学徒以更低的成本取代自己的工作。在发展不成熟的组织中，这的确是一种风险，这些组织注定在规模扩张时失败。将自己从现有工作中解放出来，实际上意味着释放自己的时间，以承担更大范围的更多责任，以及更具挑战性或更能实现价值增值的工作。在发展比较成熟的组织中，将自己从现有工作中解放出来，其结果应该是获得一份更有挑战性的新工作。

现代的专业服务大部分提供的都是无形商品，我们大多数人的工作是"靠思考赚钱"，我们所做的大多数事情就是做决策。本书中的每句话、每个段落、每个章节都包含了很多决策，价值存在于决策中，而非打字操作中。语音识别技术可以替我输入文字，但最先进的 AI 引擎也无法写出本书。因此，要将自己从现有工作中解放出来，挑战在于不断问自己："我要做的决策中，哪些可以被自动化或委派给他人？我需要具备哪些条件才能信任自动化或授权他人进行有效工作？"

系统化整理自己的工作内容，才能逐渐将自己从现有工作中解放出来。具有深入洞察的领导力，就能将复杂或不透明的事情变得清晰明了。我们基于延误成本的 4 个服务等级，就是一种简单的系统化整理方式，可作为委托和赋能的基础。结合决策框架，有助于使决策过程可重复、可预测和可信赖。通过定义流程和规则，再引入反馈机制检查和制衡，一切就能在你缺席时也正常运作，如此你便将自己从现有工作中解放出来。

通过培养其他领导者，赋予他们权力，将自己从现有工作中解放出来：如果他们缺乏自信，就给他们自信，让他们在一个安全的环境中进行实践和演练。灌输诸如利他主义和服务精神等价值观。教导崭露头角的领导者，如果想要得到他人的信任、尊敬、赞誉和模仿，那么他们就不能只关心自己，相反，必须为他人服务。传达你的价值观，让这些价值观明确具体化。找到并奖励那些追随你的价值观且尊重你的组织文化的人。虽然产出和结果很重要，但这些方式也同样重要。

让成熟度模型来指导行动，指导你将自己从现有工作中解放，同时指导你培养他人接手自己的工作，让他们也能够像你一样独立做出决策。

打造稳健性

我的小女儿和特奥多拉·博热瓦的女儿年龄只差 3 个月。他们住在离我们大约 16 千米远的海滨小镇索佩拉纳。从疫情开始到现在，孩子们都没见过面。如今临近圣诞节，他们打算在邻镇阿尔戈塔的托托比萨店旁碰头。波热瓦一家对这家店了如指掌。托托比萨如今有 4 家连锁店，最初的一家距离他们的公寓只有 50 米远。他们家一直有个传统，周五晚上会叫比萨外卖。波热瓦见证了这家比萨店的创始人把生意越做越大，还培养出一批对他们优质菜品和卓越服务赞不绝口的忠实顾客。索佩拉纳的居民以这家优秀的本地餐厅为豪，他们也很乐意将它推荐给更多人。

这家店的成功使老板备受鼓舞，于是他决定继续扩张，他在距离老店仅 3 千米的地方开了在索佩拉纳的第二家店，然后在毕尔巴鄂市开了第三家，最后又在巴斯克地区的首府维多利亚-加斯泰斯市开了第四家店，这家店位于邻近的阿拉瓦省，距离老店 80 千米远。然而，扩张也有代价。第二家店开张后，那些忠实顾客所习惯的品质和服务开始下滑。当老板不在索佩拉纳时，差错不断，品质时好时坏，服务也很慢。博热瓦叫的外卖，有时候无法按时送达，有时候配料不全，有时甚至还会收到送错的比萨。

在老板独资单店经营时，这家店的质量和服务达到了 3 级和 4 级成熟度。扩张后成熟度便有所下滑。老板在索佩拉纳时，情况还不错，博热瓦一家就会订购比萨。如果老板不在，博热瓦一家就不会光顾。作为一个组织，规模扩张导致成熟度下降到 2 级。也就是说，规模扩张将核心业务置于了高风险境地。

规模化扩张并不仅仅是找新的店面、招聘和培训新员工，让他们能按菜谱和配方提供餐食，还要搞定订购各种食材和包装盒等消耗品的后勤供应问题。为了充分实现扩张，老板必须将自己从现有工作中解放出来。老板不可能同时出现在好几个地方。为了有效扩大规模，老板必须要把总厨和经理的角色委派给其他人。每个分店都要有自己的二把手，他们需要具备像老板一样的领导力，这些人在经营分店时做出的决策要能与老板独立做出的决策一致。值得称赞的是，托托比萨店的老板挺了过来。他培养了一批值得信赖的人；即使他不在，比萨店也能正常经营。品质和服务得以回升，达到了和原来只有一家店时一样的水平。他成功地将自己从现有工作中解放出来，将质量把控的工作委派给他人。现在再继续开新店扩大规模，就变成了一个资本投入和花时间培养负责人的问题。托托比萨连锁店的经营变得更有适应性。

我的小女儿决定回到西雅图，在美国完成高中学业，而不是转入毕尔巴鄂的优秀美国学校。要她在高三转学并适应西班牙的文化和语言，实在是苛求。假期结束后，我们回到了西雅图。

"你叫什么名字？"

"大卫。"

"你几岁了？你住在哪里？"

"我住在这里，我在这里有一栋房子，和我女儿一起住。"

这是个离奇的梦。混乱不堪。好像有一辆粉色的吉普，又似乎是一辆褪了色的老款红色丰田陆地巡洋舰？一位医护人员一边和我说话确认我的情况，一边和我女儿通话。我感觉自己正仰面躺在一辆行驶的车上，周围交通繁忙。为什么我在和孩子打电话呢？

"你好，大卫。我是查默斯医生。你现在在海景医疗中心急诊室。你感觉怎么样？"

"发生了什么事？"

"你过马路时被车撞了。送你过来的医护人员说是肇事逃逸。人们发现你在路上游荡，头上血流不止。"

"现在几点了？"

"大概晚上 7 点 45 分。"

8 小时前，大约上午 11 点 45 分，我上午的散步这会儿差不多要结束了，我正在过马路，这条路离我家只有 4 个小街区。在华盛顿州，行人在十字路口拥有优先通行权，每个路口本质上都是一条人行横道。我记得当时自己走到了路中间，看到两辆车在限速 40 千米每小时的路段上超速行驶，我让他们先过去。接着又来了 5 辆车，第一辆车完全有足够的时间注意到我，放慢速度，让我过完马路。

后面 8 小时的事情我不太记得了。有一段时间，我进入了半昏迷状态。我还与一名警官和几位医护人员进行了交流。撞我的车在我的牛仔裤上留下了粉红色车漆。几个月后，我们收到了警方的报告。报告上说，差不多就在 2 分钟后，第二轮交通信号灯放行的车流中有一位女性司机，那时她正沿着主干道向前行驶，她觉得路中间有个瘾君子或者酒鬼，在尽力避开这个人的时候反而撞到了我。她打了 911。2 分钟后医护人员就坐着消防车赶到了现场。6 分钟后，警察也到了。

欧洲人读到这里会觉得难以置信：我在过马路时被车撞了，车居然没停，后面至少还有 4 辆车从我身旁直接开了过去。在欧洲，不光是肇事司机，后面路过的司机要是如此行事简直算得上是犯罪。在美国，这样的事没人关心，没人想要与之扯上关系，没人愿意为此打乱自己的生活。

真幸运我还活着。

自从解除新冠封控，近几个月西雅图周边发生了一连串这样的事故。解除封控后，来了很多其他州的人，这些人并不了解华盛顿州的交通法规。于是，产生了一项以"群体减速"（Slow the FLOCK down）为口号的宣传活动，旨在对驾驶员进行安全责任教育。"群体"（FLOCK）一词用在这里，绝非偶然。

我的右脸被撞出3处骨折。右眼失明，脸部肿胀且布满淤青，整个人狼狈不堪。一整个下午，我经历了从头到脚一整套的高科技设备检查，好在身体上的问题不算多，只有一侧脚踝和另一侧手肘受伤，不知道为什么受伤的居然不是同一侧。好消息是我也没有癌症！真是人生的小确幸！我在一个月后看到一个数据，在确诊癌症的人群中，每3人中就有1人是在意外造访急诊时发现异常的。之后我还需要多次去门诊复查。一小时后，我女儿来接我。早些时候医护人员就安慰她："你爸爸没什么大碍，很快会好起来的。"因为我女儿是个跨栏选手，正要参加一场田径比赛。随后她将我推出医院，开车送我回了家。

现在，我不需要找什么借口就能整日尽情观看HGTV。幸运的是，我已经从现有的工作中解放出来了。

两周后，警报解除，我的视力未受影响，大脑功能看起来也没问题，手肘、脚踝的小外伤也恢复良好。头部损伤至少需要一年才能完全康复。医生让我继续吃止痛药。我带着一个闪亮的黑眼圈坐着头等舱，准备飞回毕尔巴鄂的家。简直是摇滚明星一样的生活！

我的狗根本不在意我的黑眼圈，它看到我高兴极了！

识别出领导者，并给他们赋能

本·内皮尔（Ben Napier）是一位工艺大师和手工木匠，他在密西西比州劳雷尔市拥有一家名为 Scotsman Company 的公司。他的妻子艾琳是一名室内设计师。两人共同主持 HGTV 的一档节目《小镇翻修趣》（*Home Town*）。节目理念很简单：本和艾琳帮助劳雷尔的本地人购买和翻修小镇上的老旧房产，这个小镇离新奥尔良两小时车程。他们通过这种方式为小镇注入新的活力。每翻修一栋破旧的老房子，他们就为小镇中心带来一些新的变化。这是他们的使命，也是他们的热情所在。

《小镇翻修趣》已成为 HGTV 最受欢迎的节目之一。观众都认可他们的使命：重建美国小镇的浪漫主义情怀。观众同样喜欢节目中本和艾琳二人间展现出的默契，也喜欢本和艾琳的朋友、亲戚、邻居，这些节目中的配角。成功播出 5 季后，全美各地的人们纷纷询问："既然你们能在劳雷尔翻修房子，也能来我们小镇帮忙翻修房子吗？"为满足这种需求，HGTV 决定推出《小镇翻修趣》的衍生节目，《小镇翻修再启动》（*Home Town Kickstart*）。规则很简单，全国的小镇都可以申请参加改建，节目组会从中挑选出 6 个。为帮助本和艾琳扩大规模，另外 5 对来自 HGTV 其他节目的主持人被征召来帮忙。一整季的节目将会在这 6 个地点拍摄。

秘诀在于制定方案并树立典范。树立典范有两层含义：节目组不可能重建整个小镇，也不可能长期待在小镇。所以，节目会"启动"这一改建进程，希望当地人在节目收官之后以满满的信心继续推进家乡改建，同时也希望其他小镇受到节目的鼓舞，复制该模式以启动他们自己的小镇复兴之路。整个理念备受认可，节目组收到了非常热烈的回应，超过 3 000 个小城镇提交了申请，最终 6 个小镇被节目组选中。

艾琳被问到"如何进行扩张"时回答说："你要识别出领导者，并给他们赋能。"

《小镇翻修趣》最开始只是一个翻修老房子的电视节目，最后演变成了一场全国性的运动。也让本和艾琳从木匠和室内设计师转变为复兴美国小镇、重建社区的全国性社会运动的领导者。如果他们想扩张规模，就不仅仅是 HGTV 找 10 个新主持人帮着拍节目这么简单了，本和艾琳必须在每一个愿意跟随他们的小镇复制自己的成功模式。他们需要培养出新的领导者，并给他们赋能。

启动模板非常简洁：选出 3 处要翻修的房产，一处位于城镇中心的商业房产，一处公共或社区空间，以及一处社区领袖的住宅。社区领袖通常住在城镇中心某个历史悠久的房子里。社区领袖可能是托儿所的业主，或者是"男孩女孩俱乐部"的志愿者，或者是消防员或急救人员等紧急服务部门的长期成员，关键的标准是他们在社区中备受尊敬。被选中的商业房产业主也应符合同样的标准，也许他们已经积极参与了振兴小镇或振兴商业区的活动。

目标是识别出那些认可节目价值观并且已经展现出领导力的人，用节目本身和改造房产来让他们获得回报，同时鼓励大众认识到无私、服务导向的行为将会得到认可和赏识。《小镇翻修再启动》通过发出信号、触发灵感，通过对方案的深刻洞察、对路径的清晰展现，最终实现了树立典范的目标。这档节目展现出如何在有限预算下达成尽量好的效果。因此不仅非常务实，而且也很落地。这档节目完全达到了 4 级成熟度。

本和艾琳必须将自己从现有工作中解放出来。也就是说，他们必须"克隆"自己。"克隆"的方式是奖励、放大、赋能和激励。

对于具有领导力的人，奖励他们更多的资源、更多的时间、更广的视野、更多的资金、更充足的发展空间，以及更大的团队。

要放大领导力，就要不断鼓励提升领导力。赋予优秀的领导者更大的责任和问责权。鼓励他们向更高层迈进。明确对领导者的期望，以及他们在社区和组织中的角色。

要赋能领导力，就要帮助他人成功。提供成功所需的资源、训练、设备、时间和空间。以系统化思维构建组织，使之成为一个具有适应性的系统，不断学习和发展。

激励他人受你引领。树立典范，展现价值观，言行一致。在《小镇翻修再出发》节目中，因为本来就不存在控制关系，也就不存在放弃控制一说。但对组织中的领导者来说，要学会放手，学会放弃控制；不要制定框架以寻求中心化的决策和控制；相反，你应该提高领导力和组织成熟度。

我们的爱犬要在毕尔巴鄂的新兽医那里接种新一轮疫苗。它成了我们家第一个[①]获得欧洲护照[②]的成员。而有趣的是，它的护照上写着国籍巴斯克，而非西班牙！

夏天的时候，我们在西雅图的一座教堂为我已故的妻子举行了一场十分感人的追悼会。教堂里挤满了她网球俱乐部的队友、以前护理学校的同事、朋友和邻居。追悼会上有钢琴和小提琴独奏、悼词及祷告。仪式结束，生活也要继续。同月，在奥地利阿尔卑斯山下的迈尔霍芬举行的看板领导力务虚会上，我对在座的人宣布："离开了一段时间，现在我回来了！"我询问大家，有什么我能为他们和全球看板社群做的。结果大家热情邀请我撰写这本新书。

夏去秋来，又一年过去了。我在毕尔巴鄂附近的房子即将开始动工翻新。因此我们全家会一起在阿尔卑斯山的公寓度过圣诞节和新年。我的小女儿满18岁了，看板方法也已进入成熟期。我坐在奇勒谷地拉姆绍的书桌前，开始动笔。

[①] 我和我的两个女儿在 2020 年 1 月英国退出欧盟后失去了我们的欧洲公民身份。只有在西班牙持续居住 10 年后，我才能重新获得欧洲公民身份。
[②] 严格来说，犬类护照其实是一本疫苗接种证明，它允许犬类在保证接种最新疫苗的情况下，自由通行欧盟全境。

- 注重质量，争取一次性把事情做对。犯错和为了修复错误进行的返工既浪费时间，又浪费金钱。

- 招募或培养能够独立胜任工作的员工。优秀的人才需要更高的成本，但从长远来看这样反而更节约。

- 确保即使你不在，也有人能接手你的工作。将自己从现有工作中解放出来。不断拷问自己，哪些决策可以自动化或授权给他人。

- 通过定义流程和规则、引入反馈机制，系统化整理你的工作。总结决策框架，让决策过程可重复、可预测、可信赖。

- 打造稳健性。培养值得信赖的经理人，他们能够和你一样完成工作，在你缺席时可以代理你的角色。

- 识别出领导者，奖励、放大、赋能和激励这些人：

  - 对于具有领导力的人，奖励他们更多的资源、更多的时间、更广的视野、更多的资金、更充足的发展空间以及更大的团队。

  - 要放大领导力，就要不断鼓励提升领导力。赋予优秀的领导者更大的责任和问责权。

  - 要赋能领导力，就要帮助他人成功。提供成功所需的资源、训练、设备、时间和空间。

  - 激励他人受你引领。树立典范，展现价值观，言行一致。不要制定框架以寻求中心化的决策和控制；提高领导力和组织成熟度。

初始的看板方法价值观

协作

协作意味着一群个体为了实现一个共同的目标,组成一个团队一起工作。实际上,协作和团队在含义上就是相互依赖的:要有协作才能称为团队,要高效地协作,也需要有团队。总的说来,协作被视为合作的更深层次形式,也就是更有价值的合作。合作的含义是大家各自工作,各项工作之间并不矛盾、可以互相兼容,还可能达成共同的结果,或者实现共同的目标。价值链的每一环都独立运作,但可以组成一条合作链条。这种情况下,不存在协作关系,也就是链条上的各环节不会互相支撑,都只是单纯地完成自己的工作,然后把工作移交给下一环节,再进一步加工。令人惊奇的是,我们观察到一个有趣的现象,对于产品或服务交付团队,在高效的跨团队合作出现之前,已经产生了团队层面的协作。这种现象背后可能的原因有3个:第一,随着人员的增加、规模的扩大,在更广泛的跨团队层面实现合作比在团队层面形成协作的复杂度高;第二,要有更强大的领导力,才能在更高层级、更大范围驱动协作,有效形成更大的团队;第三,所用的指标体系和激励机制过于关注个人或小团队。

所以在达到 2 级成熟度之前，都不会有跨团队合作。因为这是难度更高、需要更强领导力、更高管理技能的领域。

　　组织必须鼓励和重视协作，培养有适应性的强大团队，才能持续高质量交付各种工作。要做到这一点，就要鼓励个人对团队内的其他成员进行分享，展现利他行为。1 级成熟度和 0 级成熟度的本质差别就是协作。如果一个小团体的成员高度同质，但所有成员始终作为个人单独工作，即使大家工作性质相似，他们也不是真正的团队。在 1 级成熟度的子层级过渡实践中也暗含了这一点。我们在案例研究中也观察到了实例，并且认为这种过渡非常必要。成员高度同质的小团体更倾向于围绕资源效率、人员利用率进行管理，而不是遵循看板方法"管理工作，让员工围绕工作进行自组织"的服务交付原则。在看板方法中，我们希望你去度量流动效率，也要围绕有客户价值的工作项进行度量，比如 WIP、前置时间、交付速率。在一个服务导向的组织里，要少关注员工什么时间在哪干活，多关注客户要求的工作项进展如何。

　　我们必须鼓励管理者和团队领导者，为客户想要的产品或服务交付而工作。我们经常看到这样的情况，部门经理和团队领导者觉得他们的工作是给可用员工分配工作任务，同时基于员工个人技能和经验优化配置，从而提高效率。看板方法作为一种真正服务导向的管理方法，并不建议这么做。我们建议的是，管理者要管理工作本身，鼓励大部分甚至全部团队成员发展并共享更多技能。对于个人而言，我们希望大家不仅通过技能共享来进行协作，还要通过技能转移来进行协作。

　　总的说来，企业需要从专注于内部和个人转向鼓励利他行为。最初，这种利他主义是面向团队成员的，随着成熟度的不断发展深化，这种利他主义也必须在范围和规模上进行提升。

　　协作建立信任。通过与他人协作，能更了解别人，了解别人的技能和能力，在过程中看到别人无私地帮助你，会让你释放催产素，并进一步加强团队成员之间的信任。协作是建立信任的关键，而更高的信任水平会促进更进一步的合作。这形成了一个良性循环，协作促进信任，信任反过来进一步促进协作。

协作的迹象可能是积极的，也可能是消极的。积极的迹象是展示出了协作行为，包括个人把分享知识、技能转移作为个人目标和一种激励。消极的迹象可能是未能转变为服务导向，或未能展现出利他行为，包括度量个体的人员利用率、团队的资源效率，或按年度对员工进行排名。如果存在反向激励，鼓励屏蔽信息或自私地不进行技能转移，那么该组织显然没有把协作作为自己的价值观。

透明

以透明作为价值观意味着以信息可用性为导向，而不是以隐藏信息为导向。在团队层面，透明意味着团队的每个人都知道其他人在干什么。这种透明还可能拓展到管理者、团队外部的人员，甚至可能拓展到客户。对信息和信息流动的控制是组织和社会团体的一种权力来源，因此以透明作为价值观就会削弱这种权力的来源。如果有管理者觉得透明损害了他们的权力来源，从而损害了他们的自尊和自我意识，推行透明就可能遇到阻力。我们就曾在南加州的某个互联网公司遇到这种情况，一天清早，他们的 PMO 副总裁把投资组合看板展示板从墙上撕下来丢掉了。为什么他不想在墙上挂着该展示板呢？为什么他要毁坏它呢？自然是因为透明消除了他对信息的控制能力，以及对叙事的控制能力。如果大家可以自由获取信息，他就不能就项目进展向上级撒谎。

因此，组织以透明作为价值观，就意味着组织抱有必须面对现实的理念，哪怕是很糟糕的现实。透明也意味着实用主义和行动导向，而不是一厢情愿的幻想，不断拖延行动，并不切实际地期望问题会神奇地自行解决或完全消失。透明和行动导向密不可分。

社会资本衡量的是社会团体或企业这样的社会实体的内部互信度。而透明会增加社会资本。如果可以自由获取信息，就不再需要去"相信"有人在做某事，因为这是个已知事实。如果决策框架是透明的，用于决策的信息也是透明的，你就不再需要"相信"别人能做出好的决策，因为你知道决策过程和结果。透明消除了环境中的不确定性，提高了环境中的可信度。

以透明作为价值观，要求领导力和管理技能、能力同步发展。只要所有人都有技能、有能力、也有信心去主动担当，做出贡献，就没有人会害怕透明。

我们并不是说所有信息都应该对每个人开放。这样反而可能会让人被数据淹没，没办法去解读看到的东西，进而陷入瘫痪。同样，有时出于监管和合规的原因，有的信息应该被保密，有时为了保持团队信心和安全感也要隐藏一些信息。我们还要认识到，有些信息可能会被视为耻辱，会影响个人或团队的尊严，从而影响到这些人有效运作的能力。领导者要慎重选择何时需要采取仪式化（可能是公开的）羞辱，无论是为了重建信任还是作为正确的变革动机。所以，我们要求组织把透明作为核心价值观，并不是要求所有人都能获取到所有信息，而是要求尽可能多地分享信息，让一个信任度越来越高的组织能够更快、更有效地采取行动。

以透明作为价值观的迹象很容易找到，也很容易度量。信息要么可获取，要么被隐藏。不管是政策、价值观，还是决策框架和决策过程（也就是决策背后的推断和决策所需的权衡），都是要么清楚，要么不清楚。符合透明价值观的行为，包括诚实地报告任务进展或存在的阻塞，承认自己缺乏完成某项工作的技能或经验。大家要么因为这样的行为获得认可和奖励，要么一无所获。

流动

对于组织来说，以流动作为价值观似乎有点奇怪。然而，如果组织采用看板方法的服务交付原则，"管理工作，让员工围绕工作进行自组织"，追求高效的工作流就是一件很自然的事情。一旦组织意识到交付的前置时间、及时性、可预测性总是被视为客户适应性指标（customer fitness criteria），它也就意识到了只要改进流动，就能提高流程的灵活性。高流动效率，让组织能更好地管理风险，并产生更佳的经济效益。

延迟交付往往是导致客户不满的最重要因素。阻碍流动的结果就是客户无法契合目的。知识型工作和专业服务管理的关键因素就是流动。如果工作因为任何原因而延迟，就意味着流动停滞。重视流动意味着重视消除延迟。

除了不再延迟，组织还要重视顺畅度。顺畅、稳定的工作输入是对员工的尊重，也能极大减轻其工作过载情况。顺畅度带来更加可预测的结果，所以对客户非常有吸引力。顺畅还降低了对应急人员和冗余资源的需求，在不影响客户满意度的情况下提高了经济效益。

丰田方法（Toyota Way）描述了工作流中会出现的 3 种主要问题：第一种，muri，即过载；第二种，mura，即不均匀；第三种，muda，即不增加价值的活动，也就是浪费。把流动作为价值观，通过追求顺畅的流动就能解决不均匀的问题。并且顺畅对过载的解决也有好处。在顺畅的流动中，只要限制 WIP 就能有效管理流动，解决过载的问题。

组织以流动作为价值观的迹象，就是会采用 KMM 中所描述的看板实践，比如 WIP 限制、可视化阻塞和进行老化 WIP 管理、进行阻塞项聚类分析和风险检视、进行依赖关系管理，应用"就绪定义"和局部的"完成定义"来表示工作已准备好进入下一步。团队间更深层次的协作，超越了简单的合作，会在彼此需要的时候提供帮助。这种协作水平也是流动作为价值观的一个重要标志。

尊重

这里所说的尊重不是单纯的"礼貌的语言"或者"礼貌的行为"。尽管这两者也是企业文化和组织社会规范的重要组成部分。尊重在此意味着对能力、环境或上下文的认同。在看板方法中，我们尊重人、系统、客户、监管机构、主办者、股东、纳税人以及其他利益相关方和受益人。

我们尊重员工，为其提供工作的组织与系统，帮助他们取得成功，并在此为他们提供培训、资源、技能、设备、时间和空间，以便其出色完成工作。通过明确的规则，员工可以获得信任和授权。他们应该清楚自己要干什么，可以做出什么贡献，以及理想的结果是什么。他们也应该受到尊重，获得自主权，能熟练掌握自己的工作，并有深刻的目标感，也非常清楚自己的价值。这样员工才能获得成就感。这也就是我们所说的"尊重"。

我们对环境、背景和能力的尊重，来自对其的理解，并将其视为工作和工作流透明的结果，再对其进行分析、建模，以便后续基于对事情运作方式的现实理解来预测结果。看板方法从不一厢情愿地空想！如果你发现自己叹息着说："要是我们的员工更努力工作 / 我们有更好的员工 / 我们有更多时间 / 我们有更多资金 / 我们有更好的执行力 / 我们有更好的产能……那我们的战略就会奏效。"如此你便没有尊重你所处的环境和能力现状。

尊重就是要认识到你的现状和能力，并做出相应的计划。如果你目前的能力还达不到自己的需求、期望或愿望，你就应该在设定远大目标前致力于提高这些能力。尊重意味着务实，植根于对现实的深刻理解。看板中没有一厢情愿的空想！

理解（内部）

在看板方法和 KMM 语境下，理解意味着我们试图明白我们所处环境的本质。我们试图了解我们周围的世界，了解驱动这个世界的要素。

对于已经达到 2 级成熟度、向 3 级成熟度努力的组织，我们希望组织能通过研究、观察、收集证据、使用模型和进行实验来了解方法（how）、现象与成果（what）、动机与目的（why）和关键人（who）。在 2 级成熟度级别，我们关注的重点是理解内部环境和塑造内部环境的力量，也就是了解我们要做什么、我们怎么做，同时理解工作本身的变异性、风险和不确定性，以及我们按预期交付工作的能力。

我们希望大家理解自己要做的工作，也理解如何保持执行的一致性并实现高质量交付。同时我们希望大家理解自己提供的服务，理解这些服务的交付工作流，也理解交付服务所需的协作。不仅如此，我们还希望大家理解政策对能力和绩效的影响。要建立对自己能力现状、对所处环境现状的务实且基本的理解，并接受这些现状。看板中没有一厢情愿的空想！

共识

以共识作为价值观意味着大家基于一致的认知、共有的理解一起前行。在看板方法的应用中，我们希望实现"拉取"，就要尊重系统产能并对此达成共识，这样我们便能就什么时候拉取、拉取什么达成共识。政策根据共识制定。我们希望建立尽量多的、一致的理解。一般说来，我们不允许、也不鼓励强横的行为，但我们也要认识到肯定存在例外，必要时我们也得推动这种例外。

虽然我们以共识作为价值观，但我们也要意识到完全协商一致和广泛的共识往往是不现实的。看板中没有一厢情愿的空想。为了达成共识而延迟交付，并不符合我们的最佳利益，因此，这种情况下我们将用强有力且果断的领导力来部分替代共识的价值观。

平衡

在提倡尊重以及避免让员工、团队、价值流、服务交付工作流、整个业务单元工作过载方面，平衡这一价值观发挥着关键作用。平衡意味着我们在个人和组织层面都重视可持续性。如果我们要保持一致的客户服务，从而让客户持续契合自身目的，就得保持平衡。

在 3 级成熟度下，平衡意味着我们要努力避免让个人和服务交付工作流（系统）过载。我们想要平衡需求和产能，并且想要限制 WIP 以适应系统产能和个人产能。WIP 限制用于避免员工和工作流负担过重，而产能分配、需求塑造和分类则用于保持需求与产能的平衡。

客户服务

以客户服务作为价值观，意味着我们很清楚组织和我们所提供的服务的核心目标都是充分服务客户，满足他们的期望。我们用满足客户期望的能力来衡量我们是否成功、是否值得自豪，以及是否具备充足的能力。当我们能够始终如一地满足客户的期望时，就可以说我们的每一项服务都能契合目的。契合目的也是我们的指导原则、我们真正的方向，也是我们持续的雄心。

各层级的领导力

在 3 级成熟度，我们需要扩展对领导力的看法。在 1 级成熟度，我们重视积极主动的行为。在 2 级成熟度，则深化到重视领导行为，并承认领导力意味着个人也要承担风险。达到 3 级成熟度，就要理解如果只有来自高层的领导力就会导致延迟，因为高层看不到基层的需要，也不清楚在基层应当要采取什么行动。一个组织要想与敏捷一同前行，就要具备各层级的领导力。各层级都应该鼓励领导力行为，更高级别的领导必须努力提供信心、安全感和容错能力。各层级的领导力不会魔术般地凭空出现，只有更多高层一起开辟出相应的企业文化才能实现。成熟的领导者不会受到来自下层领导力的威胁，反而他们会从中获得更多权威。只有各层级都具备领导力，高层才能够聚焦于战略问题和组织文化问题，而中层和较低层级员工则专注于操作和战术问题。这应该成为每个人的文化规范，无论在组织中的层级和职位是什么，都应该主动担当。

戴明的管理 14 条: 21 世纪的解构与解读

W. 爱德华兹·戴明的管理体系包括著名的"管理 14 条"。戴明曾说:"我的管理 14 条,运用了转型的深刻知识体系(The System of Profound Knowledge,SoPK),目的是促进现有管理方式的优化。"

由此可见,戴明追求的是组织的 5 级成熟度,其管理体系旨在创造一种决策能力和文化,让那些遵循建议的组织可以自然达到 5 级成熟度。

软件能力成熟度模型(Capability Maturity Model,CMM)受戴明建议的影响和启发,后来 CMM 发展为能力成熟度模型集成(CMMI)。戴明也影响了丰田,尽管有证据表明,在戴明 20 世纪 50 年代访问日本之前,丰田就已经在使用看板拉取信号、推动持续改善。看板成熟度模型也明显受到了戴明的影响,我们可以明确地把戴明 14 条和看板成熟度模型的建模框架和元素进行映射,包括成果、实践、所需的企业文化。

创造持之以恒的目的

戴明的抱负是创建一个强健的、可持续的、具有盈利能力的组织,并不断优化它。这个组织会提供优质产品和优质服务,创造财富和高质量的就业。

看板成熟度模型通过几种方式实现这些目标:

- 使用契合目的框架来了解客户需求,不断发展更好的产品和服务;
- 达到 3 级成熟度,意味着能提供客户可接受的产品和服务质量;
- 达到 4 级成熟度,意味着建立了一个强健的、可持续的、经济上能存续的组织;
- 达到 5 级成熟度,意味着组织会不懈追求业务各方面的改进;
- 如果组织能契合看板成熟度模型的价值观,就意味着创造了一个良好的工作环境,并建立了能够维持 5 级成熟度的企业文化。

为变革建立领导力

戴明的原话其实是"采纳新观念"。这一观点认为,领导力的作用是设计、打造具备演进式变革能力的组织,也就是说组织要能持续改进。在戴明看来,企业都是不进则退的。在看板成熟度模型的文化部分,我们在 4 级成熟度定义的勇于竞争的价值观也体现了这一点。

不要依靠检查去获得质量

在 21 世纪,这一点似乎有点晦涩。然而,一次做对、避免返工是现代业务敏捷追求的重要能力。从 2 级成熟度开始,看板成熟度模型将这个理念体现在对流动的追求上。在 2 级成熟度,通过看板系统引入了"可拉取"的协作方式，结合前置时间的直方图统计，还有服务交付回顾这样的反馈机制，鼓励团队关注顺畅的流动和细尾的、可预测的、可信赖的服务交付。同时还可以直观展示低质量的影响，比如卡片出现回流（在看板展示板上卡片反向移动）就清晰展示了返工，或者创建失败需求来修复逃逸缺陷，也是低质量交付的结果。KMM 及其管理实践，要求管理者通过各种规则、多样化的反馈机制和各项改进行动建立一个始终可信赖、持续高质量交付的系统。

签订合同不能只考虑低价

戴明不赞成为了削减成本而削减成本。降低成本是高绩效组织的一个自然结果，在看板成熟度模型的 4 级和 5 级成熟度中都有相关表述。首先，学会做好正确的事情，弄清楚所谓"正确的事"背后的动机与目的（why）、现象与成果（what），然后再关注用什么方法（how）才能在不牺牲质量和客户满意度的前提下降低成本。

在对供应商进行评估与签订合同时，可以参考契合目的框架来评估和选择，之后还可以用该框架内容监测供应商的绩效表现。成本不会是唯一的适应性指标，相比成本，我们更关注的是前置时间、功能与非功能质量、一致性和可靠度。

持之以恒地改进生产和服务系统

看板成熟度模型管理实践包括明确规则、实施反馈机制、协同改进，实验进化，明确了持续改进生产系统的方法。结合契合目的框架的实践，组织就会持续追求高效、令人满意的服务交付。结合看板成熟度模型中的组织成熟度级别与演进式变革模型，组织就会持续追求不断改进的生产和服务系统，达到 5 级成熟度的组织就能实现戴明的抱负。

推动在岗培训

戴明相信学徒式的直接技能转移。看板成熟度模型和看板方法并没有直接强调要这样做，但创造了鼓励该模式的环境，为经验不足的员工创造了许多学习和提升的机会。比如，看板成熟度模型和看板方法倡导可视化、明确的规则，鼓励协作，并鼓励在填充会议、服务交付检视等看板节奏会议上进行公开讨论和共识决策。

建立领导力

看板成熟度模型以领导力作为价值观，明确提出要主动担当、提倡领导力行为、要求各层级都建立领导力，并在 1～4 级成熟度级别都要不断提升领导力。明确将领导力作为模型的第四个支柱，并提供领导力的规范化，以及有意识地发展领导者品质和成熟度的模型。看板成熟度模型将领导力发展作为实现并保持较高级别成熟度水平的核心要素，与戴明的诉求一致。

扫除恐惧

正如我们在第 8 章中所描述的，看板成熟度模型旗帜鲜明地采纳了雷·伊梅尔曼（Ray Immelman）的观点，他在"扫除恐惧"这一点上做了更细致的阐述。首先要让大家感到安全和有保障，然后让他们感到有价值、被认可、被尊重和有尊严。看板方法和看板成熟度模型的关注重点是系统，将生产系统视为失败的根源，并要求管理者推动系统的变革，比如发布新策略、改进措施、引入更好的资源、培训、提升能力、让能力与战略对齐，促进体系化的成功。总之，这些系统的变革扫除了恐惧，帮助个体建立信心，并促进了员工间的协作。

打破部门墙

KMM 中，达到 2 级成熟度就意味着组织是面向客户价值在进行交付，建立了基于服务交付工作流的流动，这就明显打破了部门墙的限制。看板方法明确地鼓励戴明推崇的合作和协作。

KMM 还识别出了阻碍组织成熟度提升的常见因素，以及阻碍实践落地的文化因素。并且提供了针对性的具体对策和指导，以消除阻碍，加快实践的应用，深化组织成熟度，改善结果。

取消口号、训诫和目标指标

在戴明生活的 20 世纪 50 年代，制造业有一些训诫工人实现特定目标的口号。戴明认为这反而会让员工丧失斗志，并且可能会破坏员工的敬业度。根本原因是员工没有被授权。产品质量问题极大可能是由生产系统造成的，而不是由单个工人的行为造成的。这里说的"极大"可能，按戴明的说法，甚至高达 95% 左右。因此，工人实际上无法控制质量，也无法控制生产目标，只有管理者才能进行控制。

看板方法和 KMM 从根本上改变了这一点。如果领导者追求 KMM 所提倡的文化变革，那么员工应该得到授权，有能力做出改变，他们就可以采取主动、表现出领导行为。然而，口号和训诫应该是推动文化变革的决策过滤器，要以发自内心的、正直的方式传达。衡量一个口号的影响是积极的还是消极的，就要看组织和领导力是否真正言行一致，是否贯彻了决策过滤器的主旨。

目标指标应该基于明确的目的而设立，含义明确并且可实现。契合目的的框架明确了各项改进目标要关注的具体目标指标有哪些。但需要注意的是，客户适应性指标衡量的是客户是否喜欢你的产品或服务，企业应该要达到或超过相应的阈值。而运营健康度指标（operational health indicators）定义了一个健康范围，目标指标始终要让企业保持在该范围内。

如果企业文化导向正确，组织也能仔细审视目的及目标指标的含义，口号、训诫和目标指标就都能产生积极的作用，推动组织追求卓越和完美。

取消目标管理：代之以领导力

这句话戴明在他职业生涯的不同时期发表了几个版本，比如：

- 取消工厂车间的工作标准或配额；
- 取消目标管理；
- 取消用数字和数字目标进行管理。

这里我们一定要考虑戴明所处的时代背景。他生活在20世纪中期，研究对象主要是第二次世界大战后的制造业。目标管理的概念由彼得·德鲁克（Peter Drucker）提出，已经成为一个专有名词。在戴明的学术生涯中，他曾与年轻的德鲁克共用一间办公室。因此，在"取消目标管理"这一点上，戴明与德鲁克存在直接分歧。

在21世纪的今天，对我们这样的专业服务行业从业者来说，这意味着什么，这一条是否还有意义？

看板成熟度模型明确提出：

- 结果源于实践；
- 实践源于文化；
- 文化源于价值观；

- 因此，要以价值观为先导；
- 综上所述，所有的结果都源于领导力。

戴明认为，设定目标指标，用目标来进行管理是缺乏领导力而采取的辅助手段，设定目标和目标指标并不能代表真正的领导力。目标指标在实践层面进行了干预，是一种蓄意哄骗而不是激励。如果管理者认为他们的角色仅仅是设定目标，再根据不及预期的结果进行惩罚，他们就不会注意到文化、价值观、组织认同和目的。当戴明说"代之以领导力"时，他希望管理者能激发员工取得更多、更好的成果。戴明将目标指标和目标视为操纵或哄骗员工的手段，认为以这种方式取得的改进是不可持续的。在这样的演进背景下，目标管理是"英雄管理者"的行为，看板成熟度模型也认为这是 2 级成熟度的固有行为。要超越 2 级成熟度，我们必须奖励真正的领导力行为，而不是仅依靠设定指标和鞭策。

消除影响员工工作技能自豪感的障碍：代之以领导力

戴明明确提出了工厂车间"主管"的角色。在 21 世纪，我们可以将其理解为"团队领导"。他希望这样的主管成为领导者，激励员工，以身作则，这些领导者会发出信号，让员工明白正确的行为可以带来全系统性的最佳结果，比如满意的客户、契合目的的产品与服务，形成一家强健的、财务可持续经营的企业，并且企业能在经营目标和经营过程上持续改进。

然而，我们还要解构"员工工作技能自豪感的阻碍"，并对其进行更深入的审视。一个人对自己的工作感到自豪，需要具备什么要素？

- 工作有目标感，知道做出的努力是有意义的。
- 工作有完结感，知道付出确实带来了改变。
- 具备顺利完成工作的时间和空间。

- 具备顺利完成工作所需的工具和资源。
- 具备有尊严的工作环境以及与之相关的一切，包括通过努力工作获得相应的报酬。
- 能因工作出色而获得尊重、认可和地位。

当我们审视看板成熟度模型及其对领导力和文化的关注，其价值观以及看板方法的含义时，不难发现，2级成熟度的企业就满足了所有这些对员工工作技能自豪感的要求。在2级成熟度级别，工作有其意义和目的，员工和生产系统（工作流）不再过载。从2级成熟度开始，出现反馈机制、工具和报告机制，以保证工作所需的时间、空间、工具、资源都充足，文化也随之发展，并将最终造就一个有尊严的工作环境，能让做出贡献的员工觉得受尊重、被认可、被公平对待。但要完全获得"员工工作技能自豪感"，成熟度还要持续提升，直至4级。

建立有活力的自我教育与自我提升计划

戴明认识到工作是由员工完成的，他们需要受教育，同时具备一种驱使他们在整个职业生涯中持续学习的信念。

看板成熟度模型的价值观中有一条是"理解"，强调了对工作环境的自然哲学的理解和建模，用戴明的话来说就是对生产系统的理解和建模，以及对生产系统运行产生的风险环境的理解和建模。

有关看板方法和看板成熟度模型的文献提供了一种教育手段，帮助员工理解他们所处的环境，做出更好的决策。这里可以以前置时间为例，它是一个能推动改进客户服务、建立信任和建立信心的重要指标。在看板方法出现之前，前置时间在IT行业中并不是一个常用的度量指标。现在这个指标不仅很常用，而且我们还深刻理解了它的本质，了解了哪些因素会影响曲线形状，也理解了长尾的前置时间是如何破坏信任和造成低成熟度行为的。如此我们也就能够理解,把前置时间作为客户选择标准有多重要。

虽然看板和看板成熟度模型没有明确提出教育和个人的自我提升,但这种方法和模型在全球专业服务和知识型工作者的教育中非常普遍。通过教育和自我提升,员工可以理解所处环境中的风险,降低焦虑感、恐惧感,让员工有信心做出高质量的决策。

每个人都要致力于转型

和丰田一样,戴明也意识到,持续改进不是管理层、高层、流程改进团队或教练团队的工作。在戴明的语境下,制造业会称这些人为"工业工程师"(industrial engineers)或"码表时间研究员"(time and motion men)。相反,改进是每个人的事。这也是看板方法的核心理念,而 KMM 提供了组织环境和文化元素来实现它。

2005 年 4 月 27 日,我在我的博客《别再搞质量倡议》(*No More Quality Initiatives*)[①]一文中写过,改进是每个人的事。这篇文章其实是在回应微软 Visual Studio 团队系统产品 Visual Studio Team System 消费者顾问委员会成员对我提出的挑战和质疑:"请不要再给我们搞新的转型倡议了。"提出质疑的这一位,在得克萨斯州的一家大型 IT 咨询公司工作。他说,客户和他们自己的员工都有"转型倡议厌倦",他们只是单纯不想被另一个要求采用新流程的转型计划所拖累。我们需要的是一种渐进的演进方法,从现状出发,一次解决一个问题。

这坚定了我的信念,业务敏捷将通过管理系统、培训管理人员来改变他们

---

① 本博客文章后来经重新编辑后收录于本书作者的另一著作《敏捷管理的教训:通往看板方法之路》(*Lessons in Agile Management: On the Road to Kanban*)中。

的行为，以及通过对组织文化的关注来实现。2005 年，我在微软的 IT 部门第一次实施了看板。正是在这个时期，各种想法汇聚在一起，产生了我们现在所认识的看板方法和看板成熟度模型。某种程度上说，创建看板方法是为了实现戴明对现代职场的愿景。看板成熟度模型的存在是为了普及组织演进式变革所需的技能，不断改进和维系生产系统，从而催化演进式变革的过程并持续追求卓越，创造有意义的就业机会并使客户满意。

未来，属于终身学习者

我们正在亲历前所未有的变革——互联网改变了信息传递的方式，指数级技术快速发展并颠覆商业世界，人工智能正在侵占越来越多的人类领地。

面对这些变化，我们需要问自己：未来需要什么样的人才？

答案是，成为终身学习者。终身学习意味着永不停歇地追求全面的知识结构、强大的逻辑思考能力和敏锐的感知力。这是一种能够在不断变化中随时重建、更新认知体系的能力。阅读，无疑是帮助我们提高这种能力的最佳途径。

在充满不确定性的时代，答案并不总是简单地出现在书本之中。"读万卷书"不仅要亲自阅读、广泛阅读，也需要我们深入探索好书的内部世界，让知识不再局限于书本之中。

湛庐阅读 App: 与最聪明的人共同进化

我们现在推出全新的湛庐阅读 App，它将成为您在书本之外，践行终身学习的场所。

- 不用考虑"读什么"。这里汇集了湛庐所有纸质书、电子书、有声书和各种阅读服务。
- 可以学习"怎么读"。我们提供包括课程、精读班和讲书在内的全方位阅读解决方案。
- 谁来领读？您能最先了解到作者、译者、专家等大咖的前沿洞见，他们是高质量思想的源泉。
- 与谁共读？您将加入优秀的读者和终身学习者的行列，他们对阅读和学习具有持久的热情和源源不断的动力。

在湛庐阅读 App 首页，编辑为您精选了经典书目和优质音视频内容，每天早、中、晚更新，满足您不间断的阅读需求。

【特别专题】【主题书单】【人物特写】等原创专栏，提供专业、深度的解读和选书参考，回应社会议题，是您了解湛庐近千位重要作者思想的独家渠道。

在每本图书的详情页，您将通过深度导读栏目【专家视点】【深度访谈】和【书评】读懂、读透一本好书。

通过这个不设限的学习平台，您在任何时间、任何地点都能获得有价值的思想，并通过阅读实现终身学习。我们邀您共建一个与最聪明的人共同进化的社区，使其成为先进思想交汇的聚集地，这正是我们的使命和价值所在。

CHEERS

湛庐阅读 App
使用指南

读什么
- 纸质书
- 电子书
- 有声书

怎么读
- 课程
- 精读班
- 讲书
- 测一测
- 参考文献
- 图片资料

与谁共读
- 主题书单
- 特别专题
- 人物特写
- 日更专栏
- 编辑推荐

谁来领读
- 专家视点
- 深度访谈
- 书评
- 精彩视频

HERE COMES EVERYBODY

下载湛庐阅读 App
一站获取阅读服务